中国陶行知研究会／组编

陶行知教育思想
教师简读

TAOXINGZHI JIAOYU SIXIANG
JIAOSHI JIANDU

◎ 生活即教育
◎ 社会即学校
◎ 教学做合一
◎ 行是知之始
◎ 在劳力上劳心
◎ 以教人者教己

周洪宇／著

华中师范大学出版社

新出图证（鄂）字 10 号

图书在版编目（CIP）数据

陶行知教育思想教师简读/周洪宇著. —武汉：华中师范大学出版社，2021.9（2025.10 重印）

ISBN 978-7-5622-8728-5

Ⅰ.①陶…　Ⅱ.①周…　Ⅲ.①陶行知(1891—1946)—教育思想—文集　Ⅳ.①G40-092.6

中国版本图书馆 CIP 数据核字（2021）第 167570 号

陶行知教育思想教师简读

©周洪宇　著

编 辑 室：	第一分社	**电　　话**：	027-67867317
责任编辑：	喻　彬	**责任校对**：	罗　艺
出版发行：	华中师范大学出版社有限责任公司	**封面设计**：	罗明波
社　　址：	湖北省武汉市洪山区珞喻路 152 号	**邮　　编**：	430079
销售电话：	027-67863426（发行部）		
网　　址：	http://press.ccnu.edu.cn	**电子信箱**：	press@mail.ccnu.edu.cn
印　　刷：	湖北恒泰印务有限公司	**督　　印**：	刘　敏
开　　本：	787 mm×1092 mm　1/16	**印　　张**：	18
版　　次：	2021 年 9 月第 1 版	**印　　次**：	2025 年 10 月第 2 次印刷
字　　数：	285 千字	**定　　价**：	59.00 元

欢迎上网查询、购书

前 言

周洪宇

陶行知（1891—1946）是中国近现代教育家、思想家、政治家和文学家，也是中国近现代原创力最强、真正形成教育学说体系并具有世界影响的教育家。陶行知在国内外有着很高的地位，毛泽东称之为“伟大的人民教育家”，董必武誉之为“当今一圣人”，宋庆龄赞之为“万世师表”。习近平总书记也多次在不同场合提及陶行知，对陶行知的思想、事业、人格与精神予以充分肯定。不仅在国内，陶行知在国际上也享有盛誉。日本知名教育史学家、前中国研究所所长、东京专修大学教授斋藤秋男指出：“陶行知不仅是属于中国的，也是属于世界的。”2007 年，美国知名学者，哥伦比亚大学师范学院哲学、教育学教授戴维德·汉森（David T. Hansen）在他主编的《教育的伦理视野——实践中的教育哲学》一书中，介绍了世界最具影响力的十大教育思想家，其中唯一的一位中国教育思想家就是陶行知。将之与美国的杜威、意大利的蒙台梭利等世界著名教育思想家并列，足见陶行知在国际学术界的巨大影响以及被国际人士的高度认可。

一

党的十八大以来，习近平总书记先后在不同时间、地点和场合谈到教育和教师时，多次提及陶行知，引用陶行知的名言警句，号召全中国教师要学习陶行知，弘扬陶行知精神。

2014 年 9 月 9 日，教师节前一天，习近平总书记在同北京师范大学师生代表座谈时发表重要讲话。在这次重要讲话中，他提出了一个重要命题，即什么是好老师以及如何当好老师。他指出：“教师的工作是塑造灵魂、塑造生命、塑造人的工作。一个人遇到好老师是人生的幸运，一个学校拥有好老师是学校的光荣，一个民族源源不断涌现出一批又一批好老师则是民族的希望。国家繁荣、民族振兴、教育发展，需要我们大力培养造就一支师德高尚、业务精湛、结构合理、充满活力的高素质专业化教师队伍，需要涌现一大批好老师。”那么，怎样才能成为好老师呢？在他看来，好老师没有统一的模式，可以各有千秋、各显身手，但有一些共同的、必不可少的特质。他从四个方面对好老师的特质作了概括，并在概括时多次引用陶行知的名言警句，明确提出教师要做“四有”好老师。

第一，做有理想信念的老师。陶行知说，教师是“千教万教，教人求真”，学生是“千学万学，学做真人”。老师肩负着培养下一代的重要责任。正确的理想信念是教书育人、播种未来的指路明灯。“师者，所以传道受业解惑也。”古人云：“经师易求，人师难得。”一个优秀的老师，应该是“经师”和“人师”的统一。

第二，做有道德情操的老师。老师的人格力量和人格魅力是成功教育的重要条件。广大教师必须率先垂范、以身作则，引导和帮助学生把握好人生方向，特别是引导和帮助青少年学生扣好人生的第一粒扣子。好老师要有“捧着一颗心来，不带半根草去”的奉献精神，自觉坚守精神家园、坚守人格底线，以自己的模范行为影响和带动学生。

第三，做有扎实学识的老师。老师自古就被称为“智者”。扎实的知识功底、过硬的教学能力、勤勉的教学态度、科学的教学方法是老师的基本素质，其中知识是根本基础。这要求教师要不断进修，不断更新自己的知识结构，正如陶行知所说：“出世便是破蒙，进棺材才算毕业。”

第四，做有仁爱之心的老师。教育是一门“仁而爱人”的事业，爱是教育的灵魂，没有爱就没有教育。好老师应该是仁师，没有爱心的人不可能成为好老师。教育风格可以各显身手，但爱是永恒的主题。

习近平总书记在这次重要讲话中引用的“千教万教，教人求真”“千学万学，学做真人”“捧着一颗心来，不带半根草去”“出世便是破蒙，进棺材才算毕业”，以及与仁爱之心有关的“爱满天下”，都是陶行知有关教师的名言警句，都是陶行知对如何做一个好教师的精辟阐述，也都是陶行知作为一个人民教师的自身实践及其真实写照。习近平总书记的上述论述，明确表达了他对陶行知思想、事业、人格、精神的充分肯定与高度赞扬，很显然，他是以陶行知作为当代中国教师的楷模，号召全体教师学习陶行知，做“四有”好老师。

2018年9月10日第34个教师节，习近平总书记在全国教育大会上所作的重要讲话里，在谈到老师要有道德情操和奉献精神时，再次引用了陶行知的名言“捧着一颗心来，不带半根草去”；在谈到老师要注重培养学生的创造意识、创造精神和创造能力时，又引用了陶行知在其名作《创造宣言》中的警句“处处是创造之地，天天是创造之时，人人是创造之人”。在这次重要讲话中，习近平总书记还直接或间接提到了孔子、张伯苓等中外多位教育家的名字及其观点，但对陶行知的提及与引用最直接也最多，可见他对陶行知的肯定与赞扬。

2021年3月6日下午，习近平总书记看望参加全国政协十三届四次会议的医药卫生界、教育界委员，并参加联组会，听取意见和建议。他再次提及“四有”好老师，并引用陶行知的名言。他指出，教师是教育工作的中坚力量。有高质量的教师，才会有高质量的教育。做好老师，就要执着于教书育人，有热爱教育的定力、淡泊名利的坚守，就要有理想信念、有道德情操、有扎实学识、有仁爱之心。广大思想政治理论课教师，政治要强、情怀要深、思维要新、视野要广、自律要严、人格要正。要把师德师风建设摆在首要位置，引导广大教师继承发扬老一辈教育工作者“捧着一颗心来，不带半根草去”的精神，以赤诚之心、奉献之心、仁爱之心投身教育事业。

最近的一次在今年“六一”国际儿童节前夕，2021年5月30日习近平总书记给江苏省淮安市新安小学的少先队员们回信，对他们予以亲切勉励，祝他们和全国小朋友们节日快乐。新安小学由陶行知在1929年创办，1935年10月，在国家民族危亡关头，新安小学第二任校长、陶行知的学生汪达之带着孩子们组成“新安旅行团”，以长途研学旅行的方式，践行陶行知“生活即教育，社会即学校”的教育思想，将个人成长与国家命运结合起来，团结民众、宣传抗日救国主张。习近平总书记在信中指出，当年，在党的关怀和领导下，“新安旅行团”不怕艰苦，足迹遍及大半个中国，以文艺为武器，唤起民众抗日救亡，宣传党的主张，展现了爱国奋进的精神风貌。希望新安小学的少先队员们结合自身成长实际学好党史，以英雄模范人物为榜样，从小坚定听党话、跟党走的决心，刻苦学习，树立理想，砥砺品格，增长本领，努力实现德智体美劳全面发展。

习近平总书记四论陶行知，充分体现了中共领导人对伟大的人民教育家陶行知的高度肯定；充分体现了习近平总书记对陶行知作为老一辈教育家师表示范的重点提倡；充分体现了习近平总书记对中华传统优秀文化创造性转化、创新性发展的引导推动。

二

作为“文革”后恢复高考招生制度后的首届大学生，我 1978 年 3 月入读华中师范学院历史系（1977 级），1982 年 1 月毕业后留校，在学校新成立的教育科学研究所任教，先后在职攻读教育学硕士学位和历史学博士学位，从事教育史的教学与研究工作。工作后的第一项任务，就是当年 5 月参与学校组织的《陶行知全集》编辑出版工作，经过几年努力，这套全集于 1984 年至 1985 年出版六卷本，1997 年又出版七、八两卷。我在此基础上于 1985 年和 1988 年先后着手撰写完成国内第一篇以陶行知为主题的教育学硕士学位论文和历史学博士学位论文，从此走上了一条陶行知研究的道路。40 年来，在陶行知研究方面，先后参与编辑出版《陶行知全集》（湖南教育出版社，八卷本）、《陶行知教育论著选》（人民教育出版社 1991 年版），编辑出版《陶行知研究在海外》（人民教育出版社 1991 年版）和《陶行知研究在海外》（新编本，人民教育出版社 2017 年版），联合主编出版《陶行知教育学说》（湖北教育出版社 1993 年版）、《陶行知与中外文化教育》（人民教育出版社 1999 年版）、《陶行知与中外文化教育再探》（华中师范大学出版社 2020 年版），主编出版《全球视野下的陶行知研究》（北京师范大学出版社 2015 年版，八卷本）、《生活教育——陶行知英文著作精选》（湖北教育出版社 2016 年版，中英双语本）、《Life Education—Selected Readings of Tao Xingzhi's English Works》（美国时代出版公司 2017 年版，CN Times Books，Inc.）、《陶行知学文库》（华中师范大学出版社 2020 年版，第一辑 10 册），撰写出版《陶行知与中国现代文化》（山东教育出版社 2010 年版）、《人民之子：陶行知》（湖北人民出版社 2011 年版）、《陶行知画传》（山东教育出版社 2011 年版）、《陶行知生活教育学说》（湖北教育出版社 2011 年版）、《平凡的伟大：教育家陶行知、杨东莼、牧口常三郎的生活史》（福建教育出版社 2016 年版）、《陶行知大传：一位文化巨人的四个世界》（人民教育出版社 2016 年版）、《Changing the World through Education：the Life of Tao Xingzhi》（美国时代出版公司 2017 年版，CN Times Books，Inc.）、《An Introduction to Tao Xingzhi's Life Education Theory》（美国时代出版公司 2018 年版，CN Times Books，Inc.）、《陶行知年谱长编》（人民教育出版社 2021 年版，四卷本）等著作，前前后后有 20 余种论著。此次有幸应华中师范大学出版社之邀，为教师们编写通俗易懂的《陶行知教育思想教师简读》和《陶行知教育名篇教师简读》，既是对陶行知研究学术根据地的坚守，也是基于学习贯彻习近平总书记有关陶行知重要论述、继承弘扬陶行知思想精神的考虑。

在确定此两书出版选题之后，我就一直在考虑：编写这两本书，如何才能真正满足教师们专业发展的诉求？在广泛听取基层教师意见建议并与华中师范大学出版社领导、编辑商量后，我决定依据习近平总书记“四有”好老师的重要论述，参照教师专业标准“专业理念与师德、专业知识、专业能力”三维一体的框架体系，结合以往自己两本相关旧作《陶行知生活教育导读》（教师读本）（福建教育出版社 2013 年版）、《陶行知教育名篇精选》（教师读本）（福建教育出版社 2013 年版）的编写经验来拟构两书框架，突出教师专业特征，强化两书在教师培养、培训中的专业性和实用性，满足教师专业发展需求。

我认为，所谓教师专业标准，是指教师从事教育教学工作的专业规范，是对教师的专业伦理、工作态度、专业知识、专业能力及实践水平等所确立的质量规格和作出的明确规定，是衡量与评价教师专业发展的重要依据。教师专业标准具有基础性和导向性双重特点。基础性表现在可为教师专业伦理、专业知识和专业能力方面所必备的素质规定了基本标准；导向性表现在规定合格教师基础标准的同时，还具有发展性功能，根据教师专业发展方向，可起到引导教师朝着不断提高综合素质方向发展的作用。教师专业标准大致可分为通用标准和专业标准。所谓通用标准，就是国家对教师统一规定的标准，即政策性标准；所谓专业标准，是指为教师制定的具体专业发展标准，包括教师专业伦理标准、教师专业知识标准、教师专业能力标准等内容，即业务性标准。不同类型与层次的教师有着不同的专业资格要求与发展标准。教师培养培训只有严格按照教师专业标准，特别是教师专业伦理标准、教师专业知识标准、教师专业能力标准这些业务性标准开展，才能真正提高教师的综合素质，使教师成为一个具有坚定的教育信仰、科学的教育理念、完善的知识结构、较高的专业能力的优秀教师，满足人民群众和社会发展的需要。

根据这一认识，结合习近平总书记“四有”好老师的重要论述，参照教师专业标准“专业理念与师德、专业知识、专业能力”三维一体的框架体系，我决定改变以往编者大多将陶行知教师教育论述按时间顺序先后排列的传统办法，将《陶行知教育名篇教师简读》的编写体例，分为具有严格内在逻辑关系的四编，即“第一编　理想信念——教师的历史使命与社会担当；第二编　道德情操——教师的职业伦理与道德精神；第三编　扎实学识——教师的专业素养与职业技能；第四编　仁爱之心——教育的出发点”，使之既遵循教师专业标准，又符合陶行知教师教育论述的实际情况，而不是生搬硬套、削足适履，努力把原则性与灵活性结合起来。同时，《陶行知教育思想教师简读》的编写体例，也是根据陶行知教育思想的内容，结合教师专业标准构建的编写框架，分为相互关联的七个部分，包括“第一章：家世乡风与求学经历；第二章：政治活动、教育改革及办学实践；第三章：教育思想的理论基础；第四章：生活教育的三大原理与具体教育主张；第五章：生活教育与传统教育、实用主义教育；第六章：陶行知教育思想的当代价值；第七章：学习陶行知，造就一流教育家，培养中国‘四有’好老师”，努力做到历史与逻辑、抽象与具体、理论与实践、本土与域外、历史与现实的有机结合，既注重专业伦理（伟大人格），又注重专业知识和专业能力（教育理论和实践及其当代启示），以期对教师培养培训有所助益。

由于本人身兼多职，精力有限，加之时间仓促，开学在即，急需用书，编写初衷未必能完全实现，还请各位读者见谅。

最后，衷心感谢华中师范大学出版社周挥辉社长、刘从德总编辑的盛情约稿，感谢易仲芳副社长和胡小忠分社长的大力支持以及编辑老师的细心审改，感谢李宇阳博士冒着酷暑高温协助整理。没有大家的信任、支持和帮助，这两本教师简明读本很难在如此短暂的时间内得以与各位亲爱的读者朋友们见面！

今年是陶行知 130 周年诞辰和逝世 75 周年纪念，这两本小书就当是笔者献给这位我最敬佩的伟大的人民教育家的一瓣心香！

2021 年 8 月于武昌桂子山

目　录

第一章　家世乡风与求学经历 …… 001
第一节　家世乡风 …… 003
一、贫穷家庭出身的“小和尚” …… 003
二、特别能吃苦耐劳的“徽骆驼” …… 003
三、深受尚实、求实、笃实的徽州文化影响 …… 004
四、酷爱白居易、杜甫为人和诗风的少年郎 …… 004
第二节　求学经历 …… 005
一、旸村蒙馆发蒙——早期传统文化启蒙 …… 005
二、崇一学堂求知——新式西方文化初步洗礼 …… 006
三、金陵大学问学——系统接受现代民主科学 …… 008
四、伊利诺伊大学攻读——迈向世界的第一步 …… 017
五、哥伦比亚大学深造——开启教育生涯之门 …… 018
第三节　家庭生活 …… 021
一、一个大家庭 …… 022
二、两次爱情与婚姻 …… 026
第二章　政治活动、教育改革及办学实践 …… 033
第一节　政治活动 …… 035
一、领导南京五四爱国运动 …… 035
二、响应“八一宣言”，发表“共同声明” …… 037
三、从事国民外交，争取抗战外援 …… 038
四、反内战、反独裁，争取和平民主 …… 041
第二节　教育改革 …… 044
一、主持南京高师、东南大学教育科，提倡教育革新 …… 044
二、主持中华教育改进社，推动全国教育改革 …… 046
三、组织中华平民教育促进会，推行平民教育运动 …… 048

四、发起乡村教育同志会，推行乡村教育运动 …………………… 050
五、创办中国普及教育助成会，发动普及教育运动 ……………… 053
六、成立国难教育社和生活教育社，开展战时教育运动 ………… 054
七、主持民盟中央教育委员会，推动民主教育活动 ……………… 057
第三节 办学实践 ……………………………………………………… 059
一、晓庄师范的生活教育实验 ……………………………………… 059
二、山海工学团的生活教育实验 …………………………………… 068
三、育才学校的生活教育实验 ……………………………………… 075
四、重庆社会大学的生活教育实验 ………………………………… 087
第三章 教育思想的理论基础 ………………………………………… 097
第一节 政治理念 ……………………………………………………… 099
一、政治理念的渊源 ………………………………………………… 099
二、政治理念的演变 ………………………………………………… 102
三、政治理念的内涵 ………………………………………………… 108
第二节 哲学观点 ……………………………………………………… 113
一、哲学观点的来源 ………………………………………………… 114
二、哲学观点的形成与演变 ………………………………………… 115
三、哲学观点的构成及特征 ………………………………………… 117
第三节 文化思想 ……………………………………………………… 120
一、文化思想的渊源及演变 ………………………………………… 120
二、文化思想的形成及特质 ………………………………………… 125
三、对待中西文化的态度 …………………………………………… 131
第四章 生活教育的三大原理与具体教育主张 ……………………… 137
第一节 生活教育的三大原理 ………………………………………… 139
一、"生活即教育" …………………………………………………… 139
二、"社会即学校" …………………………………………………… 160
三、"教学做合一" …………………………………………………… 175
第二节 具体教育主张 ………………………………………………… 178
一、民主教育 ………………………………………………………… 178
二、科学教育 ………………………………………………………… 183

三、乡村教育 …………………………………………………… 185
四、师范教育 …………………………………………………… 186
五、创造教育 …………………………………………………… 187
六、终生教育 …………………………………………………… 196
第五章　生活教育与传统教育、实用主义教育 ………………… 209
第一节　生活教育与传统教育 ……………………………………… 211
一、陶行知对待传统教育的态度 ………………………………… 211
二、生活教育与传统教育的区别 ………………………………… 214
第二节　生活教育与实用主义教育 ………………………………… 223
一、杜威的影响与陶行知的超越 ………………………………… 224
二、生活教育与实用主义教育的区别 …………………………… 226
第六章　陶行知教育思想的当代价值 …………………………… 233
第一节　我国社会主义教育理论体系的重要营养来源 …………… 235
一、"生活即教育"、"社会即学校" ……………………………… 235
二、培养"真善美的活人" ………………………………………… 236
三、"教育以生活为中心" ………………………………………… 236
四、"教学做合一" ………………………………………………… 237
五、"教育与人生为始终" ………………………………………… 238
第二节　我国当前教育改革有益的理论借鉴 ……………………… 239
一、借鉴陶行知"教育立国"的思想，充分认识教育在社会主义现代化建设中的地位和作用 ……………………………………… 240
二、借鉴陶行知"生活即教育"思想，使教育与社会生活更加紧密地结合起来 …………………………………………………… 241
三、借鉴陶行知"社会即学校"思想，构建一个多层次、多形式、开放的大教育体系 ………………………………………………… 242
四、借鉴陶行知"全面教育"思想，培养德、智、体、美、劳全面发展的人才 …………………………………………………… 242
五、借鉴陶行知"教学做合一"思想，加强理论联系实际 ……… 243
六、借鉴陶行知"乡村教育"思想，深化农村教育改革 ………… 244
七、借鉴陶行知"师范教育"思想，大力发展师范教育 ………… 245

八、借鉴陶行知“政富教合一”思想，注重社会整体改造 ……… 246
九、借鉴陶行知坚持从国情和实际出发思想，完善新时代中国特色社会主义教育体系 …… 247
第七章 学习陶行知，造就一流教育家，培养中国“四有”好老师 …… 249
第一节 陶行知的伟大人格 …… 251
一、爱满天下的博大胸襟 …… 251
二、乐于奉献的伟大情操 …… 252
三、炽烈真诚的教育激情 …… 252
四、不屈不挠的刚毅品质 …… 253
五、求真务实的思想作风 …… 254
六、开拓求新的创造精神 …… 255
第二节 造就一流教育家，培养中国“四有”好老师 …… 255
一、造就一流教育家 …… 256
二、培养中国“四有”好老师 …… 263
参考资料 …… 267

第一章

家世乡风与求学经历

第一节　家世乡风

一、贫穷家庭出身的“小和尚”

陶行知原名陶文濬，字世昌，1891 年 10 月 18 日出生于安徽省歙县西乡黄潭源村的一个贫寒家庭。

陶行知的父亲陶位朝，名长生，号筱山，粗通文墨，为人厚道，原在休宁县万安镇经营亨达官酱园。鸦片战争后，由于帝国主义列强的入侵和洋货倾销，农村的自给自足经济每况愈下，营业萧条，家境困难，在万安难以生活下去，只得将酱园出顶给曹氏亲戚，回故乡黄潭源村种田务农，卖柴卖菜。陶行知的母亲曹翠仂，安徽绩溪人，为人忠厚，勤劳能干，是一位慈祥的家庭妇女。她手脚勤快，不但种田务农、操持家务，还替人缝补浆洗做佣人。

陶行知小时乳名和尚，是因为他有一个姐姐幼年夭折，陶父鉴于人丁不旺，出于迷信观念和民间习俗，想让陶行知寄于佛门，荫佛长寿，故起此乳名。同时也是因为他小时候头发常常被母亲剃得光光，村里人都叫他“小和尚”。由于家境贫寒，陶行知自幼便饱经世故沧桑，深知农家疾苦。十一二岁时，他就成为家中的半个劳动力，每天随祖母一起绩麻，跟母亲一起种菜，随父亲一起砍柴、卖柴和卖菜。他一直生活在贫民社会环境中，平日接触的大多是贫民，对劳苦大众无比挚爱，自幼便形成了亲民、爱民、为民、救民的思想。

二、特别能吃苦耐劳的“徽骆驼”

陶行知的故乡歙县，旧属徽州府，在安徽省南部。徽州全境多为山区，虽风景秀美，但山多地少，土瘠民贫，全年的粮食仅够当地居民三月之需。因此，徽州人为了生存大多外出经商。徽州人以善于经商闻名全国，甚至有“无徽不成镇”的说法。徽州人特别能吃苦耐劳，富于开拓创业精神，人称

"徽骆驼"、"绩溪牛"。陶行知自幼便深受这种精神的感染，萌生了艰苦奋斗、开辟进取的意识。1923年春，陶行知曾在《游牛首山》这首诗的题注中，对"绩溪牛"的精神予以称赞："吉乡称绩溪人为绩溪牛，人以为侮辱，我以为是尊敬，因为牛是农家之友，没有牛，我们哪里来的饭吃呀！"纵观陶行知的一生，他不正是这样一头"绩溪牛"或"徽骆驼"吗？

三、深受尚实、求实、笃实的徽州文化影响

徽州商人为了在激烈的商业竞争中始终立于不败之地，他们十分注重自身文化素养的提高。徽州地区的孩子们从小就要进各类塾馆读书，接触儒家经典。许多徽商或是"先儒后贾"，或是"亦儒亦贾"，或是"先贾后儒"。正是徽商这一特点，使得他们具有"权低昂，时取予"的洞察力，容易发财致富，并易于与政界官场建立密切联系，为进一步扩大势力创造条件。徽州人非常重视发展教育事业，兴建各级各类学校。至清朝康熙年间，社学发展到512所。

徽商拥有的雄厚经济实力与徽州甚为发达的教育事业，导致徽州地区的文化学术在明清时期出现了空前繁荣的景象。地域性哲学、经学、医学、绘画、戏剧、建筑、雕刻、盆景等专业性文化得到了长足发展，相继衍化为自成一体、具有鲜明地方特色的派别。新安理学、徽派朴学、新安医学、新安画派、徽班徽调、徽派建筑、徽派雕刻、徽派篆刻、徽派盆景等，无不享有盛名，著称全国。其中徽派朴学代表了清代学术的最高成就，其学风集中体现了清代学术尚实、笃实的特点。

诞生在这种文化地理背景中的陶行知，自然要受到地域文化的影响。其实事求是、大胆怀疑、敢于批判的精神，无疑是徽派朴学基本治学精神的继承与弘扬。

四、酷爱白居易、杜甫为人和诗风的少年郎

从孩提时代起，陶行知就在这样一个学风朴实、名人辈出的文化之乡，饱受传统文化的熏陶。源远流长的徽州文化给他以潜移默化的影响。他从6岁起开始接受启蒙，接受儒家教育。此后虽因家庭原因，时有中辍，但他的好学精

神未减。即使风雪之日，他也从不停止向先生问学。他曾先后拜歙县、休宁的几位名儒为师，研习“四书”、“五经”，在传统文化方面奠定了厚实根柢。

少年时代，陶行知对唐代诗歌产生了浓厚的兴趣，其中尤为喜爱白居易、杜甫二人的作品。因家贫无钱买书，他就向同学汪采白的父亲汪纪修借唐诗来抄写。他边写边吟，抄写十分认真。还书时，汪先生问他：“唐代诗人中，你最推重谁？”陶不假思索地答道：“白居易、杜甫。”汪先生又问：“为什么？”陶说：“白诗通俗，杜诗沉郁。两人的诗风格虽不同，但多感时之作，喊出了人民的呼声。”

白居易和杜甫都是具有人文关怀和爱国情怀的诗人，他们的作品充满了对人民的爱和对敌人的仇恨，对祖国的赤诚和忧虑。陶行知深受白、杜二人的影响，后来写了近700首诗歌，成为现代中国著名的大众诗人。他的诗作感时忧国，反映民生疾苦，对反动派的祸国殃民、屈膝投降，口诛笔伐，沉雄有力，而且明白晓畅，老妪可解，这显然是师承白、杜的结果。

第二节　求学经历

从小家境贫寒的陶行知走过一条曲折的求学路径，也正是这条不平凡的求学道路，促使他坚定踏实地走上了为中国教育普及而不懈努力的人生道路。旸村蒙馆的发蒙与陶父的教育，为其日后接受中国传统文化奠定了坚实基础；崇一学堂求知与金陵大学问学，为其出国深造创造良好条件；美国两所大学的深造，为其创造生活教育理论和开展普及教育运动提供了理论铺垫。

一、旸村蒙馆发蒙——早期传统文化启蒙

陶行知自幼聪慧，且是家中唯一的男孩，陶父将家庭的希望都寄托在他身上。陶父有一定的文化基础，曾担任过教会学校的国文教员。他期望通过教育儿子成才而改变家庭的贫困命运，于是常利用闲余时间对陶行知进行家庭识字教育，让其临摹字形。

正是早期的智力开发，使得陶行知比一般的孩子聪明，而且勤劳务实、礼貌待人，这就引起了旸村塾师方庶咸秀才的注意。于是，1897 年，6 岁的陶行知便通过束脩之礼入方秀才私塾开蒙。随后陶父继续利用业余时间，在家对陶行知进行习字教育，并传授简单的儒学知识。陶行知的记忆力特别强，三刻钟内就能背诵《左传》43 行。8 岁时，其父重返休宁万安任册书，陶行知也随父入吴尔宽私塾伴读①。陶行知在这里接受了较为系统的经学教育，他天资聪颖，刻苦钻研，反应灵敏，深得外祖母、塾师、学友的青睐，在此 5 年他一直苦读中国传统儒学经典，奠定了较好的旧学基础。1903 年，12 岁的陶行知又得到了秀才程朗斋对“四书”的解读指导。后来，他又不辞艰辛，翻山越岭，奔波十几里来到航埠头曹家经馆，向前清贡生王藻请教，他经常站立门外候教，甚至不顾大雪纷飞。王藻赞扬他有一种“程门立雪”的古人之风②。这种求学的诚意深深打动了王先生，他对陶行知进行谆谆教诲，陶行知从王藻那里得到了对“五经”的指点与教诲。

这样，陶行知通过传统的家庭教育和到处求学的双重途径，受到了良好的传统文化启蒙教育，为其日后成为集中国传统美德与高尚气节于一身，兼具儒家的亲仁、墨家的兼爱品质的中国文化伟人和教育大家奠定了良好的基础。

二、崇一学堂求知——新式西方文化初步洗礼

1906 年，陶行知进入隶属于基督教内地会的“徽州府崇一私立中学堂”学习，开始接触西方近代科学文化知识，经受西方文化的洗礼。陶行知跨入崇一学堂，这并非历史的偶然，实与当时的时代环境、他的家庭以及本人际遇，均有密切关系③。鸦片战争以后，西方列强在对中国进行军事侵略、经济

---

① 朱泽甫：《陶行知年谱》，安徽教育出版社 1985 年版，第 3 页。

② 据《宋史·杨时传》载，北宋杨时就教于程颐，“至是又见程颐于洛，时盖年四十矣。一日见颐，颐偶瞑坐，时与游酢侍立不去，颐既觉，则门外雪深一尺矣”。借喻尊师重道。

③ 周洪宇：《近代知识分子与教会教育——一项以陶行知为观照基点的历史透视》，章开沅、林蔚主编：《中西文化与教会大学——首届中国教会大学史学术研讨会论文集》，湖北教育出版社 1991 年版，第 358—402 页。

掠夺的同时，逐步加强了文化渗透。他们迫使清政府签订了一系列不平等条约，允许西方传教士开设教堂传播基督教。从此，西方传教士蜂拥而入，很快便深入到中国的穷乡僻壤。当时在安徽地区活动的教会组织，内地会的势力最大。内地会是英、美等国基督教新教对中国派遣传教士的差会组织。经过一番惨淡经营，终于 1869 年在安庆奠定了传教事业的基础。在 1869—1885 年期间，先后创立差会总堂四处：安庆（1869）、宁国（1874）、池州（1874）和歙县（1875）。[①] 歙县崇一学堂就是由他们于 1900 年为传播基督教义和西方文化科学知识、扩大教会影响而创办的。校长由歙县内地会教堂的英籍牧师吉布斯（C. W. Cibbs）兼任，此人汉名唐进贤。

陶行知 13 岁时，一度重返休宁万安工作的父亲被解除册书一职，再次回家务农。他也随父离开万安回到歙县。当时教堂通事（翻译）章觉甫与陶位朝是朋友，看见老友落魄潦倒，全家生活困难，便介绍陶行知的母亲到歙县内地会教堂当帮佣，除炊事外，兼做勤杂工。小小年纪的陶行知，颇懂体贴父母，常随父母挑瓜挑柴进城出售。卖完菜、柴后，他总是去教堂帮助母亲做一些洗菜、挑水等杂活。崇一学堂校长唐进贤，爱好中国经史文学，见陶行知举止大方，手脚麻利，又喜其聪明好学，遂嘱陶母送他入学，并免收学费，于是，在 15 岁这一年，陶行知进了崇一学堂这所教会学校求学[②]。

入崇一学堂学习，是决定陶行知一生命运的关键性一步。崇一学堂为他从旧式知识分子转变为现代文化人架设了第一块跳板。崇一学堂学制 3 年，开设的课程有：德行、修身、经学、国文、英文、中西历史、算学、代数、格致、地理、音乐、体操等 12 门，唐进贤一人兼授英文等 7 门[③]。这些课程的设置，体现了教会学校把基督教文化同儒家思想中有利于教会的东西结合起来的意图，表明教会教育是一种中西混合式的教育。当时的同学有姚文采、江粹青、程家庚、章文美、章文启、汪邦镐、朱家治、汪嵩祝、洪范五、程祖贻、汪邦荣、汪邦钊、汪孔祁、汪邦钧等 18 人。陶行知与姚文采、洪范五同住在一间寝室，经常进行背书比赛，陶行知以惊人的记忆力屡屡夺冠。

在崇一学堂，陶行知珍惜时间，发愤攻读，如饥似渴地学习西方文化科

① 王鹤鸣：《安徽近代经济探讨》，中国展望出版社 1987 年版，第 230—231 页。
② 朱泽甫：《陶行知年谱》，安徽教育出版社 1985 年版，第 5 页。
③ 资料来源于“安徽省徽州府崇一私立中学堂毕业文凭”。

学知识，学业上突飞猛进，并萌生了爱国意识。尽管在此接触到的西方文化极为有限，崇一虽名为中学堂，实际程度似仅与高小相齐①。但无论如何，它毕竟给幼小的陶行知打开了一扇眺望新世界的窗口。从这扇窗口，他看到了发达的西方，看到了四书五经、子曰诗云所无法告诉他的新世界。他的视野也从一个小小的歙县扩大到全中国甚至全世界。一股强烈的历史使命感由此而开始萌发，他用毛笔在宿舍的墙壁上题写了两行座右铭："我是一个中国人，要为中国作出一些贡献"，并朝夕以此自勉。正是以崇一学堂为起点，他开始了对救国救民真理的艰难探索。

三、金陵大学问学——系统接受现代民主科学

在崇一学习两年后，因唐进贤临时有事返回英国，学校便关了门。当时，旧中国贫穷落后，科学医疗很不发达，姐姐因病夭折，陶行知在好友章文美等人的影响下，像早期的孙中山、鲁迅和郭沫若那样，一度萌生了行医济世，医学救国的念头。为此，他于 1909 年春投考杭州的一所教会学校——广济医学堂。由于该校对于非基督徒学生在课程学习等方面有歧视性规定，他只待了三天便愤而退学②。

离开杭州后，陶行知一度流落苏州。不久又回家专攻了一年英语。1909 年秋，陶行知巧遇办完事后回到中国的唐进贤，经其介绍，考入南京美国美以美会办的汇文书院。1919 年春，汇文书院与基督会和长老会合办的宏育书院合并为金陵大学堂，他直接考入金大学习，金大初创时，仅设文科及若干数理学程。文科分预科、本科两部。预科 2 年，本科 3 年。因他此前已有汇文的半年成绩，故预科只读了一年半，便于 1911 年升入文科本科，至 1914 年夏完成学业，他在金大生活和学习了 5 年。如果说跨入崇一是他在人生道路上迈出的关键性的第一步，那么，求学金陵无疑是更为坚实有力的又一步。

金陵求学的这 5 年，正是民族、民主革命浪潮汹涌澎湃之时。陶行知一

---

① 《关于崇一学堂性质与程度的评估》，参见董宝良、喻本伐、周洪宇：《陶行知生平求是》，《教育史研究》1995 年第 2 期。

② Tao wen Tsing: To J. E. Russell, February, 16, 1916.

面勤奋学习，一面踊跃投身于辛亥革命的洪流之中。他曾发起组织大学运动会，以门票收入充作“爱国捐”，帮助黄兴领导的南京留守机关解决财政困难并倡设金大学报《金陵光》中文报，任中文主笔，撰文宣传民主共和思想。

在此期间，陶行知在学习上非常勤奋，不但各门专业课程成绩优异，为全校师生所瞩目，而且还利用课余时间，广泛涉猎了近代西方各种哲学、社会政治学说和大量的中国古代文化典籍，西方的达尔文、赫胥黎、斯宾塞、林肯与中国的孔子、孟子、墨子、庄子、荀子、朱熹、王阳明、王畿等人的著作和学说，均在其博览之列，而近人严复、梁启超、孙中山等人的思想尤为他所熟悉。其中，他对严复介绍的进化论、西方资产阶级民约论和孙中山所宣传的资产阶级民主共和思想，以及明代王阳明的“知行合一”学说，所下苦功更非常人所及。通过这一番学习，陶行知的哲学思想和政治思想迅速迈入新境，极大地改变了他的世界观和人生观。

此时，陶行知通过阅读严复译述的《天演论》，开始接触并信奉达尔文的进化论。他认为，人类社会一切现象，都是“天演”（即进化）的结果。没有“天演”，就没有一切。他在为《金陵光》中文报创刊所写的发刊词《〈金陵光〉出版之宣言》中指出：“《金陵光》随学生天演之进步自然发生。”[①] 又在毕业论文《共和精义》里说：“共和者，人文进化必然之产物也。使宇宙万物无进化，则共和可以无现；使进化论放诸邦国社会而不准，则共和犹可以无现，无如进化非人力所能御也。进化非人力所能御，即共和非人力所能避。”小至一种具体的刊物，大至一种影响深广的政治学说和体制，莫一不是人类进化之结果。他还认为，物竞天择是人类社会进化的公理，适者生存，不适者灭亡。“处此物竞之世界，与器间有竞争，与物诱有竞争，即下至饮食起居之细，亦莫不含有竞争之义。于是筹备竞争，宜任劳，实行竞争也，宜百苦。竞争而不能胜，则难生矣！”与此同时，陶行知在对清末民初社会现实冷静观察和思考的基础上，通过对近代中西各种社会政治思想的广采博纳和抉择改铸，初步形成了资产阶级共和主义的政治思想。

在自由平等观上，他把共和主义的根本精神概括为自由、平等、民胞

① 陶行知：《〈金陵光〉出版之宣言》，《陶行知全集》第1卷，湖南教育出版社1984年版，第3页。

（即博爱）三大信条。依据近代西方学者的某些观点，他对自由、平等、民胞作了新的阐释。在他看来，自由可分为法律之内的和道德之内的两种。它们可视为“负面的自由”与“真自由”。前者“人民久已不惜蹈汤赴火以争之，其成绩已大有可观。然人民脱离强暴之羁绊，未必即能自由也”。为什么？“盖天下乏至不可超脱者，有自奴焉！故真自由贵自克。天下之至不可侵越者，有他人焉！故真自由贵自制。天下之至不可忽略者，有公福焉！故真自由贵个人鞠躬尽瘁，以谋社会进化。”显而易见，其“真自由”的含义是自克、自制、个人鞠躬尽瘁以谋社会进化。关于平等，他指出：“天之生人，智愚、贤不肖不齐，实为无可韪之事实。平等主义亦不截长补短，以强其齐。在政治上、生计上、教育上，立平等之机会，俾各人得以自然发展其能力而为群用。”他所主张的，不是天赋的平等，而是机会的平等。值得注意的是，他把民胞（博爱）视为比自由平等更为重要的东西，只有“民胞主义昌，而后有共同目的、共同责任、共同义务；而后贵贱可除，平等可现；而后苛暴可蠲，自由可出。苛无民胞主义以植共和之基，则希望共和，犹之水中捞月耳！”民胞实为“共和之大本”这反映出他对民胞的极端重视，并成为他日后提出的“爱满天下”主张的滥觞。

在对个人与社会的看法上，他认为，共和主义“重视个人之价值”、“唤醒个人之责任”、“予个人以平等机会”，人虽贵贱贫富不同，但价值则一，都是“社会邦国之主人翁也”，都“对社会有天职之当尽耳”，“俱予以自由发展智仁勇之机会，俾得各尽其能”。他明确指出：“共和主义，视人民为社会主权。群之良窳，惟民是视。民苟愚劣，社会绝对不能兴盛。社会欲求兴盛，必负改良个人之责。”所以，共和主义“以博爱为社会组织之大本，而以兄弟视其分子”。“个人为社会而生，社会为个人而立，实共和主义之两元也。”表明了他试图以社会为基点，将个人与社会两方面协调起来，不致有所偏废。

在政治观上，他赞同美国总统林肯著名的“三民”原则：“政府者，人民之政府，人民自治以谋人民之福利”，称之为“实共和政治之圭臬焉”，并进一步将其具体化为三点内容：其一，“共和政治图谋国民全体之福利”，给予人民以言论、著述、集会的自由。对于人民的各种建议，“择良而要者施行之”。其二，“共和政治重视共和目的、共同责任”。所以，“共和政治不特有透达既往目的之能力，且有发生将来目的为进步之母”。其三，“共和政治能得最良之领袖”。共和主义承认人民为主权，不是主张无首领，而是主张好首领。“共和首领由民举，必其人能亲民，新民，恤民，然后乃推戴之。即有大奸巨猾，以媚民手段，占窃神器，然朝违民意，夕可弹劾也。”

在实施共和主义的途径上，他反对“不问国情”，照抄西方模式，主张根据中国的具体国情，确定实施共和主义的途径。他把中国的具体国情归纳为四点：“国民程度不足”，出现“伪领袖”，“党祸”丛生，存在“多数之横暴”的可能。有鉴于此，他提出四条实施途径：发展教育，便利交通，依靠人文进化，维持一定秩序。尤其难得的是，他此时已对教育的社会功能有了深刻认识：“人民贫，非教育莫与富之；人民愚，非教育莫与智之；党见，非教育不除；精忠，非教育不出。教育良，则伪领袖不期消而消，真领袖不期出而出。而多数之横暴，亦消于无形。况自由平等，恃民胞而立，恃正名而明。同心同德，必养成于教育；真义微言，必昌大于教育。”因此，“教育实建设共和最要之手续，舍教育则共和之险不可避，共和之国不可建，即建亦必终归于劣败。”① 可以说，陶行知后来献身于教育事业，就是以此时对教育功能的深刻认识为思想基础的。

哲学上开始信从王阳明“知行合一”理论，是陶行知在金大求学期间思想方面的又一重要收获。

进入金大不久，陶行知在该校亨克（Fredericl Goodricl Henke）教授的悉心指导下，开始研究起明代大哲学家、教育家王阳明的学说。王阳明的学说产生于 16 世纪初叶，作为理学内部与朱熹学说相对立的异军，曾在中国思想文化领域里占据中心位置达百余年时间，并对后世产生了深远影响。王学体系可以“致良知”三字来概括，主要包括三大理论：“心即理”论、“知行合一”论和“万物一体”论。王阳明认为，天理存在于人们的心中，心中的天理就是良知，这种良知乃先天具有的是非之心，恻隐之心。格物就是正心，是一种去恶为善的修心功夫。致知是扩展放大心中固有的良知，并把这种良知推及各种事物上，使各种事物各得其理。与这种主观唯心主义的认识方法相适应，王阳明在知行关系上提出了“知行合一”论。他主张知是致心中固有之

① 陶行知：《共和精义》，《陶行知全集》第 1 卷，湖南教育出版社 1984 年版，第 43—53 页。

知，行是行心中固有之知，知与行在心学的基础上合而为一。王阳明指出："知是行的主意，行是知的功夫，知是行之始，行是知之成。"① "知行功夫本不可离，只为后世学者分作两截用功，失却知行本体，故有合一并进之说。"② "知行合一"论的实质在于把知行结合起来，不离行以求知。王阳明希望通过倡导知行合一，注重道德践履，纠正只知不行或只行不知两种知行脱节的弊端，力促人们实现真正的道德完成，以拯救明代中叶日益衰败的封建社会危机。

王阳明的学说，注重知行统一，重视道德践履，颂扬百折不回、进取奋击的坚强意志，强调"心力"，实现自我，具有反教条、反权威的积极意义。它适应了社会转折时期人们高扬主体意识，实现自我解放，蔑视正统权威，砥砺战斗意志，完善个体人格，统一理论实践的需要，往往成为后世人们冲破思想束缚、解放思想、发展个性的有力武器。19 世纪末 20 世纪初，王阳明的学说受到了新一代思想家们的普遍重视，从康有为、梁启超等改良派到宋教仁、陈天华等革命党人，直至后来的毛泽东、郭沫若等，都极为推崇，视之为个人道德修持的工具和改造中国社会的利器。

王阳明的学说，对于金大求学时期的青年陶行知，产生了很大的吸引力。陶行知从完善个体人格与寻求救国之道的双重需要出发，认真学习和研究王阳明的学说，并信仰知行合一的理论。为此，1911 年，他将自己的原名文濬改名为"知行"。1934 年，再改为"行知"，直至 1946 年去世。尽管他 1927 年以后不再赞同王阳明"知先行后"的主张，提出"行是知之始，知是行之成"的理论，但知行问题始终是他关心和努力解决的问题，在他一生的道路与事业中占有极为重要的位置。

金陵大学求学经历对于陶行知的影响，除了体现在其哲学观点和政治思想方面，还体现在其知识结构、价值观念、思维方式、个性心理特征、行为模式和人格风范等方面。凡是与陶行知直接接触过、交谈过或阅读过他的作品的人都会发现他学识渊博，涵养丰厚，具有学贯中西的大家风度。而这，首先是在新式学校开其肇端的。陶行知幼年从父亲以及别的教师那里接受中国式的启蒙教育，饱经中国传统文化的熏染，特别是深受尊奉理

① 王阳明：《王文成全书》卷一《传习录》上。
② 王阳明：《王文成全书》卷二《答顾东桥书》。

学、注重经世的“徽州文化”的影响，因而其知识结构具有中国传统文化的厚实根柢。进入崇一学堂之后，他又接受了近代新式教育，学习西方文化科学知识，由四书五经、子曰诗云一变而为声光化电、科学民主。尤其是在金陵大学这所中西文化汇聚一炉的教会大学里，他有意识地改造和重建自己的知识结构，刻苦钻研生理学、心理学、医学、数学、文学、哲学、政治学等学科，既广泛涉猎近代西方各种哲学、社会政治学说和严复、梁启超、孙中山等先进中国人的论著，又遍览中国古代文化典籍，出入于经史子集之中，尤其是对王学的探讨不遗余力，颇有心得。上下数千年，纵横数万里，这种初始的飞越时间与空间的心灵历程，显示出陶行知一生的知识取向——横向采纳与纵向汲取齐头并进，两不偏废。如果说，崇一阶段，中西文化在他那里还只是一种“无意识的交融”，那么，金大时期就是一种“有意识的融会”了。

经过这番中西文化“有意识的融会”，陶行知的知识结构呈示出鲜明的开放、综合的宏观走向。尽管中国传统文化已成为这个知识结构的重要构成部分，但由于陶行知已跨入了新的时代，进入了世界文化的大系统，获得了一种现代开放意识，因此他的知识结构根本不可能仅仅局限于过去与传统，而是面向世界和时代而展露出开放、综合的知识取向。

这一在新式学校初步形成的开放的知识结构，不仅使陶行知后来进一步采撷中外文化的精华更为容易，而且也使他日后在创造性构建其思想学说时全然没有捉襟见肘的感觉。如果说，知识结构的重建还只是陶行知主体意识结构表层的变化，那么，价值观念和思维方式的更新就属于其深层的变化。随着知识结构重建而来的西方化参照体系的形成，广泛的世界性视野的拓展，陶行知的价值观念和思维方式也相应地发生了实质性的蜕变。

在未入新式学校之前，作为徽州乡村的一名接受传统教育的好学少年，陶行知当时的人生理想只是传统的“修身齐家治国平天下”。是时代和社会改变了他的命运，也是新式教育促成了他的价值观念的转变。他开始由尊崇君王到服膺民主共和，由重群体轻个体到协调两者关系，由伦理道德至上到主张义利统一。他强烈抨击不合理的封建血统论和世袭制，说“君主嗣统，只问血胤，鲜问才德”，王权世袭，等级森严，主张一切权力归于人民。他高扬个人的价值、个体的独立人格和个性的解放，并努力协调社会与个人的关系，认为它们

“实共和主义之两元也”。他还公开宣布：“奉天命为归宿，而不敢止于独善。”表示传统的“独善其身”、“慎独”的个人修养方式业已过时，处于大变革时代的每个中国人，都有“尽天职之价值”和“担负进化之大任”，仅仅满足于“独善其身”是不行的，还必须“为全群谋福利进化”①。当然，我们不能说此时陶行知已与传统的价值观念彻底决裂。思想观念（尤其是价值观念）的转变是一个长期的过程，绝非一朝一夕之事。但无论如何，他此时毕竟开始走出传统价值观念的思想樊篱。

与此同时，他的思维方式也在悄悄地发生着某种变革，开始从中国传统的偏于直觉顿悟和模糊笼统、忽视实际观察和科学实验、轻视分析和逻辑论证的思维方式，转换为注重逻辑理性、观察实验和严密推理的现代思维方式。思维方式的更新往往与自然科学的学习和实践有密切关系。在进入新式学校以前，陶行知没有接触过近代自然科学。就读崇一学堂后，他对数学产生了浓厚的兴趣。在做习题时，同学们一般都是演算老师布置的习题。别人用一种方法来解答、证明一道习题，他却喜欢从不同的角度来证明，用几种方法来解答，然后从中比较，找出最佳方法。求学金陵大学后，他对数学的兴趣更浓，经常帮助同学解决数学难题，深得师生赞誉，大学时代奠定了他坚实的数学基础，训练了他缜密的逻辑思维能力。这对他一生事业裨益匪浅。在日后的治学、工作中，他每每佐以数学方法，收事半功倍之效。他的论文和演说的成功，也与他具有很强的逻辑思维能力分不开②。值得一提的是，在金陵大学期间，他有一段时间热衷于生理科学的实验，曾受美国爱荷华大学西少耳教授观点的启发，发明了一种观察视神经上的血管影的方法，并专门撰写了一篇研究报告——《视神经上血管影之观察法》，发表在《金陵光》学报上。根据他的研究，此法不用烛光，不用暗室。试验者熟睡透光室中，醒时向空中微开一目，到见眼前有一网形檀色物——视神经的血管影。这一方法他每天早晨醒来时曾试验多次，并请同学数人也试验多次，皆屡试不爽。这种亲自从事过科学实验的经历，使他具备了注重观察实验的科学态度和实事求是的思想方法，不仅为他后来接受杜威的实验主义教育学说完成了必要的

① 陶行知：《共和精义》，《陶行知全集》第1卷，湖南教育出版社1984年版，第46—48页。

② 许宗元：《陶行知》，人民出版社1988年版，第8页。

思想铺垫，而且也促使他后来从事教育救国事业时，始终坚持先试验后推广的原则，反对空谈，强调实干。

这一时期，陶行知的个性心理特征随着其社会生活条件、教育条件的改变，以及生活经验的积累，逐渐衍化定型。他开始形成一种宏伟的气魄，胸怀祖国，放眼世界，把中国的前途与世界的未来联系起来考虑。以开放的文化心态对待中西文化，既不妄自尊大、盲目排外，又不妄自菲薄、全盘西化，呈现出明显的外倾开放、豁达包容的心理特征。他的历史使命感和时代紧迫感也得到新的升华。如果说崇一时期他还只有一种朦胧的为祖国作贡献的意识，那么在金大这种朦胧意识就升华为一种自觉的理念。他清醒地意识到："即欲在世界求一生存，犹当夙兴夜寐，不容稍事蹉跎。苟仍委靡不振，习于因循，则保守已无余地，大局何堪设想？"① 为此，他大声疾呼："由感立志，由志生奋，由奋而捍国，而御侮，勠力同心，使中华放大光明于世界！"② 为了追求救国真理，完善个体人格，他努力与自己身上的"伪我"作斗争，时时解剖自己，处处克己求真，培养顽强的意志力。他反复告诫自己"欲栽岳岳千仞之气概，必先具谡谡松风之德操；欲运落落雪鹤之精神，必先养皑皑冰雪之心志"③，并认为能否去伪存真，做一个道德高尚、以民族利益为己任的人关键"是在及早努力，百折不回，在心中建立真主宰"。应该看到，定形于此时的上述个性心理特征，是陶行知主体意识结构中最富有个性色彩的因素，也是他日后从事救国大业、成为一位杰出的民主战士和伟大的人民教育家的重要主观条件。

伴随着上述主体意识结构诸因素的嬗变，此时陶行知的行为模式也发生某种转换。在金陵大学期间，受民主革命浪潮的影响，他发起组织各种爱国演说会、展览会、运动会，积极参加各种社会活动。特别是当他听到武昌起义的消息后，便按捺不住激动的心情，赶回故乡参加地方开明绅士余德民领导的屯溪阳湖余家庄起义，投身群众反清武装斗争，担任县议会的秘书，直

---

① 陶行知：《因循篇》，《陶行知全集》第1卷，湖南教育出版社1984年版，第12页。

② 陶行知：《〈金陵光〉出版之宣言》，《陶行知全集》第1卷，湖南教育出版社1984年版，第3页。

③ 陶行知：《为考试事敬告全国学子》，《陶行知全集》第1卷，湖南教育出版社1984年版，第21页。

至次年春才返校继续学习。这种积极进取、刚毅勇猛、投身武装斗争的行为模式，已与传统士大夫温和保守、消极退让、明哲保身的行为模式有天壤之别。它意味着在金陵大学求学期间，陶行知从观念意识到行为模式，都发生了某种根本性的转变。

值得注意的是，这一时期，在各种主客观因素的影响和推动下，为了加强自己的道德修养，完善个体人格，他在研究王学的同时，又对充满道德说教的基督教义产生了极大的兴趣。“入大学后，暇时辄取《新约》展阅之，冀得半言片语以益于身心而涤其伪习。”[①] 陶行知把基督教义作为道德修养、完善人格的利器。不仅如此，基于救国救民的需要，他还特别重视基督教义中朴素的人道主义因素，并于 1913 年成为一个基督教徒。

信仰基督教是陶行知早年在自己人生信仰方面所作出的重要选择。这一选择，深刻地影响了陶行知的人格风范，以及他日后事业的发展。尽管他后来放弃了基督教信仰转而接受更为先进的社会政治学说，但这种影响的痕迹始终或隐或显地体现在他的身上。事实上，他后来所奉行的“爱满天下”的主张及其伟大的牺牲精神，就与基督教的博爱主张和耶稣“舍己为人”的救世精神有着某种思想渊源。

需要说明，陶行知虽然一度皈信基督教义，但并未成为一个狂热偏执的基督徒。他对基督教有自己的认识，而且从一开始就是按照自己的理解和需要来接受基督教义的，从未盲目信仰过。他对基督教教义既有接纳，又有排拒，接纳中有排拒，排拒中有接纳，这种鲜明的主体意识和清醒的理性精神，使得基督教信仰对他的影响，积极的方面远远大于消极的方面。陶行知之所以被人民所长久崇敬，原因之一是他具有伟大的人格风范，而这一人格风范的塑造又显然离不开基督教信仰所起的作用。[②]

1914 年 6 月，陶行知以优异的学习成绩毕业于金陵大学。因 1911 年金陵大学已在美国纽约州立教育局和纽约大学注册获得认可，故金陵大学的毕业生可同时接受纽约大学的文凭和学位，并能直接赴美深造。由于陶行知一贯品学兼优，素为金大美籍校长包文（Bowen）器重。此时，包文更是鼓励和支持他赴美

---

① 陶行知：《伪君子篇》，《陶行知全集》第 1 卷，湖南教育出版社 1984 年版，第 27 页。

② 周洪宇：《陶行知与基督教》，《安徽史学》1991 年第 4 期，第 64—70 页。

深造。在师友和父母的帮助下，1914 年秋，陶行知终于启程赴美留学。

四、伊利诺伊大学攻读——迈向世界的第一步

抵美后，陶行知先入伊利诺伊大学攻读市政学硕士学位。按照陶行知原来的设想，他是打算直接到哥伦比亚大学师范学院学习教育的。早在金大时期，他就对教育的社会功能有了明确认识，认识到“教育实建设共和最要之手续，舍教育则共和之险不可避，共和之国不可建，即建亦必终归于劣败”，萌生了从事教育事业的念头。而当时的哥伦比亚大学师范学院是美国进步主义教育运动的大本营，聚集了一大批以改革传统教育为志向的新教育理论家，如杜威、克伯屈、孟禄等人，他们中的某些人（特别是实用主义大师杜威）的教育主张，民国初年就通过蔡元培等人介绍，为中国教育界所知晓。[①] 能进哥伦比亚大学师范学院学习本是陶行知的初衷。但因该校的学费高昂，陶行知的经济条件负担不起，只得进了专为学习市政学专业的外国学生免除学费并提供奖学金的伊利诺伊大学[②]。

虽然陶行知在伊利诺伊大学研修市政学专业，但他研习教育的渴望一直没有泯灭。他在着重学习美国的外交、贸易和欧洲的政治等课程时，还专门选修了一门教育行政学。教这门课的是杜威的信徒——哥伦比亚大学哲学博士罗托斯·台尔塔·考夫曼（Lotlls Dell Coffman）教授[③]。考夫曼向陶行知介绍了杜威实用主义教育哲学的基本原理，这对陶行知产生了特别强烈的影响。恰好在 1915 年夏天，陶行知参加了在威斯康星州基尼法湖畔召开的基督教青年会夏季会议，他受到了与会者发言的极大鼓舞，正式决定以毕生精力从事教育工作，并计划一旦从伊利诺伊大学研究生毕业，就转入哥伦比亚大学师范学院深造。基于这种考虑，他在 1915 年夏天，便选修了四门教育课程（单位、尺度及标准——教育评价基础、教育研究法、中

① 参见蔡元培《对于教育方针之意见》、《1900 年以来教育之进步》和《新教育与旧教育之歧点》等文，高平叔编：《蔡元培教育文选》，人民教育出版社 1988 年版。

② 牧野笃：《关于陶行知在美国留学期间学习与生活的若干考察》，李宏、王学东译，周洪宇主编：《陶行知研究在海外》，人民教育出版社 1991 年版，第 150 页。

③ 休伯特·O. 布朗：《中国教育中的美国进步主义：陶行知个案》，王立诚译，许美德、巴斯蒂主编：《中外比较教育史》，上海人民出版社 1990 年版，第 191 页。

学课程和教育心理学讨论）。陶行知在伊利诺伊大学学习期间的学习课程见下表[①]：

学年	课程名称
1914—1915	
第一学期	政治学和公法讨论
	城市行政学
	国家论
	教育行政学
第二学期	政治学和公法讨论
	欧洲大陆的政治
	美国的外交
	美国对外贸易和殖民地贸易
1915 年夏	单位、尺度和标准（教育评价基础）
	教育研究法
	中学课程
	教育心理学讨论

1915 年秋，陶行知以优异成绩毕业，并获得了伊利诺伊大学的政治学硕士学位。之后，他便转入梦寐以求的哥伦比亚大学教育学院主攻教育专业。

五、哥伦比亚大学深造——开启教育生涯之门

陶行知从伊利诺伊大学毕业后，正巧取得了庚子赔款的留学生派遣制度"半费生"资格，有了维持继续深造的起码的经费，于 1915 年 9 月下旬转入哥伦比亚大学师范学院，攻读教育行政学博士课程。

根据校方的安排，斯特雷耶（G. D. Strayer）教授担任陶行知的论文指导教师。斯特雷耶教授是美国著名的教育行政学专家，美国教育行政学会会长，学问渊博，但有些学究气。杜威的专长是教育哲学，他虽然不是陶行知

① 牧野笃：《关于陶行知在美国留学期间学习与生活的若干考察》，李宏、王学东译，周洪宇编：《陶行知研究在海外》，人民教育出版社 1991 年版，第 151 页。

的论文指导教师，但陶行知选修了他所讲授的《学校与社会》这门课程。相较之下，杜威在教育哲学思想上对陶行知的影响远大于斯特雷耶。

杜威的教育哲学是实用主义教育哲学。这种教育哲学以其经验论的实用主义哲学观为基础，强调变迁、行动和实用，主张“教育即生长”、“教育即生活”、“教育即经验的改造和改组”、“学校即社会”、“以儿童为中心”和“从做中学”，要求教育应当与社会有广泛的联系，要反映社会对教育的要求，教育要密切联系社会生活实际；还主张教育要适应儿童身心发展的特点和规律，要着重培养学生适应生活的能力，要注意培养学生的主动精神，发展学生的个性。尽管这种教育哲学由于杜威本人的局限性，存在着不少错误的、自相矛盾的东西，但从总体上看，它适应了 19 世纪末 20 世纪初急剧变化的社会现实的需要，对于改革美国当时形式主义占统治地位的旧教育，建立现代、民主、科学的新教育，是有积极意义的。

陶行知求学哥伦比亚大学期间，正是杜威实用主义教育理论成熟和影响逐渐达到高峰之时。在此前后，杜威的主要教育论著《我的教育信条》、《学校与社会》、《儿童与课程》、《明日之学校》和《民主主义与教育》等，均已相继出版。而最集中最系统地阐述其教育思想的《民主主义与教育》，正好就发表于陶行知就读该校的 1916 年。杜威对旧教育的抨击和对新教育的设想，他的批判精神、试验精神和创造精神，对于早就不满中国旧教育、希望建立一种新教育以维护和发展共和体制的陶行知来说，无疑有极大的吸引力。加之杜威教育学说的理论基础（达尔文的进化论、民主共和的政治主张和注重行动的哲学观）与陶行知在金陵大学时期就已形成的政治思想和哲学观点（达尔文的进化论、林肯的民主共和主张与王阳明“知行合一”的哲学观）在内容与形式上都有相通或相似之处，这些因素都使陶行知一跨入哥伦比亚大学师范学院的大门，就很快沉浸到杜威实用主义教育理论中去了。这一点可以从下面所附陶行知当时在该校学习的课程内容及任课教师的思想倾向看得很清楚：

学年	课程名称	任课教师
1915—1916	学校与社会（伦理学及教育问题）	杜威
第一学期	教育史	孟禄
	实习：美国的公共教育行政	斯特雷耶

	教育哲学	克伯屈
	财政学	塞索库曼
	进步社会的发展	斯列丁
第二学期	教育史	孟禄
	实习：美国的公共教育行政	斯特雷耶
	教育哲学	克伯屈
	财政学	塞索库曼
1916—1917	实习：教育社会学	斯列丁
第一学期	各国学校制度的社会基础	康德尔
第二学期	实习：教育社会学	斯列丁
	各国学校制度的社会基础	康德尔①

以上课程有浓厚的杜威实用主义教育理论的色彩。在这些任课教师中，杜威本人自不必说，讲授教育哲学的克伯屈教授是杜威的学生和最得力的助手，讲授教育史、教育行政学、教育社会学和各国学校制度的社会基础的孟禄教授、斯特雷耶教授、斯列丁教授和康德尔教授等人，都是与杜威私交甚好、思想上不同程度受杜威实用主义教育理论影响的著名教育家。陶行知正是在这样一批实用主义教育理论大师或具有进步主义教育倾向的著名教育家们的直接教诲下，接受了杜威实用主义教育学说。

信奉杜威实用主义教育学说，这对陶行知日后的人生道路与事业产生了深刻影响。20 世纪 20 年代前后，陶行知对传统教育的批判，就是以杜威实用主义教育学说为理论武器的。他独树一帜的生活教育理论，也与杜威实用主义教育学说有着某种思想上的联系。当然，陶行知对于杜威实用主义教育学说，也如同他早年对待其他西方文化（如达尔文的进化论、林肯的民主共和思想和基督教的宗教学说）一样，都不是盲从盲信，照搬照抄，而是按照自己的理解和需要来接受、来传播，进而根据中国的具体国情，在充分总结自己长期教育实践宝贵经验的基础上，加以扬弃和发展，形成一种与之有本质区别、为中国人民反帝反封建斗争服务的新型教育理论。

---

① 牧野笃：《关于陶行知在美国留学期间学习与生活的若干考察》，李宏、王学东译，周洪宇编：《陶行知研究在海外》，人民教育出版社 1991 年版，第 153—154 页。

需要说明，留美期间，陶行知对于西方文化的接受，并不限于人们常说的杜威实用主义教育学说，也不限于前文所列陶行知在伊利诺伊大学、哥伦比亚大学两校所学的有关课程的内容。事实上，他对现代西方的诸多哲学、社会政治学说，尤其是当时在西方流行的各派教育新思潮，均有广泛涉猎与钻研。这一点在陶行知回国不久发表的一系列文章中体现得特别明显。1917年秋，陶行知自美归国后，针对国内教育界因循守旧、不思革新的现状，连续发表《试验主义之教育方法》、《教育研究法》、《智育大纲》、《教学合一》、《试验主义与新教育》等文章，大力介绍和宣传欧美教育新思潮、新学说，提倡以科学的试验方法来改造中国旧教育。在这些文章中，他提到的人物及其学说不下十种，如培根、笛卡尔等人的哲学观点，詹姆斯、桑代克、华莱士等人的心理学见解，约翰·费斯克、华莱士等人的动物学理论，弗兰西斯·高尔顿的遗传学思想，裴斯泰洛齐、福禄培尔、赫尔巴特等人的教育试验，沃特的葛雷学校，爱莉、沙力方夫人等人的盲童教育实践等。

这些事实表明，陶行知在留美期间接受西方文化时，从来就没有局限于某人某派学说，而是从改造中国社会和文化教育的需要出发，以海纳巨川、吞吐百家的博大胸襟和恢弘气度，博采诸家外来学说之长，融会贯通，形成自己的知识结构和思想体系。

第三节　家庭生活

陶行知之所以能够成为一位人民教育家和综合性文化伟人，其原因是多方面的，除了时代的召唤、求学的机遇、个人的努力之外，还有一个重要因素就是他的家庭与婚姻也给予了他巨大的动力。20 世纪二三十年代，陶行知之所以能够全身心地去开展平民教育与乡村教育运动，主要得益于他的母亲曹翠仂、妹妹陶文渼、妻子汪纯宜全力操持家务，为其解除后顾之忧，从而保证了他将全部精力投入到振兴中华民族教育事业上来。20 世纪 30 年代，他之所以能够以巨大的热情投身于兴办育才学校、创立生活教育社、国难教育社，开展战时教育、国难教育和民主教育，就是从与吴树琴的爱情与婚姻中得到了巨大的精神动力。可以说，家庭与婚姻，是陶行知事业成功的重要保障。

一、一个大家庭

陶行知的家庭是个大家庭，除他之外，家庭成员包括：父亲陶位朝、母亲曹翠仂、姐姐陶宝珠（幼殇）、妹妹陶美珠（又名文渼）、前妻汪纯宜、长子陶宏（乳名桃红）、次子陶晓光（乳名小桃）、三子陶刚（乳名三桃）、四子陶城（乳名蜜桃）、续妻吴树琴。

父亲陶位朝，1867 年生于安徽歙县，1915 年 1 月病逝于南京。粗通文墨，为人厚道，古文功底较好，曾在南京汇文女校教过书。后来，回乡务农，过起了清贫的生活。由于他经历曲折，生活艰难，因此他将希望寄托到陶行知身上。他对童年时期陶行知的学习非常重视，亲自在家教儿子读书识字。陶行知 15 岁时，他又送其入本县的教会学校崇一学堂，为儿子接受西方教育乃至后来的出国留学均奠定了较好的基础。此外，陶行知毕业所保持的那种吃苦耐劳、平实俭朴、敬业奉献的作风，在很大程度上也是受其父亲影响的。

母亲曹翠仂，安徽绩溪人，生于 1867 年，因脑溢血病逝于 1933 年 11 月 26 日。她是一位“勤劳、善良、朴实、忠厚、爽朗，富有好学求真精神的劳动妇女”[①]，在陶行知儿时的记忆中，他母亲除种田务农、操持家务外，还替人缝补浆洗做佣人。陶母艰苦朴素，治家节俭，家中丈夫、儿子，后来又有孙子的理发，全由她一人包办，数十年如一日。她这种热爱劳动、艰苦朴素的精神，对陶行知一生影响很大。陶行知把母亲使过的剃刀视为最可纪念的传家宝。母亲逝世后，他曾作诗一首：“这把刀！曾剃三代头，细数省下钱，换得两担油。”[②] 十一二岁时，他就每天随祖母一起绩麻，跟母亲一起种菜，随父亲一起砍柴、卖柴和卖菜。后来，在他忙于中华教育改进社和晓庄师范创办期间，陶母与陶妹全力支撑着全家事务，尽量不让陶行知为家事分心，作出了无私奉献。1927 年 1 月 20 日（丙寅年腊月十七），他在母亲过 60 周岁

---

① 陶城：《真善美的爱——陶行知一家》，周洪宇等主编：《陶行知与中外文化教育》，人民教育出版社 1997 年版，第 228 页。

② 陶行知：《吾母所需剃刀》，《陶行知全集》第 4 卷，湖南教育出版社 1985 年版，第 216 页。

生日那天，从南京专门给在北京的母亲写了封信——《送给国家的寿面》："儿从母亲寿辰立志，决定要在这一年当中，于中国教育上做一件不可磨灭的事业，为吾母庆祝，并慰父亲在天之灵。儿起初只想创办一个乡村幼稚园，现在越想越多，把中国全国乡村教育运动一齐都要立他一个基础。儿现在全副的心力都用在乡村教育上，要叫祖宗及母亲传给儿的精神，都在这件事上放出伟大的光来。儿自立此志以后，一年之中，务求不虚度一日，一日之中，务求不虚度一时；要叫这一年的生活，完全的献给国家，作为我父母送给国家的寿面，使国家与我父母都是一样的长生不老。"① 陶行知忙于中国的教育事业，连为母亲祝寿的时间都难以抽出，只能通过发愤工作来报答母亲的恩情。正如陶城所说："可以说没有祖母，就没有我们兄弟四人的一切。"特别是 1930 年后，国民党通缉陶行知，陶母带陶妻汪纯宜和四个孙子逃到远离五柳村的山上居住，那段艰苦的日子全靠陶母一人支撑着。陶母在全力照顾全家的同时，还在晚年抓紧时间学习，在孙子们的帮助下，她努力识字。正是在这种家庭教育场景的启发下，陶行知提出了"小先生制"这一伟大的教育理论。因此，在母亲入殓时，陶行知痛哭道："母亲、文渼妹、纯宜妻，你们实在是三位最伟大的女性，实在是被我拖累垮的啊！"②

陶行知有一姐一妹：陶宝珠和陶文渼（又名美珠）。姐姐宝珠出生年月没有记载，幼亡。二妹文渼生于 1895 年，病逝于 1929 年 6 月 6 日。她与陶行知在崇一学堂和金陵大学的同学张枝一结婚，但丈夫又早逝，一直无子女，因此，陶行知就将二儿陶晓光和小儿陶城过房给了陶文渼做她的儿子。她是一个有文化、有见识的女子，一直非常支持陶行知开展乡村教育运动，还亲自办起了晓庄农暇妇女工学处，为广大的农村妇女提供读书与学习的机会。

长子陶宏，1915 年生于南京，1975 年因心肌梗塞而病逝于北京。陶宏与陶行知既是父子关系，又是朋友与同事关系。他参加了陶行知在国内的大部分教育活动，并且对陶行知教育理论与实践有直接的帮助与影响。譬如，1923 年陶行知在平民教育运动中所推广的"连环教学法"，就是从陶宏教弟弟

① 陶行知：《送给国家的寿面——致母亲》，《陶行知全集》第 5 卷，湖南教育出版社 1985 年版，第 155—156 页。

② 陶城：《真善美的爱——陶行知一家》，周洪宇等主编：《陶行知与中外文化教育》，人民教育出版社 1997 年版，第 229 页。

陶晓光识字中受到的启发。陶行知非常喜欢陶宏和陶晓光，经常与他们通信。1925年陶行知收到陶宏和陶晓光的来信后，于1月18日回信说："你们两个真正好，你们写给我的信都收到了。多谢得很，因为南京打仗，信在南京搁下了，到前天才收到。……孟禄夫人前天从美国到上海，送了两盒玩的东西给你们。大盒是送桃红的，小盒是送小桃的。大盒难玩些。小桃大些的时候，大桃可以借给他玩玩。你们每人都要写一封信谢谢孟禄夫人，收到了就写，要写你们心里的话。写好了寄来，我给你们翻成英语，一齐寄到斐利滨去给她。"① 1月30日，他又给陶宏、陶晓光写了题目为《三花脸的白话诗》的信："你说你公道，他说他公道。公道不公道，自有天知道。"② 他一直注重教育自己的几个儿子，1927年春，他在忙于筹建晓庄学校的时候，也不忘给家人写信教育儿子。2月11日，他在信中写道："桃红、小桃在家，自己的事要自己干。衣服要学洗，破了要学缝。烧菜弄饭都要学。还要扫地抹桌。有益的事都要做。"③ 3月17日，他给陶宏写信："我很希望你和小桃多学做事。我的主张是：有书读的要做事，有事做的要读书。……我要你们做有知识、有实力、有责任心的国民；不要你们做书呆子。"④ 1927年3月以来，陶行知创办了晓庄师范学校，他长年累月在外奔波，很少有时间能回家与全家老小团聚，但这丝毫不影响他对孩子们的感情，他利用一切机会表达父爱，家人寄来照片，他总是爱不释手，抽空就看；儿子寄来自做的贺卡，上面又涂又画，他认为这是最好的礼物；每到一地开展教育活动，他都要写信给家人报平安，汇报近况，这既是对家人的慰藉，也是自己表达想家之情的重要方式。1928年陶宏随全家迁来南京，他入晓庄学校学习，并充分发挥创造力，制订了"十九年度陶宏计划"。20世纪30年代初，陶宏协助父亲开展"科学下嫁"运动，参与编写《儿童科学丛书》和《天文学活页指导丛书》。1939年，陶行知在重庆兴办育才学校，陶宏也来到重庆，在中国科学社生物研究所工作，

① 陶行知：《孟禄夫人送玩具——致陶宏、陶晓光》，《陶行知全集》第5卷，湖南教育出版社1985年版，第112页。

② 陶行知：《三花脸的白话诗——致陶宏、陶晓光》，《陶行知全集》第5卷，湖南教育出版社1985年版，第113页。

③ 陶行知：《下乡拜年——和牛大哥同铺——致母亲、汪纯宜等》，《陶行知全集》第5卷，湖南教育出版社1985年版，第165页。

④ 陶行知：《晓庄开学勉励桃红——致陶宏》，《陶行知全集》第5卷，湖南教育出版社1985年版，第174页。

参与筹建育才学校自然组，并负责自制实验仪器。因此，陶行知于1942年在给二儿子陶晓光的信中写道："现在的自然组全靠陶宏一个人力量维持，假使他走，对学校对小孩子都是一大损失。"① 后来，他被聘到四川大学理学院任教后，还经常写信指导育才学校的孩子。在育才学校最困难的时候，他亲自募捐到18000元寄给陶行知，帮助育才学校渡过了难关。陶行知去世后，他调到了北京大学理学院化学系任教，后在中国科学院感光化学研究所工作，成为中国感光化学学科的奠基人与开创者。

次子陶晓光，生于1918年7月5日，于1993年7月6日在北京去世。1923年，他在家中教奶奶学习《平民千字课》，正是陶行知后来所倡导的"小先生制"的雏形，"成为中国第一个小先生"②。20世纪30年代初，他协助父亲开展"科学下嫁"运动，与表叔曹子云一同自行组装了手提式直流无线电收音机数十台，还带着发电机与放映机到农村为农民放电影。他第一次在上海利用无线电台对民众进行科学普及教育。抗战期间，他先后参加桂林的生活教育社，担任了育才学校驻印度的代表，负责为育才学校募集资金，还在加尔各答为育才学校绘画组举办了绘画木刻展览会，以此来募集办学经费，为陶行知解了燃眉之急。他还为育才学校音乐组购置了一批音乐器材。陶行知去世后，陶晓光辞去中国航空公司无线电工程的工作，又回到育才学校，将父亲的未竟事业接着完成。20世纪80年代以来，他任中国人民解放军师级干部、无线电专家。

三子陶刚，1919年11月22日出生，1983年病逝于上海。从小先天不足，身体瘦小而虚弱③，先后跟随陶行知在晓庄学校、山海工学团学习。抗战爆发后，在徽州日报当报童，后来甘愿务家种田，先后在桂林临桂教养院农场、重庆育才学校农场工作。陶行知去世后他一直在上海育才学校和行知中学工作。

四子陶城，1924年11月17日生于北京，逝世于2011年2月28日。抗

① 陶行知：《动员一切朋友，解决南洋接济断绝的困难——致陶晓光》，《陶行知全集》第5卷，湖南教育出版社1985年版，第744页。

② 陶城：《真善美的爱——陶行知一家》，周洪宇等主编：《陶行知与中外文化教育》，人民教育出版社1997年版，第239页。

③ 陶城：《真善美的爱——陶行知一家》，周洪宇等主编：《陶行知与中外文化教育》，人民教育出版社1997年版，第242页。

战期间，他在上海积极宣传抗日，与其他青年创办了《抗日每日战报》，在上海街头向市民报道中国部队的战况，还参加了上海童子军。1938 年随父亲到桂林，参加少年抗日宣传队，张贴抗日宣传画、教孩子们画宣传画、讲抗日故事、教唱抗日歌曲。抗战胜利后，他在重庆九龙坡交通大学及上海交通大学学习。新中国成立后，陶城任哈尔滨工业大学力学教授。

二、两次爱情与婚姻

陶行知一生经历两次爱情与婚姻，第一次是和汪纯宜的婚姻，汪为其生了四个儿子：长子陶宏、次子陶晓光、三子陶刚、四子陶城。第二次是与吴树琴的爱情和婚姻。

（一）陶行知的第一次婚姻

陶行知的第一次婚姻是他与汪纯宜的婚姻。1914 年 6 月陶行知从金陵大学毕业后不久，就与其妹妹陶文渼的同学汪纯宜结婚。汪纯宜生于安徽省休宁县，生年不详。3 岁就丧父母，后来遵照长辈的意图按旧式婚姻与陶行知结婚。汪纯宜为人忠厚淳朴，温和慈祥，沉默寡言①。陶行知结婚后，便将全家迁至南京。不久，他便踏上了赴美留学的轮船，当他在伊利诺伊大学攻读政治学学位时，长子桃红（即陶宏）于 1915 年 4 月在南京出生，给全家带来许多欢乐。1917 年秋，陶行知从美国哥伦比亚大学毕业归国，被南京高师聘任为教育学教员，这样，他得以和妻子家人团聚。1918 年 6 月，妻子汪纯宜又为其添一子，即次子小桃（即陶晓光）。1919 年 11 月，三子陶刚也在南京出生。

1923 年 2 月，陶行知担任中华教育改进社董事会总干事，为了全力以赴地做好中华教育改进社的工作，在经南京高师校方同意的情况下，于当年夏季将全家迁往北京。9 月 27 日，他在杭州开展平民教育，不能回家过中秋，专门写信给母亲和妻子汪纯宜。不管走在哪里，陶行知都心系家庭，总要写信给家中的妻儿老小，汇报自己的外出情况，并关心妻子的身体与生活，关

---

① 陶城：《真善美的爱——陶行知一家》，周洪宇等主编：《陶行知与中外文化教育》，人民教育出版社 1997 年版，第 231 页。

注孩子们的学习与成长。10 月 17 日，他又写信给他的母亲和妻子汪纯宜，一方面介绍自己在上海、南京、安徽等地开展平民教育的情况；另一方面，劝母亲抽空读《千字课》，多识字①。1924 年 10 月 29 日，当他收到妻子汪纯宜的来信祝贺他的生日后，在南京给远在北京的妻子又回了信：“我实在是不对，连自己最宝贵的生日都忘记了。多谢大家给我做生日，我欢喜的很。可惜这日子我不能在家里和大家一同快乐。”② 11 月 4 日，他收到妻子让他在天冷时加棉衣的信函后，他回信说：“这几天天气稍冷，我请陈妈把我的绸夹袍拿去，找了一个裁缝给我翻了一件棉袍，穿在身上非常暖和。陈妈的算计真好，共总只花了一元三角钱，连棉花一起在内，真是便宜的很。我在外面自己能照应自己，请可放心。我饿了就吃，倦了就睡，事做完了就玩玩，很自然，很快乐。”③

1924 年 12 月 13 日，汪纯宜在北京为其生下了四子陶城，乳名叫蜜桃。12 月 18 日，当陶行知在上海收到北京的陶宏和陶晓光来信后，他在回信中讲道：“你们的信收到了，影戏想必好看得很。阿姑的信也收到了。恭喜你们又得了一个小弟弟。你们可以给他一个名字。……请你们代我向老太太、妈妈、阿姑恭喜恭喜。衣服都收到了。”④ 1927 年 1 月 31 日，春节来临之际，陶行知因忙于筹备晓庄师范学校之事，不能回家过年，便给妻子写了一封信：“年年难过年年过，今年已可安安稳稳过年了，请可放心。……家人的照片，都已收到。见照片如见人，固然不错，但我见了照片，更要念着人了。昨夜回宁，现在积极筹备试验乡村师范。”⑤

陶行知与汪纯宜一直相处和睦，1927 年晓庄女子学校成立后，他反复劝导汪纯宜入学读书。他在 12 月 3 日给汪纯宜的信中讲道：“纯妻：皮袍已收

---

① 陶行知：《劝慈母读〈千字课〉——致母亲、汪纯宜等》，《陶行知全集》第 5 卷，湖南教育出版社 1985 年版，第 46—47 页。

② 陶行知：《四个小孩两人分——致母亲、汪纯宜等》，《陶行知全集》第 5 卷，湖南教育出版社 1985 年版，第 108 页。

③ 陶行知：《我的生活——致母亲、汪纯宜等》，《陶行知全集》第 5 卷，湖南教育出版社 1985 年版，第 109 页。

④ 陶行知：《用小桃的笔法写信——致陶宏、陶晓光》，《陶行知全集》第 5 卷，湖南教育出版社 1985 年版，第 110—111 页。

⑤ 陶行知：《过年信——致汪纯宜、陶文渼》，《陶行知全集》第 5 卷，湖南教育出版社 1985 年版，第 159 页。

到，质地甚佳，袍面亦特别可爱，新年穿此，在乡间可以大出风头了。一月一日系晓庄学校落成纪念日，将有大热闹。深望您及全家均在此同乐。幼稚园已开学，收了徒弟三人，跟着幼稚园教师学做先生，此法非常有效。时局稍静，您是可以享优先权来此学习的。"①

1928年，为了支持陶行知在晓庄开展乡村教育运动，汪纯宜带着婆婆、小姑还有四个儿子，从北京搬到了晓庄农村。1930年国民党要查封晓庄学校，陶行知匆忙出逃，这使本来就因误食安眠药而精神错乱的汪纯宜，又一次遭到了沉痛打击，她产生了自杀的念头，投入夫子庙的一条臭水河欲自尽，幸好遇一义士救起②。1933年11月，陶行知母亲的病故，使得陶家更是雪上加霜。陶妻的病进一步加重，陶行知让二子晓光带其母亲与四弟，住进了设在观音寺内的儿童科学通讯学校。后因陶行知投身于国难教育运动，所以他让陶晓光将汪纯宜送进了天主教办的上海普慈疗养院，而该院对精神病患者根本没有科学的治疗措施，结果汪纯宜于1936年4月23日病逝。

（二）陶行知的第二次爱情与婚姻

陶行知的第二次婚姻是与吴树琴的婚姻。陶行知与吴树琴相识是从1935年7月23日开始的。吴树琴是安徽休宁县人，距陶行知老家仅有百余里，她原是安徽省隆阜第四女子中学学生，1935年7月为了反对父母包办婚姻与另一女生离家出走，经姚文采的介绍与陶行知相识，陶行知将她们介绍到上海中法大学药学专修科学习，从此他们开始书信往来。经过一段时间的交往，吴树琴对陶行知产生了爱情。第二年春，回到老家的吴树琴开始给陶行知写信表达自己对他的好感。

陶行知在与吴树琴的通信中，称吴树琴为"冰小姐"、"冰冰"、"冰妹"等，自称"水"。从中可看出，陶行知与吴树琴的爱情是和谐的，因为冰融化了便是水，水的凝结就是冰。此外，也反映出在这次爱情中陶行知是主动的，吴树琴有点被动，陶行知想通过水来融化冰，从而使爱情升华。

---

① 陶行知：《幼稚园艺友——致汪纯宜》，《陶行知全集》第5卷，湖南教育出版社1985年版，第199页。

② 陶城：《真善美的爱——陶行知一家》，周洪宇等主编：《陶行知与中外文化教育》，人民教育出版社1997年版，第232页。

1936 年 7 月至 1938 年 8 月，陶行知在欧美进行国民外交期间，始终保持与吴树琴的通信往来，每到一处都要给吴树琴写信并寄一些风景照。1937 年 6 月 15 日，他在给吴树琴的信《人生遇逆境的秘诀》中写道：

> 人生遇逆境只有一个秘诀：把忧愁忘掉。吃饭、睡觉、工作、游玩、忘掉，包括奋斗，你若记得这五点，你可以活到一百岁。因此，你得把气忘掉，把闷忘掉，把敌人忘掉，把爱人忘掉，把自己忘掉。什么都可以忘掉，只是不可以把写信忘掉。现在把通信处寄给你。……短短信，常常寄，好吗？①

陶行知在异国他乡只能通过书信来与吴树琴交流感情，将读吴树琴的来信作为他工作之余的唯一精神享受。他盼望吴树琴的来信几乎到了望眼欲穿的地步。他在 1937 年 4 月 29 日给吴树琴的信中表达了这种心情：

> 你是三月十三的信，我是在两星期前收到的。这封信来后，好像是很久很久没有接到你的信了。但是仔细象［想］了一下，应该是再过两个星期才能接到你的信。何以呢？你大概是每月平均给我一封信。照我现在的心理看来，这好比是每天吃一餐饭，是觉得不能满足。②

后来，他与吴树琴的通信频率明显加快，有时一月写两三封信。从 1937 年 6 月 12 日到 8 月 22 日共 72 天，陶行知就给吴树琴写了 7 封信之多，几乎平均每周写一封。这说明尽管陶行知在国外，二人相距数万里之遥，但大海都难以隔开他们炽热的爱恋之情。

1938 年 8 月底，陶行知圆满完成了对 26 个国家的出访，回到香港。他在准备回国之前，就于 5 月 23 日从华盛顿写信约吴树琴 8 月底来香港。7 月 16 日，他又在巴黎写信，告诉吴树琴“可以坐大船三等舱，一直到香港。八

---

① 陶行知：《人生遇逆境的秘诀——致吴树琴》，华中师范大学教育科学研究所，《陶行知全集》第 8 卷，湖南教育出版社 1992 年版，第 787 页。

② 陶行知：《不要听信谣言——致吴树琴》，《陶行知全集》第 5 卷，湖南教育出版社 1985 年版，第 309 页。

月底以前到。不要坐小船，行走慢而会害海病。东西不必多带。衣服和药书应当带，余寄存在人家”①。还为她找好了到香港的联系人，可以说，安排周到，关怀备至，同时也可反映出他欲见吴树琴的迫切心情。8月5日，他到新加坡后又写信劝吴树琴“作一次最大的努力来看我。倘若这次不能相见，以后是很困难了”。顺便寄去他为纪念他们二人相识三周年所作的诗：

巴黎无雨也留客，独有今宵不可留。
抬头仿佛江湾月，屈指惊人已三秋。
横贯欧陆我去也，一任铁塔与云浮。
只是数月无音问，重逢何日令人忧。②

大概是出于年轻女子羞涩的缘故吧，吴树琴一直没答应按时来香港，因此陶行知回到香港后，未能见到自己的恋人，心情十分难过。他在9月7日给吴树琴的信中写道：读了近日吴树琴的来信，“简直是把我从喜马拉雅山推到玛利亚那的海底去了。晚上睡不着，一半是因为热，一半是念你。通盘算起来，觉得你还是待我好的地方多，待我不好的地方少。但是问你生日，是始终不告诉我，照相也不给我一张，这次又不来，实在是令人难过。可见你一定有你的困难，我是要原谅你。我很希望你能安排一下，和我在一个地方做事，可以朝夕相见，那我就很感激你了”③。之后，9月13日吴树琴便告诉了她的生日。这使陶行知深受鼓舞。陶行知看后心情一下好转，紧接着于9月22日马上回信说：“你的九月十三夜的信是给了我一个安慰。”之后的两个月中，陶行知又连续写了几封信催吴树琴来香港，还说“倘若你一定不能到香港来看我，那只好我来上海看你”④。

在陶行知的反复邀请下，吴树琴终于于1939年1月9日写信给陶行知，

---

① 陶行知：《已托吴涵真帮助你——致吴树琴》，《陶行知全集》第8卷，湖南教育出版社1992年版，第797页。

② 陶行知：《送给冰冰的诗——致吴树琴》，《陶行知全集》第5卷，湖南教育出版社1985年版，第347页。

③ 陶行知：《希望和你共事——致吴树琴》，《陶行知全集》第8卷，湖南教育出版社1992年版，第798页。

④ 陶行知：《望你给我来信——致吴树琴》，《陶行知全集》第8卷，湖南教育出版社1992年版，第804页。

同意与她的一位取道香港去福州的同学一同去香港。陶行知兴奋至极，他在1月12日的回信中写道：

> 今天接读一月九日来信，知道你将和琴姊来港，这是新年中最好的福音。……我是数着钟点等待你的来临啊。亲爱的冰妹啊！你要知道，叫我多等一天，便是叫我身上减少一磅肉。我有的是肉，减少一二十磅也不要紧，所可虑的，是我精神上有些受不住。你若了解这一点，我相信你会插着翅膀立刻飞到我这里来。现在一切都照着你们21日来港计划准备。我亲自要去接你们。快乐的日子快到了吧！①

1939年1月21日，吴树琴来到香港与渴望已久的陶行知相见，两人犹如牛郎会织女。吴树琴的到来，也给陶行知吃了一颗定心丸。从此，陶行知更加专心于自己的工作。同时，他也下决心再不让吴树琴离开他，于是他不久就以女婿的名义给吴树琴的母亲写了一封信，委婉地告诉丈母娘他想让吴树琴留在他身边。之后，陶行知就将这位准夫人带到了重庆，开始筹建育才学校。9月份陶行知正式向吴树琴提出要结婚。其间她家人不断来信反对，经过吴树琴的努力劝说，家人终于在12月10日来信同意他们结合。于是他们二人于1939年12月底，在重庆古圣寺举行了结婚典礼。陶行知在高兴之余，赋诗一首《结婚歌》：

> 天也欢喜，地也欢喜，人也欢喜，欢喜你遇到了我，我遇到了你，当时是你心里有了一个我，我心里有了一个你，从今后是朝朝暮暮在一起，地久天长同心比翼，相敬相爱相扶持。②

育才学校音乐组的学生还给这首诗谱了曲，绘画组学生绘制了各种吉祥的图案贴了新房门上，育才学校师生及附近的农民参加了婚礼。结婚后，吴

① 陶行知：《数着钟点等待你的来临——致吴树琴》，《陶行知全集》第8卷，湖南教育出版社1992年版，第814页。

② 陶行知：《结婚歌》，《陶行知全集》第4卷，湖南教育出版社1985年版，第502—503页。

树琴便投身到帮助陶行知兴办教育的活动中来。她利用自己学医的专业优势，与中国科学社合作在民间秘方的基础上，研制出治疗疟疾的药丸，经万人试用，效果很好。后来，她又到北温泉新药厂工作。他们夫妻每两周相聚一次，在这种离多聚少的日子里，陶行知通过写信与吴树琴交流感情，表达思念之情。二人相敬如宾，恩爱有至。1942 年 11 月，陶行知生日来临之前，吴树琴来信作了安排，陶行知在回信中讲："多谢你为我的生日这样关心，那是我母亲去世后，就没有受过这样的恩宠了。"① 1944 年陶行知在生日前后，对夫人许下了愿：等抗战胜利后，他要带妻子"携手同游全世界名山大川，同访……创世界和平的人们、思想家、发明家、诗人、美术家，尤其是各国的大众"②。1946 年 7 月 25 日，陶行知溘然长逝，吴树琴悲痛欲绝。

---

① 陶行知：《多谢你为我的生日这样关心——致吴树琴》，《陶行知全集》第 8 卷，湖南教育出版社 1992 年版，第 862 页。

② 陶行知：《谈谈未来的美梦——致吴树琴》，《陶行知全集》第 8 卷，湖南教育出版社 1992 年版，第 900 页。

第二章

政治活动、教育改革及办学实践

第一节　政治活动

正如沈钧儒所说："陶行知是一个彻底的爱国者和一个彻底实行的救国者。"① 为了挽救中华民族的命运，陶行知始终以极高的政治热情，立足于中国革命的实际，积极参与中国近现代史上历次拯救中国命运的革命实践活动。特别是他"作为一个无保留追随党的党外布尔什维克"（周恩来语），紧跟我党的革命步伐，从民主人士的角度不断地为中国的前途和人民的解放而奔走呼号，不遗余力，为推动中华民族的解放事业做出了不少贡献。

一、领导南京五四爱国运动

1919 年 5 月 4 日，北京爆发五四爱国学生运动，这一消息传到南京后，南京高师的学生立即通过游行和散发传单等方式来响应。5 月 9 日，南京各界 6000 多人聚集在小营演武厅召开国耻纪念大会。陶行知、刘伯明、钟叔进等人发表演说，阐明国耻历史，表达誓雪国耻的决心，痛斥卖国贼和日本帝国主义，拒绝在巴黎和约上签字，取消"二十一条"。陶行知在演讲中讲道：

> 今日为国耻纪念，吾人视之应哭。然哭亦徒然无益于事，惟愿国人对于此种国耻纪念应有如何之决心，以希达到消除此种国耻之日，庶乎可尽人民为国之目的。否则，徒然有此国耻纪念，以表示其意思而无消除之望，又何必有此纪念?！然希冀消除此耻，其应当进行事件有六，吾人当勉为之：（一）必求达到归还青岛之目的；（二）不承认卖国贼所订各种密约；（三）保全我最高级之北京大学；（四）释放我代表真正民意之学生；（五）扩张教育，增进人民智识；（六）振兴实业，重持全国金融。希望国人勿贪财色名利而自堕其人格，要有真正之决心继续进行，

① 沈钧儒：《一切着眼于救国》，江苏省教育学会：《纪念陶行知先生文选》，江苏省教育学会 1981 年编印，第 33 页。

终必达到消除此九日国耻之目的。[1]

听了演说后，当场有的学生咬破手指，沥血疾书“还我山东”四个大字。会后，举行游行示威活动，并散发大量传单。第二天，陶行知等人前去英美领事馆，表明了中国人民反对巴黎和约，要求归还青岛的立场。5 月 13 日，南京 20 多所中等以上学校各选 4 人参加南京学界联合会成立大会。大会以“提倡服务社会，发挥爱国主义精神”为宗旨，通过了大会章程，选举陶行知为会长。南京学界联合会成立后，便开始组织学生散发传单，开展露天演讲。社会影响很大，致使下关扛驳转运公司拒绝装卸日货，南京总商会坚决抵制日货[2]。5 月 20 日，南京政府当局和校方阻止学生继续进行反帝爱国运动，身为南京高师教务长的陶行知，不畏惧政府的压力，不听校方的劝阻，仍以学界联合会会长的名义，继续组织学生开展爱国学生运动。由于当时南京高师校长郭秉文在美国考察，学校事务由陶行知与学监主任陈容共同主持，陶行知坚决支持学生运动，而陈容阻挠学生参加游行和罢课，与陶行知争执，羞愤辞职。南京各校学生因陈容的顽固立场，而脱离学界联合会，独立组成学生联合会。6 月 2 日，南京学生联合会成立，陶行知被聘为顾问。11 月 7 日，在全国各界联合会筹备会的推动下，由南京学生联合会发起的南京各界联合会筹备会成立，陶行知以欧美同学会代表的身份被选为会长。12 月 8 日，南京社会各界上万人集会抗议“福州惨案”，陶行知又被推为大会副主席，复被公推代表教育界与另一商界代表向江苏省军民两长请愿，抗议日军枪杀福州学生的暴行。1921 年 6 月 2 日，安徽学界又发起了一场反对军阀独裁，争取教育经费独立的运动，遭到军阀镇压，伤 50 余人，有 2 名中学生死亡，造成震惊全国的“六二惨案”。当时陶行知正在安庆讲学，他不顾军阀的枪林弹雨，倾身而出，撰写文章肯定学生的正义行为，并帮助学生转学，在他的帮助下有不少学生转到了南京上学。总之，陶行知不仅是南京学生运动的领导者，也是安徽学生运动的支持者，在中国近现代学生运动史上起到了领导与组织的作用。

① 陶行知：《南京国耻纪念会演说大旨》，《陶行知全集》第 8 卷，湖南教育出版社 1992 年版，第 65 页。

② 朱泽甫：《陶行知年谱》，安徽教育出版社 1985 年版，第 20 页。

二、响应“八一宣言”，发表“共同声明”

当日本帝国主义占领东北，进一步加紧侵华步伐，华北告急之时，中国共产党参加了1935年7月在莫斯科召开的共产国际第七次代表大会，大会号召建立国际反法西斯同盟，要求国共合作，共同抗日，建立抗日民族统一战线。1935年8月1日，中国共产党驻共产国际代表团以中国共产党中央委员会的名义，发表了《为抗日救国告全体同胞书》，又称“八一宣言”。宣言呼吁和号召各党派、各界同胞、各军队停止内战，以便集中一切国力去为抗日救国的神圣事业而奋斗；组织全中国统一的国防政府和全中国统一的抗日联军；实行全体同胞总动员，以战胜日本帝国主义①。这一宣言，在国内产生很大影响，普遍受到广大人民的欢迎。11月28日，中华苏维埃中央政府和中国工农红军革命委员会发表了《抗日救国宣言》，提出了具体的抗日救国十大纲领。在中国共产党的领导下，12月9日，北平五六千大中学生举行了反日救国示威游行，高呼着“打倒日本帝国主义”、“停止内战一致抗日”等口号，遭到反动军警的镇压。这就是“一二·九”爱国学生运动。毛泽东又于12月27日在陕北召开的党的活动分子会议上作了《论反对日本帝国主义的策略》的重要讲话，号召放手大胆地团结一切可以团结的力量，尤其是那些有影响的社会知名人士，建立最广泛的抗日民族统一战线。

正是在中国共产党倡导建立抗日救国统一战线的正确路线的指引下，陶行知等一批进步知识分子进一步密切了与共产党的关系。积极走上了抗日救国的道路，并呼吁全国人民团结起来一致对外。1935年12月12日，陶行知与沈钧儒、马相伯、邹韬奋、章乃器、李公朴、周建人、郑振铎等280多名文化教育界著名人士，联合发表了《上海文化界救国会宣言》，又称“共同声明”。陶行知是这一共同声明的主要发起和组织者，沈钧儒回忆说：“陶先生是当时奔走呼号极其努力的一人。”② 该宣言积极响应中国共产党的号召，提

① 北京师范大学历史系中国现代史教研室：《中国现代史》上册，北京师范大学出版社1983年版，第405页。

② 沈钧儒口述，方与严整理：《一切着眼于救国》，江苏省陶行知教育思想研究会《纪念陶行知》，湖南教育出版社1984年版，第149页。

出“停止内战，一致抗日，维护领土主权完整”① 等抗日救国主张。该宣言高度评价“一二·九”学生运动，倡议全国人民早日奋起，争取民族解放，保卫中华民族的主权与领土完整；要求立即出兵讨伐冀东及东北叛变组织，严惩一切卖国贼，集中全国人力、物力、兵力抵抗日本帝国主义的侵略；还倡导保障人民结社、集会、言论、出版等自由。该共同声明的发表，引起了全社会的关注，具有很大反响。12 月 27 日，上海文化界人士成立了上海文化界救国会，陶行知当选为执行委员兼教育委员会主任，具体负责主持与发动教育界的救亡运动。会后，又发表了《上海文化界救国会第二次宣言》，再次呼吁建立全国文化救亡统一战线，反对文化统治，停止内战，坚决抗日。陶行知又于 1936 年 2 月初写了《战斗》一文，痛斥当时国民政府的不抵抗政策，批判那些“明哲保身，听天由命，等待五十年，三天亡中国，不抵抗主义”②，指出“中华民族已到存亡关头，凡是受麻醉而不战斗，或迷恋在私斗里的人，都要被历史的巨浪所淘汰，留下真正的斗士用他们的热汗和鲜血把新的历史一页一页的写成”。他大声疾呼“只有大众组织起来担负救国的责任，才是真正的救国。……用我们的汗和血继续地写这部伟大而光荣的新历史”③。

三、从事国民外交，争取抗战外援

1936 年 7 月 11 日，陶行知应邀参加在英国伦敦召开的国际新教育第七次代表大会，会议的中心议题是“一个新教育者如何用教育的工具去改变现实，创造新世界向前发展的条件”，应邀参会的代表来自 50 多个国家。会后，陶行知以救国会国民外交使节的身份，出访了英国、瑞士、比利时、法国、德国、意大利、土耳其、美国，考察这些国家的文化教育状况，大力宣传中国的抗日救国主张，争取各国对中国人民抗战的支持和援助。7 月 11 日，他从香港启程，14 日到达新加坡，应邀作了题为《新中国与新教育》的报告。7 月 26 日，他离开新加坡途经马来西亚和印度，了解了当地人民的生活疾苦，在印度时赋诗《印度的高利贷》：“没得吃，要借债；没得穿，要借债；嫁女

① 马相伯等：《上海文化界救国运动宣言》，《大众生活》1935 年第 1 卷第 6 期。
② 陶行知：《战斗》，《陶行知全集》第 3 卷，湖南教育出版社 1985 年版，第 12 页。
③ 陶行知：《战斗》，《陶行知全集》第 3 卷，湖南教育出版社 1985 年版，第 14 页。

儿，要借债；印度农人一身都是债。”[①] 表现出对国外贫苦大众的同情心。8月7日，到达伦敦，陶行知和留美同学张彭春参加了第七届新教育会议，陶行知在会上做了《中国救亡运动与小先生普及大众教育运动实践情况的报告》，受到与会代表的关注，各国代表对陶行知所介绍的“小先生制”、“教学做合一”、“工学团”等理论与实践表示关注，特别是印度、加拿大、墨西哥等国的代表尤为感兴趣，代表们打算回去也照样试试[②]。

1936年8月31日，陶行知又应邀与全国学联代表出席了在瑞士日内瓦召开的有35个国家参加的世界青年和平大会。在会议期间，他通过各种努力赢得了美国、英国、苏联、西班牙等国青年领袖在中国青年抗日意见书上签名的效果，让世界各国青年了解中国的抗战，支持中国的正义战争。9月2日，他又赶赴比利时首都布鲁塞尔参加另一个国际性会议——世界和平大会。出席此次会议的还有钱俊瑞、陈友松、陈铭枢、胡秋原等人，陶行知被大会选举为主席团成员。大会结束时，他又被选为世界和平大会中国执行委员，并代表中国代表团起草了《致国际和平大会主席书》：

> 为使国际和平会议在远东更有效的发展，以及使这个运动在远东与西方有密切的联系，我们参与北京会议的中国代表诚恳的请求国际和平大会的常务会议尽速派遣代表到中国去，以资常务委员会与中国委员会有以联系。我们深信大会此举对世界和平与正义的运动大有裨益，而为中国人民所欢迎。[③]

大会接受了陶行知等人递交的建议书。年底，在宋庆龄的主持下，在上海召开了远东反侵略大会，旨在赢得国际友人对中国抗日战争的支持。

1936年9月20日，陶行知又出席了在法国巴黎召开的全欧华侨抗日救国大会，参会的有来自英国、法国、德国、瑞士、荷兰等国的代表共400多人，其他国家的侨胞纷纷来函祝贺，陶行知在会上发表了《〈团结御侮的几个基本

---

① 陶行知：《印度高利贷》，《陶行知全集》第4卷，湖南教育出版社1985年版，第393页。

② 戴伯韬：《陶行知的生平及其学说》，（香港）新中国书局1949年版，第98页。

③ 陶行知：《出访二十六国日志》，《陶行知全集》第3卷，湖南教育出版社1985年版，第170—171页。

条件与最低要求〉之再度说明》的演讲。他演讲所突出的主题是“团结御侮是中华民族当前神圣的任务”，还即席吟诗《中华民族大团结》，倡导“停止内战”、“打倒包办救国”、“大众一起联起来，方能创造新中国”、“救国第一是抵抗，抵抗须大家干”、“作战和团结的中心是打倒日本帝国主义”①。10 月 30 日，他与陆璀在离英赴美之前，去伦敦市郊瞻仰马克思墓，敬献花圈，摄影留念，还赋诗《瞻仰马克思墓》，这是他三次瞻仰马克思墓的第一次②，这充分体现出他对马克思主义的敬仰与推崇。

1936 年 11 月 9 日，他从英国抵达美国纽约，从此开始了在美国的国民外交和抗战宣传活动。他首先来到他的母校——哥伦比亚大学，先后拜访了克伯屈、杜威、孟禄、中国人民美国之友协会、女青年会国际研究所、世界电讯社、红十字男职员俱乐部、国际扶轮社、美国作家协会、波特兰图书馆协会及外国教士会。通过广泛接触一些友人和团体，一方面他想了解美国各界对中国抗战的态度，另一方面有针对性地开展抗日救国宣传，以便争得国际援助。经过陶行知的努力，美国人对中国抗战的态度，由漠视到关注再到帮助。1937 年 8 月 27 日—9 月 25 日，陶行知在墨西哥进行抗日救国宣传，受到墨西哥总统的接待。他希望各国停止向法西斯国家出售军火，不许法西斯国家使用各国的港口，“请以与共同的敌人作战为我们友谊的开始”③。结束对墨西哥的访问后，他于 9 月底又回到美国，在港口、码头工人中进行抗日宣传活动，倡导禁止为日本人搬运军需物资。11 月 17 日，他与留美学生共同成立了中华经济研究社，专门研究美日经济关系，并向美国人民宣传抗日救国服务。11 月 19 日，在加拿大国会及维多利亚剧院集会上，他作了《和平与民主》的演讲，呼吁民主国家团结起来，共同反对侵略者。1938 年春他再度赴欧洲各国，先后到英国、爱尔兰、荷兰、法国、比利时等国，在侨胞中进行了广泛的抗日爱国宣传讲演。之后，他再次去美国和加拿大，进行宣传和募捐活动。1938 年 8 月 30 日，陶行知结束了两年一个月的海外抗日宣传活动，

---

① 陶行知：《〈团结御侮的几个基本条件与最低要求〉之再度说明》，《救国日报》1936 年 10 月 5 日。

② 1938 年 2 月，陶行知与吴玉章第二次前往瞻仰；1938 年 6 月，他又与留美学生李信慧第三次瞻仰马克思墓。

③ 陶行知：《出访二十六国日志》，《陶行知全集》第 3 卷，湖南教育出版社 1985 年版，第 179 页。

回到香港。在这两年当中，陶行知先后访问了26个国家。

陶行知每到一个国家都要利用各种场合，尽可能与社会各个阶层的人士接触，并巧妙利用各种集会机会去进行演说，大力宣传中国抗日救国的形势和需求，因此，欧美各国人民对中国的抗战情况有了深入了解和理解，给予了可贵的支持与帮助。可以说，陶行知的国民外交，有力支援了国内的抗日救国运动，为促进中国的民族解放事业做出了不可磨灭的贡献。

四、反内战、反独裁，争取和平民主

郑振铎曾讲过：陶行知“是一位不屈不挠的民主斗士，许多年来为民主运动而争斗着，从来没有放松过一下，休息过一刻”①。的确，陶行知为了中国的民主进步事业作了不懈的努力，尤其是抗战胜利后，面对国民党发动内战，实行一党专政、独裁统治，他挺身而出，努力争取和平民主。1945年，蒋介石撕毁“双十协定”后，激起了全国各界人士的极大愤慨。11月，陶行知与沈钧儒等民主进步人士共同发起成立“反内战联合会”，他在成立大会上还朗诵了自己的诗歌《立刻停止内战》：“哥哥放了一枪，弟弟回敬一弹……立刻停止放枪，双方各回原防；听候主人查明，万事和平商量。谁再放第一枪，便是内战罪犯。还要实行民主，团结才有保障。”② 反映了陶行知期望和平与民主的心声。

1945年12月1日，昆明大中学校师生进行反内战运动，国民党派军队镇压师生，西南联大等校的4名师生惨遭杀害，这就是轰动全国的“一二·一”惨案。12月7日，陶行知为死难者作了悼诗《昆明因反内战被杀于再先生及荀极中潘琰李鲁连同学千古》：

是谁杀中国人？是中国自己的“好汉”。
是哪儿来的枪？是从友邦来的枪。

① 郑振铎：《敢说敢做的大教育家》，江苏省教育学会：《纪念陶行知先生文选》，江苏省教育学会1981年编印，第57页。

② 陶行知：《立刻停止内战》，《陶行知全集》第4卷，湖南教育出版社1985年版，第665—666页。

是哪儿来的子弹？是从同盟国来的子弹。

让我们的同胞知道，一齐起来制止这悲惨的内战。①

以此来谴责国民党意欲发动内战、践踏民主的反动行为。12 月 9 日，重庆各界进步人士举行“陪都公祭‘一二·一’死难烈士大会”。在育才办事处的晨会上，他慷慨激昂地向师生讲话，控诉国民党反动派的罪行。他讲道：“今天是陪都公祭‘一二·一’昆明死难烈士的日子！我要去参加祭礼。我已于昨日晚把我的破布烂棉花的诗稿整理好……我是可以交代了，无顾虑地去参加祭礼了。参加是危险的，但有正义感、爱国热忱的人都应该去参加。我是校长，不能强迫大家去，希望大家慎重考虑后决定。”② 会后，他马上写好了祭文、挽诗，便临危不惧、视死如归地走向了公祭会场。在他的带动下，育才办事处的师生都紧跟他去参加公祭大会。同时，他还给妻子吴树琴写好了遗书：

我现在拿着昨晚编好的诗歌全集，去交给冯亦代先生出版，然后再到长安寺去祭昆明反内战被害烈士。也许我们不能再见面了。这样的去是不会痛苦，望你不要悲伤。你有决心，有虚心，有热心。望你参加普及教育运动，完成四万万五千万人之启蒙大事，以奠定天下为公之基础，再给我一个报告，再见！③

政协开会期间，陶行知和李公朴在沧白堂举行讲座，宣传民主与和平主张。1946 年 2 月 1 日，国民党特务公然向讲台扔石头，打伤讲演者和听众多人。陶行知组织育才学校和社会大学的师生保护中共代表王若飞和其他民主人士。2 月 10 日，重庆社会各界人士数万人，在较场口召开庆祝政协会议成功大会，反动军警、特务殴打李公朴、郭沫若、马寅初及群众 60 多人，制造了震动中外的“较场口血案”。当时，陶行知是大会主席团成员，他率育才学

---

① 陶行知：《昆明因反内战被杀于再先生及荀极中潘琰李鲁连同学千古》，《陶行知全集》第 4 卷，湖南教育出版社 1985 年版，第 675—676 页。

② 转引自吴树琴：《尽瘁民主事业直到最后一息》，安徽省陶行知教育思想研究会：《陶行知一生》，湖南教育出版社 1984 年版，第 18 页。

③ 陶行知：《视死如归——致吴树琴》，《陶行知全集》第 3 卷，湖南教育出版社 1985 年版，第 936 页。

校和社会大学学生参加会议，特务反诬陶行知带领学生捣乱会场秩序。法院传讯陶行知，他不屈不挠，聘请史良为育才学校法律顾问，向法院提起“追诉”，进行了有力的反驳。之后，尽管反动派更加嚣张，但陶行知毫不顾及恐吓和危险，一如既往地领导育才学校和社会大学师生继续为和平和民主作不懈的努力。

陶行知坚定地反内战、反独裁，倡导和平与民主，因而他成为国民党反动派打击的“黑名单”，成为他自誉的“黑榜探花”。正如郭沫若在纪念陶行知时所讲：

> 我和他最后一次的见面是二十三日的晚上，他和好些朋友在我寓里谈了很久的话。八点过，我们又同赴一位朋友的邀请，在十点钟左右我们便分手了。他那时丝毫也没有呈现出什么异状，在分手时我还半开玩笑地请求他保重身体：“你是黑榜状元，应该留意呢。”我这样对他说。“不是状元是探花，是黑榜探花。你也准定榜上有名的。”他也半开玩笑地这样回答了我。现在想起来，这“黑榜探花”倒成了事实了，他恰巧是李公朴、闻一多遇刺以来为民主而死的第三名。迟李公朴十五天，迟闻一多十一天，而都在这七月里面。真真是多事的七月，可诅咒的七月！①

郭沫若的回忆中，可以看出陶行知的病逝，与他为争取和平与民主而遭到反动势力的打击、恐吓而长期以来处于精神高度紧张状态，再加为了民主运动而不辞辛苦、奔走操劳而积劳成疾有直接关系。最后当病情恶化到极点时，他便不幸逝世。可以说，陶行知将普及教育与争取民主作为一生追求的主要目标，正是追求民主使他的人生更加绚丽多彩，使他的教育生涯更具魅力。因此，与他共事多年的史良为他所写的挽联：

> 教育与民主不可分离，遍栽桃李万千，遗志克承，先生无恨；
> 专制与法西斯成一气，纵有妖魔一二，和平争取，我辈有人。②

---

① 郭沫若：《痛失人师》，江苏省教育学会：《纪念陶行知先生文选》，江苏省教育学会 1981 年编印，第 55—56 页。

② 《遍栽桃李爱满天下　誓承遗志奋勇前进》，《新华日报》1946 年 8 月 5 日第 3 版。

第二节　教育改革

陶行知的一生是献身教育的一生，是勤于实践的一生，是求索创新的一生。教育是与陶行知相伴终生的事业，教育是他毕生的追求。正如文学家郑振铎所评价的那样："行知先生是一位敢说敢做的大教育家，他是以教育为终身事业的。前期的晓庄，后期的育才，都给予中国以极大的影响。"[①] 陶行知倡导、主持、组织、发动和参与的各个教育团体和各种教育活动，连贯起来恰好是一部中国现代教育活动史。

一、主持南京高师、东南大学教育科，提倡教育革新

1917年9月，刚从哥伦比亚大学师范学院毕业的陶行知，在南京高等师范学校校长郭秉文的邀请下，来到该校任教育学教员兼教务助理，先后讲授"教育学"、"教育行政学"、"教育统计"等课程。1918年5月学校成立教育专修科，学校提升他为主任教员兼代理教务主任。1919年10月，教务主任郭秉文被提拔为校长，陶行知便出任教务主任。他上任以后，大胆地进行了一系列的教学与管理改革：

第一，改教授法为教学法。他针对以往中国学校教育的一些弊端，如"先生只管教，学生只管受教，好像是学的事体，都被教的事体打消掉了"[②]，而且先生都"以被称教授为荣，他的方法叫作教授法，他好像是拿知识来赈济人的"[③] 等，提出"先生的责任不在教，而在教学，而在教学生学"，"教的法子必须根据于学的法子"，"先生不但要拿他教的法子和学生学的法子联络，

① 郑振铎：《敢说敢做的大教育家》，江苏省教育学会：《纪念陶行知先生文选》，江苏省教育学会1991年编印，第57页。

② 陶行知：《教学合一》，《陶行知全集》第1卷，湖南教育出版社1984年版，第87页。

③ 陶行知：《在晓庄学校寅会上的演讲》，《乡教丛讯》1928年1月15日。

并须和他自己的学问联络起来”①。当时南京高师的一些教师反对陶行知的这一改革，尽管未能通过，但后来在其他学校率先接受陶行知的这一改革主张后，南京高师也推行了这一制度。

第二，学生管理中实行学生自治制度。陶行知为了培养学生的自我管理意识和自治能力，极力倡导学生成立各种社团组织，通过开展活动来进行自治管理。最初他与其他学校的领导共同发起成立了南京学术讲演会，以活跃学术研究空气。之后，在他的支持和鼓励下南京高师学生成立了不少研究团体，他还担任工读协助研究委员会、改良考试委员会等学生社团主任和学生自治委员会、暑假学校委员会、女生研究委员会委员等职。通过这些社团活动培养学生的自治能力和管理能力，从而增强学生在社会上的适应能力与交际能力。为了让更多的人了解他的学生自治主张，他还特意撰文《学生自治问题之研究》，于1919年10月发表于《新教育》上，他介绍了学生自治的内涵、学生自治的需要、学生自治的好处、学生自治的范围、学生自治与学校的关系等相关内容，成为指导当时南京高师乃至全国高校学生自治的指导性文件。

第三，力倡实行男女同校。1919年12月7日，陶行知就向校务会议提交了《规定女子旁听办法案》，“本校各科功课，有宜于女子旁听者，可否通融办理，容其旁听，遂其向学之志愿”，“本校各班有余额时，除本校职教员、学生、毕业生旁听外，得酌收女子旁听生”，“女子旁听生必具中等学校毕业之程度”②。1920年2月，北京大学由代理教务长胡适提议招收了2名女生，开创了中国高校男女同校的先河。不久，陶行知于1920年4月校务会议上明确提出当年秋季开始招收女生。南京高师接受了陶行知的建议，于当年秋季开始招收女子旁听生和正式生，实行男女同校。这样，南京高师与北京大学成为中国最早实行男女同校的高校，为女子与男子接受同等教育开通了绿色通道。

第四，运用科学手段进行教务管理。1919年10月，陶行知担任教务主任后，在编制课程表时发现以往的方法较为陈旧，不够科学，协调不够，常常出现教室和实验室不能充分利用，教师与学生又因没上课场所而怨声载道的

① 陶行知：《教学合一》，《陶行知全集》第1卷，湖南教育出版社1984年版，第88—89页。

② 陶行知：《规定女子旁听办法案》，《陶行知全集》第1卷，湖南教育出版社1984年版，第143页。

情况。针对这种情况，陶行知将统计学原理运用到了教务管理工作中，首先他将全校所有课程、班级、教师、学生、教室、实验室均开列出来，然后通过统计学理论去编排所有课程表，结果大大提高了实验室和教室的利用率，一改过去教师、教室和课程不统筹、不协调的弊端，从而提高了全校的教学质量。

如果说，20 世纪 20 年代北京大学与南京高师是中国高等教育改革的两面旗帜，南北呼应，带动全国，成为中国高教改革的领头雁与排头兵，那么，南京高师的成功改革与陶行知的努力是分不开的。譬如“教学法”的提出、男女同校的实施、学生自治的倡导等，均成为中国现代高等教育改革的冲锋号角。

二、主持中华教育改进社，推动全国教育改革

中华教育改进社成立于 1921 年 12 月 23 日，是由实际教育调查社、新教育共进社、新教育编辑社三个团体合并组建而成的。在该社成立之前，陶行知就起草简章，并直接负责筹备事宜。之所以要成立中华教育改进社，主要是为了打破“门户之见、派别之分”，达到“牺牲己见，力谋合作”① 的目的。中华教育改进社董事会由蔡元培、熊希龄、张伯苓、汪兆铭、黄炎培、郭秉文、李建勋、袁希涛、范源濂 9 人组成。1922 年 2 月，在上海召开董事会，范源濂被推为董事长，陶行知担任主任干事。主任干事的主要职责为拟定活动计划、进行预算决算、任免职员雇员、执行董事会决议以及其他事务。入社社员分两类：一类是集体社员，由各级各类学校及教育学术团体、教育行政机关参加；一类是个人社员，为个人研究学术或办理教育有成绩者。社内设有学术部、事务部和专门委员会。其中学术部，又下设调查、研究、编译、推广四科；事务部，下设会计、文牍、庶务三科；还设有 32 个专门委员会，如教育行政、高等、中等、初等、幼稚、义务、乡村、师范、职业、理化、数学、生物、国语、英语、历史、地理、美育、音乐、心理测验、教育测验等委员会。

① 陶行知：《四年前的这一周》，《陶行知全集》第 1 卷，湖南教育出版社 1984 年版，第 597 页。

中华教育改进社的总部设在北京，起初陶行知一边处理社内事务，一边兼东南大学（南京高师已并入东南大学）教育系主任和教授之职，基本上将大部分精力放在了中华教育改进社。由于每月需奔波于北京与南京之间一次，他渐感到力不从心，二职难以兼顾，所以，经他的申请并得到校方同意，于1923年7月辞去东南大学教育系主任之职，但仍兼该校教育系教授。此后，他便迁到北京，全身心负责中华教育改进社事务。

中华教育改进社以调查教育实况，研究教育学术，力谋教育改进为宗旨。陶行知负责总干事期间，着重做了以下四方面的工作：第一，广泛开展教育调查。从1922年到1925年，陶行知主持开展了一系列的教育调查，如全国教育统计调查，对北京、南京、无锡、济南等地的教育调查，对小学教育的专题调研，对中国图书馆的调查等，并编出了《中国之教育统计》，为中国现代教育决策提供了重要的依据，也为后来研究中国现代教育创造了第一手资料。第二，深入开展教育研究。陶行知聘请一批中外教育家开展对中国教育现状的研究，并要求各个专业学术委员会开展相应学科的研究，如学制问题、教育经费问题、师范教育、普及教育、女子教育、平民教育、乡村教育、科学教育等一系列问题，极大地丰富了中国的教育理论。第三，编译教育书刊。陶行知主持《新教育》、《新教育评论》杂志，并聘请40多名中外专家担任编辑。还与其他机构合办了《中等教育季刊》、《初等教育季刊》等，发表了大量研究教育方面的文章。同时，他主持下的中华教育改进社，还编辑出版了《平民丛书》、《中华教育改进社丛书》等。第四，从事教育推广工作。中华改进社大力开展平民教育、乡村教育、科学教育、女子教育和职业教育等推广工作，促进了中国教育的发展。陶行知是以上四项活动的总设计师和总协调者。

在陶行知的亲自主持下，中华教育改进社每年举办一次年会。1922年7月3—8日在济南召开第一次年会，出席人数为366人，共收提案119件，“我们可以说这些议决案，是现代工业中国教育界思潮信仰的缩影”①，主要议案有推广女子教育案、推行平民教育案、创办青岛大学案等。1923年8月20—25日，在北京召开第二次年会，出席人数为570人，共收到提案120件，会议重要议题有修订社章和年会规程、参加世界教育会议、推进义务教育与科

① 陶行知：《中华教育改进社第一届年会报告叙》，《陶行知全集》第1卷，湖南教育出版社1984年版，第265页。

学教育等，陶行知还在会上做了“平民教育”的讲演。1924 年 7 月 3—9 日，在南京召开第三次年会，出席人数为 600 人，共收到提案 127 件，会议重要议题有收回教育权、促进蒙古教育、推进平民教育等，陶行知还在会上举办了全国教育展览会。1925 年 8 月 17—25 日，在太原召开第四次年会，出席人数为 700 人，共收到提案 78 件，会议重要议题有建议将教育写入宪法、抵抗日英文化教育侵略、组织国家教育政策委员会等，陶行知还在会上做了“中国教育政策之商榷”的讲演。

中华教育改进社的活动对中国现代教育的发展具有重要作用，因此，当时有人称赞中华教育改进社“对于中国教育之改进，功绩甚大”[①]。而中华教育改进社的成就是与陶行知的直接努力分不开的。就教育调查而言，每次教育调查，均是在陶行知的精心设计与周密安排之下开展的，而且他还亲自参加，在收到数据之后他都要作认真分析，从而得出对中国各类教育的分析结论。因此，杨贤江评价说：“这种调查是教育用科学研究的初步，最足以供给实际教育的参考，所以认为是我国教育实际改进的先声。”[②] 就召开年会而言，陶行知在选择会址、决定会期、编制预算、征集议案、办理食宿、编辑会讯、安排程序、接待宾客、接洽游览、分组讨论等方面，均做了精心安排与准备。中华教育改进社的活动走向与工作重心，均是由陶行知来规定与把握的。

三、组织中华平民教育促进会，推行平民教育运动

五四新文化运动以来，平民教育运动日益被提上中国教育的议事日程，陆续有教育家呼吁开展平民教育运动。1919 年邓中夏在北京大学发起平民运动讲演团，1920 年毛泽东在湖南组织平民夜校，当杜威来华讲学之后，陶行知在南京高师成立平民识字班、平民夜校。1922 年 7 月在济南召开的中华教育改进社第一次年会上，平民教育作为一个重要议案被列入会议讨论议题。之后，平民教育问题一直成为萦绕在陶行知脑际的一个教育问题，在对平民教育进行广泛调查的基础上，他努力寻求解决中国平民教育的出路。经过认真思考，他认为，必须成立一个全国性的平民教育领导机构，才有利于在全

① 教育部：《第一次中国教育年鉴·戊编》，开明书店 1934 年版，第 163 页。
② 杨贤江：《学校调查问题》，《教育杂志》1922 年第 14 卷第 6 期。

国范围内有组织地有计划地推行平民教育。于是，1923 年 5 月，陶行知经与朱其慧（熊希龄夫人）、黄炎培、朱经农、胡适、袁希涛等人协商，共同发起成立中华平民教育促进会筹备会，作为中华教育改进社的下设分会，朱其慧任筹备主任，陶行知任筹备干事，具体负责在北京和南京的筹备事宜。筹备会推举陶行知和朱经农共同编辑平民教育读本。6 月 20 日，南京平民教育促进会成立，发表宣言，筹集资金，创办平民学校，还议定筹备中华平民教育促进会总会。之后，陶行知在南京创办了 3 所平民教育试验学校，在北京创办了 4 所试验学校。

1923 年 8 月 20—25 日，中华教育改进社在北京清华学校召开第二次年会，陶行知在会上做了题为《平民教育》的演讲，号召动员全社会力量来全力实施平民教育。在陶行知的组织、宣传和发动下，借助中华教育改进社的力量，26 日下午中华平民教育促进会举行成立大会，600 多名代表分别代表 19 个省区参加了会议，大会讨论了组织大纲，选出了董事会，各省区出 2 名董事。然后，又选出执行董事 9 人，最后推选朱其慧为董事长，陶行知为董事会执行书记兼安徽省董事。中华平民教育促进会附设在中华教育改进社之下，为中华教育改进社事业的一部分。会议决定由陶行知、晏阳初、姚金绅三人共同草拟《中华平民教育促进会简章》。陶行知一向对平民教育非常重视，他在为中华平民教育促进会制定的规划中，提出了三条建议：一是聘请专家，对平民教育各种问题进行分工研究；二是开展平民教育的各种试验，包括开办各类平民学校，培养人员分赴各省区；三是本会与各地各界通力合作，大力开展平民教育运动。同时他还为中华平民教育促进会规定了五项基本活动内容。第一，开展研究。即进行平民学校组织、教学、训育、管理等方面的研究，教材教具研究，乡村平民教育研究，少数民族教育研究，华侨平民教育研究等。第二，进行试验。在各省区开展平民教育试验，先从北京、南京、广州等试办。第三，编辑出版。编写平民教育课本、习字帖、教师指南、平民应用字典等，主办平民周报、平民教育画报，出版平民丛书。第四，推行平民教育运动。放映平民教育活动电影、发行平民教育招生传单、开办平民图书馆、开展讲演会等各种宣传形式。第五，筹集资金①。

---

① 陶行知等：《中华平民教育促进会总会之进行方针与计划》，《陶行知全集》第 3 卷，湖南教育出版社 1985 年版，第 668—670 页。

中华平民教育促进会成立后，为了扩大宣传力度，陶行知等人起草的《中华平民教育促进会宣言》于 1923 年 9 月在《新教育》上发表，强调“中国人有百分之八十不识字，即三万万二千万人。这些不识字的人里面，至少有一万万是十二至二十五岁的青少年。为使这一万万人在极短的时间里，受一点相当的教育。……希望他们在百忙中每天能抽一点钟工夫来受四个月的平民教育”①。但进行平民教育最为关键的问题是编写平民教材。为此，他身体力行，率先承担起了编写平民教育课本的重任。他与朱经农共同钻研于平民教育课本的编写，他定下编写宗旨是“培养人生与共和国民必不可少之精神态度；训练处理家常信札、账目和别的应用文件能力；培养继续读书看报领受优良教育之态度和基本能力”②。经过认真钻研，他与朱经农在参考陈鹤琴《字汇》的基础上，编成了《平民千字课》4 册，课本通俗易懂，图文并茂，融思想性、知识性与教育性于一体，是当时开展平民教育运动的最佳教材。经过一段时间的试教后，于 1923 年 11 月，由上海商务印书馆正式出版，初版很快销售一空，月余后再版 30 万部③。而陶行知将所得的稿费全部用于平民教育事业。到 1924 年年底，能读懂《平民千字课》的平民已有 50 多万人。这就极大地推动了全国平民教育运动的开展。同时，陶行知从 1923 年秋至 1924 年春，东奔西走，风尘仆仆，足迹踏遍大半个中国，先后到南京、安庆、南昌、武汉、襄樊、沙市、宜昌、芜湖、北京、张家口、内蒙古、开封、上海等地，进行讲演，宣传平民教育，并倡导各地兴办平民读书处。正是在他的辛勤奔波和努力下，全国各地开展了形式多样的平民教育运动，为促进中国广大民众文化素质的提高起到了积极的作用。

四、发起乡村教育同志会，推行乡村教育运动

陶行知在开展平民教育的过程中，深深感到乡村平民不光是缺乏文化知

① 陶行知等：《中华平民教育促进会宣言》，《新教育》1923 年第 7 卷第 2、3 期合刊，第 479—480 页。

② 陶行知：《〈平民千字课〉编辑大意》，《陶行知全集》第 1 卷，湖南教育出版社 1984 年版，第 361 页。

③ 陶行知：《请看三字经之流行——致朱经农》，《陶行知全集》第 5 卷，湖南教育出版社 1985 年版，第 65 页。

识，还缺乏谋生知识。因此，要解决乡村平民的问题必须进行乡村改造运动。这样，乡村教育就被提到了议事日程，于是他将乡村教育列为1925年8月在太原召开的中华教育改进社第四次年会的主题之一。陶行知在报告中强调中华教育改进社今后的工作重点是："一为科学教育；二为乡村教育。"① 因为在陶行知心目中乡村教育早该被作为中国教育的首要任务，他早在20世纪20年代初就曾讲过："乡村教育不发达，可说已达极点。我国人民，乡村占百分之八十五，城市占百分之十五。就是有六千万人居城，三万万四千万人居乡。然而乡村的学校只有百分之十。"② 为此他非常关注乡村教育，提出"到乡村去"的口号。

从1926年开始，陶行知就积极筹划建立乡村试验学校，于年初在中华教育改进社内成立了乡村教育研究部，专门聘请赵叔愚等人为专职研究人员，研究乡村教育的发展之路，以便促进乡村教育的发展。1926年11月21日，他又在上海召开了乡村教师研究会第一次会议，陶行知在会上做了《我们的信条》的演讲，倡议："我们从事乡村教育的同志，要把他们整个的心献给我们三万万四千万的农民。我们向着农民'烧心香'，我们心里要充满那农民的甘苦。"③ 12月3日，他在《新教育评论》上发表了《中华教育改进社改造全国乡村教育宣言书》，指出："乡村教育的政策是要乡村学校做改造乡村生活的中心，乡村教师做改造乡村生活的灵魂。"凸显了乡村教育的重要地位，同时还提出了乡村师范学校的办学宗旨为"造就有农夫身手、科学头脑、改造社会精神的教师"。这样的教师才能胜任乡村教育的重任。乡村教育的目标是"为我们三万万四千万农民服务。我们已经下了决心，要筹募一百万元基金，征集一百万位同志，提倡一百万所学校，改造一百万个乡村"④。这些均为成立乡村教育同志会奠定了良好的基础。

① 陶行知：《在中华教育改进社第四届年会学术会议上的报告》，《陶行知全集》第1卷，湖南教育出版社1984年版，第549页。

② 陶行知：《中华教育改进社改造全国乡村教育宣言书》，《陶行知全集》第1卷，湖南教育出版社1984年版，第646页。

③ 陶行知：《我们的信条》，《陶行知全集》第1卷，湖南教育出版社1984年版，第651页。

④ 陶行知：《师范教育之新趋势》，《陶行知全集》第1卷，湖南教育出版社1984年版，第167页。

1926年12月25日[1]，乡村教育研究会第二次会议在南京召开，陶行知邀请了乡村学校的教师代表参加了会议，会议的中心议题就是发起并成立“乡村教育同志会”，陶行知在会上宣读了由他和赵叔愚共同起草的《中华教育改进社乡村教育同志会简章》，经过与会代表的讨论后通过了这一简章。《中华教育改进社乡村教育同志会简章》明确提出“以群策群力、共谋中国乡村教育之改造为宗旨”；会员资格为“实际在乡村学校服务者，学术实力足以研究或提倡乡村教育者，初中以上各级学校末二年学生预备毕业后从事乡村教育者”。会议正式确定以陶行知撰写的《我们的信条》为会员的行动纲领和指南。会员分三类：第一类会员的职责是依据《我们的信条》“进行本职本校本村之改造”；第二类会员的职责是切实研究乡村教育；第三类会员的职责是当好会刊编辑[2]。会议决定创办《乡教丛讯》作为乡村教育同志会的会刊，以扩大乡村教育的影响。乡村教育同志会设委员长1人，文牍1人，会计1人，庶务1人，编辑4人，设执行委员9人，承担会务工作。执行委员从会员中选举产生，任期为3年。每年改选3人，连选的连任。第一次执行委员任期1年、2年、3年各3人。执行委员会每月举行一次，遇到重要问题临时开会讨论。执行委员的职责是“联合全国同志，力谋乡村教育之改造；编辑《乡教丛讯》，以沟通各地乡村教育同志之声气；调制全会同志一览以资本会存查；答复会员质疑问难”等。每位会员每年应交纳会费大洋4角，《乡教丛讯》每期将邮寄给每位会员一份。

1927年1月1日，陶行知主编的乡村教育同志会会刊《乡教丛讯》正式创刊，该刊为半月刊，第一年出24期，每月1日和16日出刊。仅半年时间，乡村教育同志会会员就发展到上千人。该刊上发表了一系列指导乡村教育的文章，如《中华教育改进社辅导乡村小学办法》、《中华教育改进社拟订全国乡村学校大比赛办法》、《中华教育改进社特约乡村学校办法》、《中华教育改进社试验乡村师范学校组织大纲》等。

---

① 以往所有关于陶行知的传记都笼统地将乡村教育研究会第二次会议的准确开会时间，写为“12月中下旬”，未能找到其召开的确切时间，笔者在认真查阅《陶行知全集》所有文稿后，在第5卷《新使命——致丁兆麟》的信件中有这样的记载：“开原小学全体教员五人，拟于本月（1926年12月）来宁参观，嘱将本星期日之联合研究会改在二十五日举行。”由此可见，乡村教育研究会第二次会议的准确召开时间是1926年12月25日。而乡村教育同志会正是在此次会议上正式成立的。

② 陶行知：《中华教育改进社乡村教育同志会简章》，《陶行知全集》第3卷，湖南教育出版社1985年版，第677—678页。

陶行知发起成立的乡村教育同志会以及创办的《乡教丛讯》，为后来创办晓庄乡村师范学校做好了组织、思想和舆论上的准备。可以说，它拉开了陶行知发动和领导中国乡村教育的序幕。

五、创办中国普及教育助成会，发动普及教育运动

中国普及教育助成会成立于 1933 年 9 月 18 日。陶行知创立这个群众团体的目的是为了达到在中国普及教育的目的，以“工以养生，学以明生，团以保生”为宗旨，力求将工学团的经验推广到全国各地。会址设在上海威海卫路中社，并拟定普及教育助成会简章及普及教育研究院组织大纲，提出“在采取最经济、最迅速、最能持久、最能令人进步之方法，力谋普及大众与儿童向上生活所需要之教育，以助成中华民国与大同世界之创造”①。普及教育助成会的会务主要有 6 项：调查生活教育需要、拟制教育方案、补助中心试验、编辑新创材料、培养专门人才、辅导普及工作。会员分三种：一是永久会员。凡提倡普及生活教育，一次缴纳 1000 元会费以上者均可以成为永久会员；二是提倡会员。赞成助成会宗旨，热心普及生活教育，并年纳会费 100 元以上者，均可以入会。三是工作会员。凡赞成助成会宗旨，实际参加普及生活教育实践者，并年缴纳会费 1 元以上，可以入会。

中国普及教育助成会还成立了董事会。董事会的职责有制定会议章程、任免干事长、核定计划、预算决算、职员任免、筹集经费、吸纳会员等。董事任期为 3 年，设有董事长、书记、司库。助成会的具体事务由干事长负责，为了工作便利还设立了总务部、调查部、试验部、辅导部、编辑部。普及助成会每年召开一次会员大会，每月召开一次董事会。经费来源主要有会费、纪念金、特别捐、补助费、投资利息等多种形式。

中国普及教育助成会成立后，便开展各种普及教育活动。1934 年开始招聘十余名工读生，充当“小先生”，并在上海江湾、沪西、浦东、杨树浦等地设立工人夜校、识字班，还以普及教育助成会的名义成立了余日章小学、余日章第二小学，还成立了报童工学团、流浪儿童工学团等。普及教育助成会

① 陶行知：《普及教育助成会简章》，《陶行知全集》第 3 卷，湖南教育出版社 1985 年版，第 737 页。

还制定普及教育车，并在各地推广，收到了良好效果。

中国普及教育助成会，为陶行知后来实施工学团运动提供了组织保障和思想保障，起到了宣传、发动和推广作用。

六、成立国难教育社和生活教育社，开展战时教育运动

“九一八”事变后，日本帝国主义加紧对华侵略，中华民族处于危难之际，“一二·九”运动掀起了全国的抗日救国热潮，为了配合抗日宣传，陶行知发起成立了国难教育社，他和张劲夫、王洞若起草了《发起组织国难教育社缘起》。1936 年 2 月 23 日，国难教育社正式在上海成立，参加成立大会上的社会各界人士，不仅有教师、学生、工人、农民、店员、商人，还有科学家、艺术家、律师、记者以及宗教界人士、出版界人士、文艺界人士等，会上陶行知被选为国难教育社理事长，张劲夫为总干事，大会发表了宣言：

> 我们除了反抗敌人的侵略，没有法子可以获得民族解放；我们除了流血，不会获得民族自由。
>
> 国难教育，是民族解放斗争中最重要的工作，这决不是少数人能够担负起来的。
>
> 国难教育社是我们行动的指导机关，是我们行动的设计机关，我们不但要积极地拥护它，并且要诚意接受它的指导，执行它的设计。同时，我们不要忘记：只有有组织的力量，才是真的战斗的力量，只有集体的行动，才是真的战斗的行动。①

《国难教育社成立宣言》还大声疾呼：“警钟响了，危机迫在眼前了！从今日起，我们应该总动员，奋勇地执行国难教育的工作，坚决地担负起国难教育的工作，争取中华民族的解放和自由。”②

---

① 陶行知等：《国难教育社成立宣言》，《陶行知全集》第 3 卷，湖南教育出版社 1985 年版，第 754—755 页。

② 陶行知等：《国难教育社成立宣言》，《陶行知全集》第 3 卷，湖南教育出版社 1985 年版，第 755 页。

陶行知与王洞若、张劲夫、丁华等人共同起草了《国难教育社简章》，规定了该社的宗旨是："谋推进大众文化，实施国难教育，以启发中国大众争取中华民族之自由平等，保卫中华民国领土与主权之完整。"① 国难教育社总社设在上海，全国各地均设立分社，总社下设总务、组织、指导、编辑、宣传五个部。国难教育社领导各地分社主要开展如下工作："开办大众学校、读书会、时事研究会；开办新文字补习班；开办国难教育讲习班；举办军事、防毒救护、运用交通工具等常识技术讲习班；举办国难演讲、旅行演讲；组织巡回电影开映团、巡回演讲团、巡回唱歌团、巡回戏剧团、弄堂流通图书馆、马路流通图书馆、乡村流通图书馆；出版大众社会小丛书、大众自然小丛书、大众剧本、大众诗歌、大众小说、大众唱本、大众说书、大众连环画；出版大众国难读本、各级学校国难补充教材；调查各地国难教育之设施及敌人文化侵略之实况；指导分社及社员团；介绍前进书报。"②

此后，陶行知就投身到了国难教育、战时教育运动之中，将他的生活教育运动推向了一个新的阶段。七七事变后，日本帝国主义加紧侵略，我国许多城市相继沦陷。在这国难当头的危急时刻，陶行知为了进一步推进国难教育、战时教育和全面教育，于 1938 年 12 月 15 日在广西桂林召集两千多群众集会，正式成立了生活教育社。陶行知亲自主持成立大会并发表讲话，他在会上号召生活教育社的同志承担四种任务：一是力求自己长进，把自己的团体变成抗战建国的真正力量；二是影响整个教育界共同进步；三是普及抗战建国的生活教育运动；四是普及反侵略的生活教育运动。他号召大家："凡是有群众的地方，都是进行教育的地方。"③ 白崇禧、郭沫若、邱昌渭等人出席了成立大会，并在会上讲话。大会选举陶行知为生活教育社理事长，理事会由陶行知、李任仁、邵力子、黄炎培、汪达之、刘季平、戴伯韬、吴新稼、沈钧儒、顾颉刚、雷宾南、杨东莼、田汉、王洞若、尚仲衣、周月宾、陆璀、张劲夫、方与严、林砺儒、徐特立、俞庆棠、孙铭勋等组成，生活教育社的

① 陶行知等：《国难教育社简章》，《陶行知全集》第 3 卷，湖南教育出版社 1985 年版，第 757 页。

② 陶行知等：《国难教育社工作大纲》，《陶行知全集》第 3 卷，湖南教育出版社 1985 年版，第 760 页。

③ 魏华龄：《生活教育社桂林纪事》，北京市陶行知研究会：《陶行知研究》，湖南教育出版社 1987 年版，第 282 页。

成员中有不少是我党地下工作者。理事会每3个月举行一次，理事会下设总务、组织、编辑、服务、调查设计等四个部和一个专门委员会。分别由刘季平、戴伯韬、王洞若、杨东莼担任各部的常务干事。监事会负责考核理事会、常务干事会的工作，检查社员言论与不端正行动和审查本社经济出纳事项等。不久，戴伯韬负责的四川分社、潘一尘负责的浙江分社、张劲夫发起的安徽分社、张宗麟发起的上海分社、吴涵真负责的香港分社、徐谷荪负责的西北分社、曾木已负责的鄂西分社、楼南高负责的山西分社、戴自俺负责的贵州分社、刘琼负责的福州分社、台和中负责的甘肃分社等相继成立①，正式社员多达2400多人。当时，生活教育社成为拥有广泛群众基础的教育团体。

生活教育社是一个民间教育团体，"是教育界的大家庭。它是教育思想者的团体，又是教育运动者的团体，又是教育工作者的团体，又是培养教师的团体，又是一般人学习生活和知能的团体，又是一个共同生活体"②。生活教育社成立后，开展的主要活动有编辑《战时教育》和《生活教育通讯》、进行桂林岩洞教育、成立儿童工学团、开展成人教育和儿童教育、创办特殊教育机构等。其中一项重要活动就是推行山洞教育。因为桂林有上百个岩溶洞，当地民众将之作为天然的防空洞，陶行知就利用这些山洞来进行教学。他动员了上万名知识分子来当教师，规定一个山洞为一所学校，推行普及教育，还通过实行"小先生制"来进行战时教育，并以在桂林的新安旅行团和孩子剧团为依托，组织两个团的孩子为伤员和难民服务。

1939年春，生活教育社相继邀请了徐特立、范长江、叶剑英作了中国农民运动和解放区教育工作问题、国内外形势、"积小胜为大胜"的报告与演讲，受到了群众的热烈欢迎。同年4月，创办了《工作与学习》杂志，由刘季平任主编；6月，生活教育社社报《西南儿童》正式创刊，由陆静山任主编，该刊是针对中国儿童而创办的，办刊的宗旨为：全中国的小朋友团结起来，互相通讯、互相学习、互相帮助。打倒日本鬼子，创造新中国；打倒法西斯，创造新世界。刊物设有国内新闻、战时常识、儿童创作、儿童通讯、儿童言论、儿童歌曲、国画故事、儿童文学等栏目。1943年8月25日，该刊被国民党查封。同时，生

---

① 童富勇、胡国枢：《陶行知传》，教育科学出版社1991年版，第389页。

② 陶行知：《告生活教育社同志书》，《陶行知全集》第3卷，湖南教育出版社1985年版，第342页。

活教育社还在桂林七星岩设立岩洞教育民众书报阅览处，为广大民众提供阅读服务。还先后举办过“中国儿童运动问题”座谈会、时事讨论会、“战时教育之总检讨”、“宪政运动与国民教育”问题研讨会等活动。陶行知领导的生活教育社，以生活教育理论做指导，大力倡导实行岩洞教育和小先生制，实实在在地推动了战时教育和全面教育的发展。正如当时《解放日报》社论所评价的那样：“生活教育社所提倡的生活教育与小先生制，是实际的，同时又是革命的。因为它是实际的、与生活打成一片的。”① 延安新教育学会也高度评价陶行知创办的生活教育社及其生活教育理论，“这不仅是对摧毁中国传统教育起了很大的革命作用，同时也是为中国新教育树立了一块基石”②。

1939 年 4 月 15 日，生活教育社重庆办事处成立，陶行知制订了活动计划：成立晓庄研究所，研究难民教育、华侨教育、伤兵教育等实际问题，筹备成立育才学校，成立重庆夏令共学会等。到 1940 年 3 月 15 日，生活教育社召开 13 周年纪念会，陶行知发表了《生活教育运动十三周年纪念告同志书》，总结了 1938 年至 1940 年初生活教育社所开展的主要工作，包括成立晓庄研究所、创办育才学校、新安旅行团的伤兵难民教育、各省的战时教育情况等。1940 年 6 月，生活教育社社员魏东明和戴伯韬成立了生活教育社延安分社，在边区政府的领导下，开展了一系列生活教育运动。

七、主持民盟中央教育委员会，推动民主教育活动

民盟是中国民主同盟的简称，其前身是中国民主政团同盟，是由黄炎培、梁漱溟、章伯钧、左舜生、张君劢等人发起成立的，于 1941 年 3 月 19 日在重庆秘密成立。“皖南事变”后，国共合作遭到破坏，抗日民族统一战线面临危机。一些主张民主抗日的人士，迫切希望两党能够联合起来，团结抗日，争取最后的胜利，以实现中华民族的解放。在这种背景下，以“统一建国同志会”为基础，联合中华职业教育社、乡村建设协会、中国青年党、国家社会党、中华民族解放行动委员会的成员及其他人士，成立了中国民主政团同

① 徐特立：《生活教育社十五周年》，《解放日报》1942 年 3 月 15 日第 1 版。

② 徐特立、苏文澜：《延安新教育学会致函陶行知先生庆祝生活教育社十五周年》，《解放日报》1942 年 3 月 19 日第 3 版。

盟，公推黄炎培为中央委员会主席。1941 年 10 月 10 日，在香港的民盟机关报《光明报》发表《中国民主政团同盟成立宣言》和《中国民主政团同盟对时局主张纲领》。1942 年，由沈钧儒、陶行知等为领袖的救国联合会加入，中国民主政团同盟遂成为集合“三党三派”的民主党派。中国民主政团同盟最初的政治主张是“贯彻抗日主张，实践民主精神，加强国内团结”。1944 年 9 月 19 日，中国民主政团同盟在重庆召开全国代表会议，将名称改为“中国民主同盟”。10 月发表《对抗战最后阶段的政治主张》，响应中国共产党提出的建立民主联合政府的号召。1945 年 9 月 1 日，民盟在重庆设支部，陶行知被推选为支部委员兼宣传部部长。

1945 年 10 月 1—12 日，中国民主同盟在重庆召开临时全国代表大会（即第一次全国代表大会），大会通过《政治报告》、《临时全国代表大会宣言》、《中国民主同盟纲领》、《中国民主同盟组织规程》。会议产生了第一届中央委员会，增选陶行知等 33 人为中央委员，选出由陶行知等 18 人组成的中央常委会，还决定推举陶行知为民盟中央民主教育委员会主任，负责发展民主教育事业。

陶行知担任民盟民主教育委员会主任之后，根据形势的需要，于 1945 年 11 月 1 日将《战时教育》更名为《民主教育》。他在创刊号上发表《民主教育》一文，他首先对“民主教育”作了含义上的界定：“民主教育是教人做主人，做自己的主人，做国家的主人，做世界的主人。……民主教育是民有、民治、民享之教育。说得通俗些：民主教育是人民的教育，人民办的教育，为人民的幸福而办的教育。”① 民主教育的核心是围绕人民的利益，为人民办教育，教人民争取民主权利，实施民主的教育理念。陶行知还阐释了“民主教育”的具体内涵：教育为公，以达到天下为公；教人民肃清法西斯细菌，以实现真正的民主；启发觉悟性，教人民自觉进行自觉的学习；培养创造力，以实现创造的民主和民主的创造；各尽所能，各学所需，各教所知，使大家各得其所；在民主的生活中学习民主，在争取民主的生活中学习争取民主；尽量采用简笔汉字、拉丁字母，双管齐下，以减少识字困难；充分利用无线电及其他近代交通工具，以缩短距离，使边远地方之人民小孩，可以加速的

---

① 陶行知：《民主教育》，《陶行知全集》第 3 卷，湖南教育出版社 1985 年版，第 569 页。

享受教育；民主教育应该是整个生活的教育，应该要工以养生，学以明生，团以保生；承认中国是从农业文明开始渡到工业文明，经济是极端贫穷①。他后来又撰文《民主教育之普及》，强调："民主教育一方面是教人争取民主，一方面是教人发展民主。……民主教育的任务是配合整个国家之创造计划，教人依着民主的原则，发挥各人及集体的创造力，以为全民造幸福。"②

为了进一步落实民主教育理念，深入开展民主教育实践活动，陶行知与李公朴于 1946 年 1 月 15 日创办社会大学，目的是实现民主教育。陶行知担任校长，他在《社会大学运动》中讲到：社会大学之道"在明民德，在亲民，在止于人民之幸福"③。也就是说，社会大学之道，要明白人民的大德，要亲近老百姓，要为人民幸福。社会大学分为夜大学、函授大学、新闻大学、旅行大学、广播大学等五部分，全校分经济、文学、新闻、教育、民间艺术五系。办学宗旨是"为人民服务"④，学校管理采用民主自治的制度，每四个月为一个学期，每天四节课，每年三个学期，两年零八个月即可毕业。社会大学是由民主人士创办的学校，是追求民主的大学，是实行民主管理的大学，是教育人民的大学。创办社会大学是陶行知实施民主教育的重要实践活动。

第三节　办学实践

一、晓庄师范的生活教育实验

近代以来，虽经戊戌变法、辛亥革命和五四新文化运动的激荡，中国传

① 陶行知：《民主教育》，《陶行知全集》第 3 卷，湖南教育出版社 1985 年版，第 569—570 页。

② 陶行知：《民主教育之普及》，《陶行知全集》第 3 卷，湖南教育出版社 1985 年版，第 571 页。

③ 陶行知：《社会大学运动》，《陶行知全集》第 3 卷，湖南教育出版社 1985 年版，第 586 页。

④ 陶行知：《社会大学的创办》，《陶行知全集》第 3 卷，湖南教育出版社 1985 年版，第 590 页。

统教育开始向现代教育过渡，但因积弊已久，教育与生活、社会与学校相脱节的现象仍很严重。特别是乡村教育，完全是照搬城市教育那一套，严重脱离乡村实际，脱离农民生活。为了改变这种状况，1926 年，陶行知趁中华教育改进社下设乡村教育研究部之机，聘请东南大学乡村教育教授赵叔愚、金陵大学农业教授兼农场主任邵仲香为研究员，共同调查沪宁路沿线优良乡村学校现状，筹办试验乡村师范，图谋乡村教育之改进。

陶行知认为，师范教育是“改造社会环境的一个重要方法”，并坚定地表示：“我从前曾经为师范教育努力，现在正在为师范教育努力，以后仍继续为师范教育努力。”下决心“要筹募一百万元基金，征集一百万位同志，提倡一百万所学校，改造一百万个乡村”①。根据这一思想，陶行知于 1926 年 12 月撰写了《试验乡村师范学校答客问》一文，强调试验乡村师范学校的实验性质，指出晓庄的实验“就是用科学的方法去开新的生路”。

1927 年 3 月 5 日，陶行知用筹集的开办费 1 万元，常年经费 1.2 万元，设备费 5000 元，购买南京神策门外小庄（后由陶行知改名晓庄）田园 200 亩、荒山 10 里作为校址和农场。特约燕子矶小学、尧化门小学为第一、第二中心小学，并聘定吕镜楼、杨效春、邵仲春、朱葆初等为指导员（即教员）。同时，陶行知分别在《新教育评论》、《乡教丛讯》等刊物上，刊登了《中华教育改进社设立试验乡村师范学校招生广告》、《告来本院应试的同志》。招生广告分培养目标、考试科目、报考资格、报名期、投考期等部分。培养目标十分明确，即农夫的身手、科学的头脑和改造社会的精神三项。考试科目完全不同于传统的学校，包括：（1）农务或土木操作一日；（2）智能测验；（3）常识测验；（4）作汉文一篇；（5）3 分钟演说。考试科目根据培养目标的需要而设立。招生广告见报后，引起了教育界，特别是青年学生的浓厚兴趣。他们纷纷来函，索要报名简章，询问报考具体事宜。

1927 年 3 月 11 日，试验乡村师范学校招生考试第一天上午，共有 13 名青年准时参加入学考试。考试当天，正是北伐军与盘踞在南京的直系军阀孙传芳部褚玉璞战斗方烈之时。当时，南京大小学校均因战事激烈而纷纷停课。试验乡村师范学校偏偏选择此时招生开学，大家都担心无人会冒生命危险前

---

① 朱泽甫：《陶行知年谱》，安徽教育出版社 1985 年版，第 99 页。

来应试。结果却出人意料，竟有 13 人来报考，令陶行知喜出望外。3 月 15 日，试验乡村师范学校（简称晓庄师范）在南京郊外的小庄正式开学。这标志着由陶行知先生发起和主持的生活教育实验拉开了序幕，也象征着中国教育重心开始出现由城市向农村转移的重大历史性转折。

晓庄师范的实验是按照陶行知关于生活教育的设想来开展的。其办学宗旨为“根据中心学校办法，招收中等以上各级学校末年级生加以特殊训练，俾能实施乡村教育并改造乡村生活”。遵循这一指导思想，师生们选择了荒山野岭作为建校的校址。开始只有两间茅草盖的房屋，草泥抹的墙壁。师生们自己动手开辟校园，种粮种菜，绿化环境，注意根据中国当时农民生活状况进行实验。晓庄师范的培养总目标为“培养乡村人民儿童所敬爱的导师”。为达此总目标，陶行知后又进一步提出五项培养目标：（1）农夫的身手；（2）科学的头脑；（3）改造社会的精神；（4）健康的体魄；（5）艺术的兴趣。

所谓“农夫的身手”，是指试验乡村师范学校要培养的是能刻苦耐劳、能劳动、能实干、能与农民打成一片，为乡村人民儿童所敬爱的导师。

所谓“科学的头脑”，是指具有近代的自然科学与社会科学知识，对科学技术产生浓厚的兴趣，并注重实验，到农村去积极推广应用科学方法，指导农民科学种田。

所谓“改造社会的精神”，是对学生思想素质的一项特殊要求。活的乡村教育，必须要有活的乡村教师，活的乡村教师必须“第一有农夫的身手；第二有科学的头脑；第三有改造社会的精神”，具备这三个的“教师就是改造乡村生活的灵魂”。他们“一年能使学校气象生动，二年能使社会信仰教育，三年能使科学农业著效，四年能使村自治告成，五年能使活的教育普及，十年能使荒山成林，废人生利”。

所谓“健康的体魄”，是对学生素质的要求。陶行知认为，“健康是生活的出发点”，健康的体魄是成就一切事业的基础，因而多次提出“健康第一”的口号。

所谓“艺术兴趣”，是对从事乡村教育的人所应有的美学修养的要求。

为实现上述目标，陶行知在学校建设上做了许多努力，创造了必要的实验条件，使之成为一所与旧式学校迥然不同的新式学校。

在实验条件方面，除挑选南京北郊劳山脚下的荒坡为校址外，还有田园

200 亩作为学生耕种土地，有大片荒山供学生造林；拨少数经费供学生自造茅屋作为校舍与宿舍；并在附近农村设立儿所中心学校和小学，供学生实施教学做。

晓庄师范先后共建有小学师范院和幼稚师范院各 1 所、中心小学 8 所、中心幼稚园 4 所、民众学校 3 所、中心茶园 2 所、中心木匠店 1 家、乡村医院 1 家、联村救火会 1 所、石印工厂 1 家。这些机构都围绕生活教育的要求进行多角度、多层次、多类型的实验。

陶行知在晓庄师范的组织管理上做了独特的实验。晓庄师范设校长 1 人，由陶行知自己担任，校内设执行部（校长兼任部长）、研究部、监察部。执行部下设置第一院（小学师范院）、第二院（幼稚师范院）。第一院由赵叔愚任院长，第二院由陈鹤琴任院长。校长、院长之下各设干事 1 人、校工 1 人。乡村师范中的教师不称教员，统称指导员。学校除校长、第一院院长、第二院院长、指导员外，不设其他职员，实行师生集体治校民主管理，它的组织叫“乡村教育先锋团”。

乡村教育先锋团由全校师生共同组成。校长就是团长，两院院长是副团长，全校指导员组成指导部，设指导会议的议事机构。全体学生选出总队长 1 人。学生以 4 至 8 人为 1 队，每队选出队长 1 人。由全体师生组成团务会议。从团长到团员，全体成员都受团规约束和团务会议的制约。团设肃纪部，执行全团纪律。团长有指挥全团各种行动之权，每周举行团务会议一次，为全团最高权力机构。学校经济公开，校务公开，发表意见自由，安排个人工作自由，但必须遵守各种公约，不得妨害集体生活秩序。如果有人违反公约，通过小组生活检讨会解决，重大问题在团务会议（全体大会）评论。形成一种既有自由又有纪律、既有民主又有集中的集体生活秩序①。

晓庄师范的实验内容和措施②也别具特色，与旧式学校的招生、考试方式等有显著区别：

其一，招生看重农事经验。试验乡村师范规定：“招收下列各种程度之学生培养之：一、初级中等学校第三年学生之有农事经验者；二、高级中等学

---

① 童富勇、胡国枢：《陶行知传》，教育科学出版社 1991 年版，第 112 页。

② 本部分内容参考了邓宗琦、熊贤君：《为中国教育寻觅曙光》，《教育研究与实验》1989 年第 1 期。

校第三年学生之有农事经验者；三、大学第三年学生之有农事经验者；四、在职之教育行政人员及教职员之具有上列各项相等程度者。”① 文化程度可以有所不同，但强调有“农事经验”是一致的。

其二，考试方式别具一格。报考者在 3 月 10 日报到，次日上午考国文、常识测验、智能测验，下午演说及辩论；12 日上午垦荒施肥，下午修路；13 日考试成绩揭晓；14 日便办理入学手续；3 月 15 日开学。国文试题是《孟子说“劳心者治人，劳力者治于人”，这话对吗?》，演说的试题有 20 个，学生临时抽题准备 3 分钟，到时登台演讲 3 分钟；演讲要求用国语，通俗易懂。垦荒考试更是新奇。陶行知在山坡下用白粉线画好一块小荒地，投考者手中拿了一把山锄，哨子一响，大家便挥锄垦荒。成绩视垦荒熟练程度及垦荒多少而定。这种考试，改变了传统做法，强调农事经验，面向农村实际，可谓破天荒之举，在当时影响极大。

其三，实行教学做合一，课程以乡村生活为中心。晓庄师范将课程分为五大部分，即（1）中心学校活动教学做；（2）中心学校行政教学做；（3）分任院务教学做；（4）征服自然环境教学做；（5）改造社会环境教学做。

其四，打破学校的围墙，开展“联村”系列活动。陶行知反对关起校门，使学校与社会隔离起来。他主张晓庄师范的学生应与附近的村民建立广泛联系，熟悉他们的生活，了解他们的疾苦，与他们联合开展活动。为此，晓庄师范进行了打破学校围墙的实验。陶行知除了在学校设置一些为村民服务的活动课程，包括联村自治、民众教育、合作组织、乡村调查和农民娱乐教学做外，还专门成立了“社会改造部”，由他兼任部长，部下设总务、教育、卫生、农林、交通、水利、自卫、经济、救济、妇女、编辑、调查共 12 股，具体负责社会改造的规划和指导。社会改造部将学校周围的和平门、上元门、观音门、尧化门、太平门以内的地区作为改造实验区域。

陶行知重视开展乡村体育运动，发起成立“农民武术会”，主张恢复“我国国民因有的尚武精神”。学校每年春秋两季举行两次规模较大的联村运动会。运动会结合乡村生活实际拟定比赛项目，如成人参加的项目有国术、跑山、挑柴、挑粪、举石担、玩石锁和田径等；学生可参加的项目有跳远、跳

① 陶行知：《中华教育改进社设立试验乡村师范学校第一院简章草案》，《陶行知全集》第 1 卷，湖南教育出版社 1984 年版，第 658 页。

绳、掷球、提水、竞走及短跑等。

20世纪二三十年代的晓庄，偏僻荒凉，常有散兵游勇在此流窜为匪，危害百姓。为保一方平安，晓庄师范在冯玉祥将军的支持下，成立了晓庄联村自卫团，打击了土匪的嚣张气焰。联村自卫团还发起禁烟禁赌活动，张贴布告："本团责任，在运用村民自己的力量，以维持地方的治安。……查烟馆赌窝，为窝藏盗匪之所。本团为正本清源计，自当一律禁绝，才算为地方除害。"① 晓庄全校师生到农村做宣传，宣讲吸鸦片之害，号召人人投入禁烟运动。联村自卫团维护了地方治安，烟赌也曾一度几乎禁绝，乡村改造方面取得显著进展。

其五，改革教育实习体制，试行新的实习办法。为使实习顺利进行，陶行知设置了一批中心学校。中心学校与晓庄师范的关系不是传统的附属关系。中心学校是主，晓庄师范是从；中心学校是太阳，晓庄师范是月亮。晓庄师范根据中心学校的要求设置课程，中心学校需要什么就教什么。学生要经常到中心学校里去，在中心学校里教学做。

其六，颁发统一的毕业文凭。如果学生学业成绩合格，发给修业证书一纸，俟服务半年，经过考查，确能按照生活教育原理和晓庄师范精神办学者，发给毕业证书。但入学时程度不同，颁发的证书各异，"初级中学程度学生给予初小教师证书"；"高级中学程度学生给予高小教师证书"；"大学程度学生给予师范学校教师证书"；"各级教师证书之外依据特殊才能之表现加给各级校长及乡村教育辅导证书"②。

在晓庄这段时间，陶行知把全部精力都放在筹划学校上，他把教授辞了，搬到乡下来住，又号召大家动手建筑校舍，还写了一首《自立立人歌》勉励大家：

滴自己的汗，
吃自己的饭，
自己的事情自己干，

① 辛元、谢元：《陶行知与晓庄师范》，江苏教育出版社1986年版，第58页。

② 陶行知：《中华教育改进社设立试验乡村师范学校第一院简章草案》，《陶行知全集》第1卷，湖南教育出版社1984年版，第659页。

靠人、靠天、靠祖宗，

不算是好汉！①

那时候，大家自己扫地、抹桌、烧饭所有生活上的事不用听差、伙夫，陶行知也亲与其事，他在烧火的时候就研究如何烧火的科学道理，如何节省柴草，如何使火功恰到好处，不致把饭菜烧坏。他写了一首诗，讽刺不会烧饭的人：

书呆子烧饭，

一锅烧四样，

生、焦、硬、烂。②

陶行知在晓庄师范开展生活教育实验，引起了社会各界的瞩目，晓庄师范成了教育界的一盏明灯。此时，正值“四·一二”事变不久，乌云密布，江南各省一些受迫害无处栖身的进步青年学生，将晓庄师范看成求学的理想地方。该校开展勤工俭学，学费很低，于是不少青年进入晓庄学习，还有的是隐名改姓秘密来的，其中有些是共产党员或共青团员。虽然陶行知不知道他们的政治身份，但认为他们是有抱负、有作为的青年，所以对他们主动关怀，多加支持。

到 1929 年，进步青年的力量已大大地发展了，共产党员和共青团员合起来差不多有二三十人，还能够号召一部分群众。1930 年初，上海进步知识界成立中国自由大同盟。晓庄师范中共地下党支部也串联中央大学、金陵大学、东方大学等部分师生发起组织中国自由大同盟南京分部。2 月，在晓庄师范犁宫举行成立大学。该组织是中共南京地下党的外围组织，其建立为南京群众运动创造了便利条件，同时，也使晓庄师范的各项进步活动与全市的学运、工运进一步密切联系起来。当时，南京下关和记工厂工人不堪忍受英国资本家的残酷压迫，举行了反帝大罢工，晓庄师范地下党组织积极支持推动这一

---

① 陶行知：《自立立人歌》，华中师范学院教育科学研究所：《陶行知全集》第 4 卷，湖南教育出版社 1985 年版，第 266 页。

② 戴伯韬：《陶行知的生平及其学说》，人民教育出版社 1982 年版，第 7 页。

罢工斗争。3月下旬，日本帝国主义军舰10余艘，擅自闯入长江耀武扬威，而国民党政权不仅不加制止，反而鸣炮欢迎，这立即激起了南京各界人民的极大愤怒。消息传到晓庄，广大师生义愤填膺。4月3日，国民党政权勾结帝国主义镇压罢工工人，造成“四三”惨案，更使南京的工人、学生、市民怒不可遏。晓庄师范学生刘焕宗这时已任南京地下党宣传部部长，他根据党的指示，联络南京各校学生，组成“四三”惨案后援会，4月5日发动了全市支持工人的反蒋示威游行，迫使英国老板接受罢工工人的条件。但这一正义行动，却使晓庄师范成了国民党要人们的眼中钉、肉中刺。蒋介石认为晓庄师范是这次风潮的祸源，他通过孙科、谷正伦施加压力，要陶行知交出晓庄师范的共产党员名单，立即开除闹事学生。陶行知则坚决站在学生方面，明确表示学生的行动是爱国的、正义的，学生没有错，错在政府，断然拒绝这一无理要求①。

蒋介石恼羞成怒，遂于4月8日命令教育部停办晓庄师范。教育部即派出5人为“晓庄师范保管员”，于9日下午3时到晓庄办理接收手续。1930年4月12日，南京卫戍司令部派出全副武装、荷枪实弹的部队，强行封闭了晓庄师范。同一天，国民党政权又下令通缉陶行知。晓庄师范的生活教育实验至此中止。

陶行知在晓庄师范从事的生活教育实验前后不过3年多时间，但却在国内外产生了广泛而深远的影响。

晓庄师范的生活教育实验，在20世纪20年代中后期树起了一面教育革命的大旗，为中国教育改革探索到一条新路。陶行知与同时代的黄炎培、晏阳初、梁漱溟等人，率先从事乡村教育改革，在教育界掀起了一场教育革命，引起了时人对于乡村教育问题的广泛关注，对于转变当时教育改革的方向与重心，起了积极的推动作用。

晓庄师范的生活教育实验也引起了社会各界的普遍关注。党政要人纷纷慕名而来，蒋介石、宋美龄夫妇于1928年下半年两度到晓庄参观；军政部长冯玉祥也数次去晓庄考察，他对晓庄师生自己动手做饭的办法非常欣赏，打电话给所辖第二集团军总司令部，命令官员一律自己做饭，不用伙夫，以节

① 王琳：《忆晓庄学校——兼记人民教育家陶行知先生》，钟叔河、朱纯：《过去的学校》，湖南教育出版社1982年版，第451页。

省军费。某军人在中央大学称赞陶行知的教学做合一是“新发明的最好教育法”，还有军人将陶行知自编教育文集《中国教育改造》翻印数千部，分送其防区内各教育机关。

晓庄师范生活教育实验在国内不断扩大影响的同时，也开始在国际教育界产生影响。1927 年 9 月，为迎接在加拿大召开的世界教育会议，陶行知撰写了题为《中国乡村教育运动之一斑》的专题会议报告，其中重点介绍了以晓庄师范为代表的乡村师范学校和中心小学、中学幼稚园的实验工作，第一次向国际教育界介绍晓庄师范的生活教育实验，开始引起国际教育界的关注。陶行知当年的班主任、美国哥伦比亚大学师范学院的克伯屈教授在 1929 年 10 月下旬参观晓庄之后，对于晓庄师范的生活教育实验更是赞扬备至，称他多年来一直在到处寻找这一种实验学校，现在在晓庄终于找到了，说：“他的实施的方针和办法，以及发动的理想，进步的过程，都合乎我的标准。这也可以代表中国整个民族的精神。”他预言晓庄“作为教育革命的策源地”，必将在历史上留下其地位，“过了一百年以后，大家要回过头来，纪念晓庄！欣赏晓庄！”他还表示，今后“无论到什么地方，都要宣传在中国的晓庄有一个试验学校，把这里的理想和设施宣传出去，使全世界的人知道”①。

晓庄师范的生活教育实验是陶行知生活教育学说的第一次重要实践，其重点主要是放在乡村师范教育的改革上。它对于纠正封建传统教育脱离生活实际、脱离广大民众的弊端，改革旧的乡村师范教育办学模式，发展新型乡村师范教育，起了十分积极的作用。它所创造出来的新的乡村师范教育办学模式，在 20 世纪二三十年代，成为教育界人士办理乡村师范教育所借鉴的样板。在晓庄师范实践的基础上，陶行知对杜威的教育思想进行了改造，并对自己的实践经验进行了总结，提出了其生活教育理论，主张“生活即教育”、“社会即学校”、“教学做合一”。可以说，晓庄师范的办法实践和生活教育理论的产生，既是陶行知独具特色的教育思想的正式形成，又是他其后一系列生活教育实验的起点。尽管陶行知在晓庄师范的生活教育实验还存在着一定程度的理想主义色彩，但这次实验无论是对他本人以后的一系列实验而言，还是对当时和其后中国教育实验的健康开展而言，都具有非常重要的意义。

---

① 克伯屈讲，徐鸿仪、宋恩鸿记：《我对晓庄之感想》，北京市陶行知研究会：《陶行知研究》，湖南教育出版社 1987 年版，第 450—451 页。

二、山海工学团的生活教育实验

陶行知于20世纪30年代在上海创办山海工学团，旨在实现“工以养生，学以明生，团以保生”，以期全面实践生活教育理论，真正推动普及教育运动。晓庄师范被国民党政府查封后，陶行知被迫流亡日本。1931年3月，他从日本潜回上海，匿居在法租界里。尽管处境艰难，但他对事业的追求并没有因此而放弃。1932年夏，陶行知在其教育小说《古庙敲钟录》中提出了“工学团”的教育理想，设想以工学团教育来代替传统的学校教育。

什么叫工学团呢？陶行知在《普及什么教育》一文中作了详尽回答：

什么叫工学团？工是工作，学是科学，团是团体。说得清楚些是，工以养生，学以明生，团以保生。说得详细些是，以大众的工作，养活大众的生命；以大众的科学，明了大众的生命；以大众团体的力量，保护大众的生命。工学团是一个小工场，一个小学校，一个小社会。在这里面是包含着生产的意义，长进的意义，平等互助，自卫卫人的意义。它是将工场、学校、社会打成一片，产生一个富有生活力的新细胞。①

陶行知用工学团，而不用工场、社团等名称命名他理想中的乡村学校，除了工学团分别代表的三层意思外，还包含着他试图从形式、内容上完全区别于传统学校。他说：

一般办学校的是抱着书本忘了人生；一般办工厂的是抱着黄金忘了人生；一般社会运动者是抱着标语而忘了人生。从这样改到那样，从那样改到这样，都忽略了最重要的主体——人生。而工学团只是以人生为大前提的，在我们心目中，人生是超过一切。因为要培养合理的人生，

① 陶行知：《普及什么教育》，《陶行知全集》第2卷，湖南教育出版社1985年版，第636页。

所以反对学校、工厂及一切忽略人生之组织，而要创造出一种富有人生意义的工学团。①

工学团没有一定的模式，它可大可小，从几个人的家庭、店铺到几十个人的学校、庙宇，几百人的村庄、监狱，乃至几千人的工厂、几万人的军队，都可以造成一个富有意义的工学团。所以，它是不同于任何传统教育的“三不像”，是一种全新的教育组织形式。

陶行知认为“工以养生，学以明生，团以保生”的基本主张，是改造旧教育和“培养合理的人生”的要件。工学团可以创造一种富有人生意义的集团。如果全国的家庭、商店、工厂、学校、军队、乡村一个个都变成工学团，人人生产，人人长进，人人平等互助，人人自卫卫人，那么，工学团便可成为“中华民族的救生圈”，“中华民族的新生命”也就“在工学团的种子里潜伏着”。他又认为，广大乡村既是中国新教育之“新大陆”，也是工学团的“最好的育苗场”。只要开辟一个苗圃，就能培养一批园丁，这些园丁便可带着幼苗到处栽培，使它繁殖到天之尽头。所以，在乡村试验工学团，前途不可限量。为此，他发表《乡村工学团试验初步计划说明书》，正式向社会宣布试验工学团的打算。

1932 年夏，由赞同陶行知在《古庙敲钟录》中描绘的乡村工学团主张的同志，发起组织了一个乡村改造社筹备会。会上推举陶行知、丁柱中、欧伟国、陈立廷、沈嗣庄、海斯、叶桂芳等 7 人为执行委员，主持工学团的具体创办事宜。

7 月，陶行知指派晓庄学生马侣贤、戴自俺、郑先文、王作舟等人，按上述要求，分头寻找试验乡村。

9 月 9 日，王作舟沿沪太汽车路继续寻找，终于在大场附近找到一座古庙。庙前场地空旷，周围有许多村庄，没有学校，交通便利，正是创办新村工学团的理想场所。

9 月 15 日，陶行知亲自下乡指导创办乡村工学团事宜，决定以孟家木桥为乡村工学团团部，并以此为中心，进行一次社会调查。

① 陶行知：《古庙敲钟录》，《陶行知全集》第 2 卷，湖南教育出版社 1985 年版，第 568 页。

9月25日，马侣贤等人根据陶行知的指示，率先在侯家宅创办青年夜校一所，吸引44位青年农友参加夜校活动。

10月1日，孟家木桥儿童工学团正式成立。用原租定的房子为活动场所，聘请指导员4人，艺友2人，儿童工学团团员24人。不久，工学团的小农场、木工场、袜工场、藤工场次第举办，团员也从24人增至48人。团员们一方面跟随工艺师傅学习技术，一方面在指导员的指导下学习文化科学知识。

由于孟家木桥附近的村庄处于宝山县和上海市的交界处，且此时日本侵占东北，觊觎上海，“天下第一关”山海关已无险可守，所以，陶行知遂将创办的工学团，命名为山海工学团。“山海”一名，语意双关，凝聚了陶行知在国难之际创办工学团的一番苦心。

孟家木桥儿童工学团的成立，标志着山海工学团正式成立。10月1日这一天也就成为山海工学团的成立纪念日。具体经办人马侣贤也就成为山海工学团的第一任团长。为了便于立案，山海工学团以“山海实验乡村学校”的名义向宝山县教育局立案。因此，山海工学团又可称作山海实验乡村学校。

陶行知在《工学团组织大纲草案》中，曾对工学团的办学宗旨、培养目标与培养内容有明确说明。

关于乡村工学团的方针。乡村工学团的主体和教育对象是本村全体农民，包括男女老少。其办学方针是“来者不拒，不平者送上门去”。

关于工学团的宗旨和培养目标。工学团以联合本村青年、儿童，“自动的实行工以养生，学以明生，团以保生的教育，以参加新村、新国、新世界之创造”为宗旨，以培养工学团成员具有健康的生活、劳动的生活、科学的生活、艺术的生活、改造社会的生活为目标。

根据工学团的性质和特点，其学习或者说训练、培养的内容必定异于传统的学校教育内容。陶行知把它归纳为“六大训练”或“六大培养”。其具体内容是：

1. 普通的军事训练，使人人成为保国的健儿；

2. 普遍的生产训练，使人人成为造富的工人；

3. 普遍的科学训练，使人人能在劳力上劳心；

4. 普遍的识字训练，使人人获得传达思想的符号；

5. 普遍的民权训练；使人人成为中华民族的主人；

6. 普遍的生育训练，使人人到了生育年龄可以生得少，生得好，以再造未来更优良的民族。

陶行知要求乡村工学团，将上述“六大训练”在自己乡村里尽量推进，以造成中华民国的健全分子，并与全国的一百万个乡村联合起来，共同推进。他认为，这样做就可以使整个中华民族“起死回生”，就可以造成一个“伟大的，令人敬爱的中华民国”。

1932 年夏，陶行知撰写了《乡村工学团试验初步计划说明书》，系统地阐述了乡村工学团与传统教育的区别，并具体回答了如何建立乡村工学团等重要问题。陶行知认为，乡村工学团与传统教育至少有“七大区别”，换言之，乡村工学团与传统学校相比，有七个特点：

（一）传统的方法，是学校与社会隔离；乡村工学团主张以社会为学校。

（二）传统的方法，是生活与教育分家；乡村工学团主张生活即教育。

（三）传统的方法，是师生界限分得太严；乡村工学团主张会的教人，不会的跟人学。我们跟农人学田，农人跟我们学科学，这是相师相学的意思。我们还可以教大徒弟去教小徒弟，七十二行都有资格做先生，都有资格做太上先生。先生既多，学问自广。

（四）传统的方法，是先生教而不做，学生学而不做；乡村工学团主张先生在做上教，学生在做上学。教与学都以做为中心，这便是教学做合一之要义。

（五）传统的方法，是教劳心者不劳力，不教劳力者劳心；乡村工学团主张在劳力上劳心，才算真正的做，否则便是瞎做瞎学瞎教了。

（六）传统的方法，教人先费几年，把知识装满了再去行；乡村工学团主张“行是知之始”，我们要在行动上去追求真知识，有行的勇敢，才有知的收获。

（七）传统的方法，是教少数人升官发财；乡村工学团主张与大众共甘苦，共休戚，以取得整个中华民族之出路。①

陶行知认为，乡村工学团的主体应该是“本村之真农人”。所谓真农人，就是“靠自己动手种地吃饭的人”。村外的同志，只处于“推动、赞助、辅导的地位”。而这种推动、赞助、辅导，以适合本村需要的时期为限。推动的宗旨在求本村之自动；赞助之宗旨在求本村之自助；辅导之宗旨在求本村之自导。多年的乡村改造运动的实践经验，使陶行知感到，“乡村改造运动者，最忌替农人做”。代替农人做，一手包办，最终农人仍旧不会自己做。农人自己不会做，那么替农人做也就失去了意义。

山海工学团中最先成立的是孟家木桥儿童工学团。该工学团自 1932 年 10 月 1 日建立之后，迅速开展如下工作：（1）工读结合。设有木工、袜工、藤工三个手工工场，聘请工匠作技术指导，师生学手工，工匠学文化，自己动手制作课桌椅、简易教具、玩具及实验器具。同时还在生物教师指导下，学习养蜂、养兔、种菜等农副产业生产。工学团通常上午学习文化科学和政治知识，下午参加劳动。（2）防治疾病，普及医药卫生常识。工学团设立小诊疗所，聘请医生担任医学指导，免费为农民治病，送医送药上门，辅导农民家庭卫生。（3）开展文娱活动。每星期五晚上举行同乐会，师生农友欢聚一堂，演节目、讲故事、玩科学游戏。

孟家木桥儿童工学团影响所及，使得山海地区周围近 10 里内的各村，如萧场、沈家楼、红庙、夏家宅、越泾巷、侯家宅等相继办起工学团。按年龄性别分，则有青年工学团、儿童工学团、幼儿工学团和妇女工学团；按生产性质分，则又有棉花工学团、养鱼工学团、养鸡工学团、缝纫工学团和纺织工学团。

紧随山海工学团而创办的是晨更工学团和光华工学团。它们设立于沪西周家桥工业区的边沿，分别由晓庄学生徐明清和朱泽甫负责主持。选择这一城乡交接的结合部作为办学地点，显然是陶行知的精心考虑。此后在上海创办的工学团，还有晓庄学生孙铭勋、戴自俺主办的劳勃生路劳工幼儿团，陶行知倡办的中国普及教育助成会，方明主办的静安寺报童工学团和流浪儿童

---

① 陶行知：《乡村工学团试验初步计划说明书》，《陶行知全集》第 2 卷，湖南教育出版社 1985 年版，第 594 页。

工学团，在徐明清启发引导下，英美烟厂女工朱冰如主办的浦东女工读书班等。上述单位，尽管有的名称不叫工学团，但其实质都是工学团的组织。

在陶行知的推动下，工学团实验不久便取得了可喜的成绩。在这一新型的教育组织中，陶行知及其弟子和当地群众同甘共苦，努力奋斗。他们在做中教农民科学种田，发动农民修桥铺路抗旱救灾，发展生产，移风易俗。他们为工人开办夜校，举办文艺体育活动。1933 年 10 月，为庆祝山海工学团成立一周年所办的展览会上，展品琳琅满目，前来祝贺的本地及外地来宾济济一堂。此后，有关工学团实验情况经常出现在报刊上和电影中，成为进步教育运动的一面旗帜。人们常常怀着浓厚的兴趣前来参观，上海文化界知名人士也常常应邀来此讲课或演出。

为了更好地开展实验，普及教育，陶行知于 1934 年“一·二八”淞沪抗战两周年之时提出了“小先生制”。在他看来，“小先生制”是推行生活教育的理想途径。“生活即教育”、“社会即学校”和“教学做合一”等基本原理，都可以在“小先生制”中得到贯彻。

在推广实践“小先生制”的过程中，陶行知总结归纳出不少在普及教育中很有实用意义的原则和方法。

即知即传，是最主要的原则和方法。与即知即传相对立的是守知奴，那种“大头鬼”式的守知奴同那种“大肚鬼”式的守财奴都是社会上的怪物。即知即传才能收伏守知奴，做到知识公有，使中国人聪明起来。能够即知即传的成人，可称“大先生”，小孩便称为“小先生”。小先生的职务，不但是教人，更重要的是教人去教人。小先生的成绩并不仅在直接所教学生的人数，更在间接所传代数之多。等到小先生所教的学生也能教人，像滚雪球一样越滚越大，小先生工作的意义也越见其大。

非班级常规，是第二条原则和方法。如果不从实际出发，硬要小先生做起传统先生，把一个班级的小学生交给他去领导，那便是摧残小先生，必定一败涂地。所以，克服贪多的野心，把小先生所担任的人数减少到两三个，是保证小先生成功的基本条件。

开门教人，是第三条原则和方法。关起门来由优秀的大同学教小同学，这种外国流行过的“贝尔-兰卡斯特制”（导生制），同小先生制毫不相干。小先生制不但要把在校和不在校的小孩都变成小先生，而且要开起大门去找学生。不论是家中不识字的父母兄嫂姐弟，还是隔壁邻居不识字的大人小孩，都是他的对象。只有开门，1000 万小先生才能变为 3000 万，才能体现小先生制的力量。否则，关起门来教来教去，1000 万人还是原数，终与“小先生制”无关。

与生活连在一起教，是第四条原则和方法。文字是生活的符号。在现实生活中，符号与生活可以很自然地联系在一起。教一位不识字的妻子识字，可帮她读丈夫的来信；教一位不识字的母亲识字，可帮她认医生为其病儿所开的药方；山海工学团进行电化教育，会读入场券的可以半价入座。

要有指导和考核，是第五条原则和方法，小先生在完成自己使命过程中，会遇到种种困难，如找不到学生和不明自己职务，导师都应随时指导。导师还应加强考核，考查小先生所教学生所干出的战绩。在山海工学团用计分法考核，凡小先生教会一人读写一册《老少通千字课》者得 1 分，教会二人读写一册书或教会一人读写二册书者则得 2 分，余可类推。小先生团员证上有一颗金星，教出一代小先生则加一颗金星。

在陶行知的积极倡导下，小先生制在普及教育运动中充分显示了自己的力量。一重重传统的普及教育方法难以攻克的关口，如先生关、课本关、纸笔关、灯油关、文字关、城乡关、会考关、饭碗关等，在小先生手持现代文明钥匙直叩之下，纷纷开门迎纳普及教育的阳光。尤其在攻克女子教育关方面，“小先生制”更显示了自身的优长。年轻女子接受普及教育，常常受到来自家庭和社会习惯势力的各种阻碍。小先生却灶前、屋角、新娘洞房作自己的课堂，失学的女子在他面前不再害羞。小先生像热烈无比的太阳，他一出来，女子教育的许多障碍就像冰雪一样化掉了。

在陶行知的积极倡导下，小先生制在普及教育运动中充分展现了自己的成绩。到 1934 年底，也即“小先生制”问世 11 个月后，它已经推行到全国 19 个省、4 个特别市。湖北江陵和浙江鄞县全县开始普遍采用“小先生制”，安徽教育厅视“小先生制”为普及全省教育之要图。在上海及其四郊已有小先生万余人。在宜兴西桥，晓庄畬儿岗，无锡河埒口，淮安之新安，歙县之王充，山东之邹平和泰山，河北之南开和定县，河南之百泉、洛阳和开封，广东之百侯，山西之舜帝庙等地，都有小先生活跃的身影。

与此同时，小先生制在国外也迅速引起反响。日本著名实验学校东京池袋儿童之村小学的教师译述了陶行知有关“小先生制”的论文。他们表示要深刻反省日本教育过去照搬照抄德国和美国教育的弊病，更多地“注视邻邦中国的动向”，考虑“在教育运动方面的相互协力”①。在东南亚地区，小先生制也引起人们的重视。1935 年新加坡《星洲日报》刊发了陶行知介绍小先生运动的文章。

山海工学团创办后，各地来参观者络绎不绝，并相继仿效。在陶行知的支持和具体帮助下，工学团的种子迅速在全国播种、发芽、开花、结果。

山海工学团的生活教育实验是陶行知生活教育学说的又一次重要实践。它与晓庄师范生活教育实验重点放在乡村师范教育的改革上不同，主要是探讨如何配合民族救亡的头等任务，改变学校教育的内容和形式，用新的思路、原则和方法，去实现整个中华民族的教育普及重任。晓庄师范生活教育实验的基本思想和方法被继承和沿袭下来，并在新的形势下得到进一步丰富和发展。它所创造出来的新的普及教育的思路、原则和方法（特别是“小先生制”），对 20 世纪三四十年代的普及教育事业起了明显的推动作用，甚至革命根据地的教育普及工作，也对之有所借鉴，其影响还扩大到国外（尤其是日本、印度、缅甸、印尼和新加坡等国）。

三、育才学校的生活教育实验

重庆育才学校、社会大学是陶行知在 20 世纪 30 年代末和 20 世纪 40 年代中后期先后创办的两所教育机构，也是陶行知在抗战期间和抗战结束之后从事生活教育实验的主要场所。陶行知这两个实验注意吸取了此前晓庄师范和山海工学团实验的经验教训，克服了过去实验中的某些不足，在理论和实践两个方面，都进一步丰富了生活教育。它们在人才教育和成人业余教育方面的探索，推动了当时的中国教育改革，也为当今人才教育和成人业余教育积累了宝贵的实践经验。

育才学校的生活教育实验是陶行知人才教育思想的一个重要实践，它标志着生活教育理论和实践发展到一个新的阶段。

陶行知在长期的生活教育运动中积累了经验，又经过 28 个国家和地区之

① 朱泽甫：《山海工学团诞生前后》，《陶行知一生》，湖南教育出版社 1984 年版，第 230 页。

行，开阔了眼界，对生活教育又有了新的认识。他在抗日战争爆发后回到祖国，信心百倍，感到努力多年的普及教育运动，在抗战建国的事业上应该有英雄用武的机会了。他打算扎扎实实干几件工作，一方面继续抓普及教育，“用教育来动员全国民众觉悟起来，在抗战建国纲领之下，担当这重大的工作，所以普及教育，实为今天所亟需”，“以提高整个民族的意识及文化水准”。他致力于“生活教育运动中的一件新发展的工作”①，即拯救被战争所贻误的青少年中的人才幼苗，为国家、为民族、为人类“培养人才之幼苗”②。育才学校的创立即是这一愿望的实现。

陶行知立志创办育才学校的动机，按照他的自述，有其远因，也有近因。

从远因看，有两个动机。“第一，是爱迪生的幼年生活”的启示。爱迪生的孩童时期的遭遇，使陶行知深感人才必须从小培养。陶行知曾这样记述：

> 他（爱迪生）在十二岁的时候，就开始干科学的实验，他常把他的化学药品带到学校去，而且是欢喜动手，对于先生上的功课，觉得枯燥无味，不大注意，所重意的只是他自己愿意玩的化学把戏，那时美国的教师也像今日中国教师一样的古板，过不了三个月，便以“坏蛋”之罪名，把爱迪生开除了。爱迪生幸亏有一位好的母亲。她说我的“蛋”并不坏，指定家中之地下室给爱迪生做实验，只吩咐他不要把毒药放在厨房饭厅里去。她自己教英文、历史、地理、化学实验，让爱迪生自习，爱迪生因有一位了解自己的贤母，所以仅仅受了三个月的学校教育，也能成为一位现代的大发明家。爱迪生幼年的故事，给了我两个深刻的印象：一是科学要从小孩学起，二是科学的幼苗要像爱迪生的母亲一样爱护才能保全。③

“第二，是法拉第之幼年生活”，也给陶行知很大的启发。法拉第是发电

① 陶行知：《育才学校创办旨趣》，《陶行知全集》第3卷，湖南教育出版社1985年版，第379页。

② 陶行知：《致育才之友书》，江苏省陶行知研究会、南京晓庄师范学校：《陶行知文集》，江苏教育出版社2008年版，第873页。

③ 陶行知：《致育才之友书》，江苏省陶行知研究会、南京晓庄师范学校：《陶行知文集》，江苏教育出版社2008年版，第871页。

机原理的发明者，他幼年在一个书店里做徒弟，他订书订得慢，别的徒弟到利波老板那里去告状。利波对众徒弟说：你们有所不知，法拉第是一面订书，一面吃书。书订好了，头脑也吃饱了。你们当中如果有人像他那样用功，我也可以宽容。当法拉第装订一部百科全书，翻到电气一章，只有两面，他看完觉得不够味，说我将来要写一本电气的书。法拉第的科学生活虽得力于进了皇家学院以后，但当他做徒弟的时候，倘使遇不着利波老板的识拔宽容，这根科学的幼苗早已被人摧残了。

除了这两个早在陶行知心头萦绕的远因外，用他自己的话说，这次回国以后，又增加了三个新的近因。一是法国邮船上的见闻：

> 一九三八年我从埃及坐了一只法国邮船回国，出了红海，看见一位四岁光景的外国小孩在甲板上跳舞，细看才知道他是配着的开放的留声机片跳舞，他是很快乐的在甲板上活跃，因为留声机是开放着一支快乐的曲。我异想天开，竟要求换一张悲哀的片子，看这孩子表情有何变动。当这悲哀的片子一响，孩子立即变容，如泣如诉，好像是失掉亲爱的人一般的舞去。我再问有革命的片子否？开留声机的朋友说，《马赛曲》如何？我说甚佳，《马赛曲》一开，小孩立即拿着拳头冲锋，作种种战斗表演，甚至做出向客人进攻之姿势。我看了以后，下一判断，小孩之音乐天才，四岁后可测验，测验确实，便应及时培养。①

二是湖北临时保育院之所见：

> 汉口沦陷前二十天光景，我们看见一位害瘋痫的小朋友在那儿指挥许多小朋友唱歌，我请了一位音乐家教给他音符和拍子，他三天竟能将一支不曾听过的歌用音符记录下来。一个没有音乐才干的人是三年也不见得能学会。②

---

① 陶行知：《致育才之友书》，江苏省陶行知研究会、南京晓庄师范学校：《陶行知文集》，江苏教育出版社 2008 年版，第 872 页。

② 陶行知：《致育才之友书》，江苏省陶行知研究会、南京晓庄师范学校：《陶行知文集》，江苏教育出版社 2008 年版，第 872—873 页。

三是在重庆临时保育院所受之感触：

> 二十七年十一月，参观临时保育院，院长告诉我，常有达官贵人大学教授来院挑选干儿子，当着难童说，这个秃子不要，这个麻子不要，这个嘴唇缺的不要，那个长得好我要。这些失掉父母的难童于今还要受这难受的刺激，听到令人愤慨。当时我表示我若来选，只问他有无才干。倘使有才干，虽是秃子、麻子、缺嘴都要。我不要他们做干儿子，只是为民族培养人才的幼苗。①

这五个印象在陶行知的“脑子里各各独立存在了很久”。当他第二次回到香港时，忽然这几个意思凝聚起来了：“几年来普及教育中的遗憾须求得补偿，选干儿子的做法，应变为培养国家民族人才幼苗的办法，不管它有什么缺陷，只要有特殊才能，我们都应该加以特殊之培养。”② 这样创办育才学校的动机就明朗了。在“1939 年 1 月的一天晚上正一时，我就草拟育才学校创校计划与预算”，“请张仲仁（一麟）先生领导创立董事会，延且得到赈委会许俊人（世英）先生之同意而实现”，育才学校校董会于 3 月在香港成立，张一麟任董事长，由赈委会负担全部经费，拨给开办费 45000 元，经常费每月 3000 元，陶行知于是用全部时间投入到育才学校的创办工作。为了在重庆立足，他与社会各界开展了广泛的接触，并专门给宋美龄写了信，请她支持③。

陶行知苦心“创办育才的主要意思在于培养人才之幼苗，使得有特殊才能的幼苗不致枯萎，而且能够发展，就必须给予适当的阳光、空气、水分和养料，并扫除害虫”。陶行知的这个美好理想在育才学校得到较为完满的实现。

为把育才学校办成培养人才幼苗的一所理想学校，陶行知有条不紊地着手进行各项开办工作，亲自制订了《育才学校教育纲要草案》。他在香港筹募到经

---

① 陶行知：《致育才之友书》，江苏省陶行知研究会、南京晓庄师范学校：《陶行知文集》，江苏教育出版社 2008 年版，第 873 页。

② 陶行知：《育才学校创办旨趣》，《陶行知全集》第 3 卷，湖南教育出版社 1985 年版，第 376—377 页。

③ 陶行知：《育才学校创办旨意——致宋美龄》，《陶行知全集》第 5 卷，湖南教育出版社 1985 年版，第 366—367 页。

费以后，立即到四川，与生活教育社的战友王洞若、戴伯韬（白桃）、帅昌书（丁华）、魏东明、陆维特等人（他们都是共产党员）商量，要求他们一道来创办育才学校。在他们的积极参与下，1939 年 5 月，在四川省重庆市北碚清凉亭成立育才学校筹备处。由王洞若协助陶行知制订办学计划，请马侣贤负责筹募经费和租借校舍，请陆维特、孙铭勋、张望等组织选拔测验组。经保育院的领导机关——战时妇女指导委员会的同意，选拔测验组于 1939 年夏天分赴各地保育院、孤儿院等难童机构，以智力测验、文化考查及特殊能力的考察三个方面综合分析择优选拔儿童入学。各项工作进行得颇为顺利。1939 年 7 月 20 日，这所培养人才纳苗的少年专科性质的新型学校——育才学校在重庆北碚北温泉诞生。8 月初，迁到草街子凤凰山上的古圣寺正式上课。头一批到校学生 40 余人，开课时有学生 71 人，到年底增加到近百人，第二年增加到 152 人。以后每年都陆续有新同学增加，也有从外省不远千里跋涉而来的。

陶行知明确提出："育才学校根据中华民国教育宗旨及抗战建国需要，用生活教育之原理与方法，培养难童中之优秀儿童，使成为抗战建国之人才。"① "要为整个民族利益造就人才"，便须"引导学生团结起来做追求真理的小学生；团结起来做自觉觉人的小先生；团结起来做手脑双挥的小工人；团结起来做反抗侵略的小战士"②。他认为："真的集体生活必须有共同目的，共同认识，共同参加。而这共同目的、共同认识和共同参加，不可由单个的团体孤立的建树起来。否则，又会变成孤立的生活，孤立的教育，而不能充分发挥集体的精神。"③ 陶行知借用孟子的话："先立乎其大者，则其小者不能夺也。"他认为，"我们中国现在最大的事"是"团结整个的中华民族，以打倒日本帝国主义而创造一个自由平等幸福的中华民国。我们的小集体要成了这个大集体的单位才不孤立，才有效力，才有意义"，他反对把学校作为培养只求个人"升官发财"的"人上人"④。为此，他要求育才学校的教学密切结合社会实

① 陶行知：《育才学校教育纲要草案》，《陶行知全集》第 3 卷，湖南教育出版社 1985 年版，第 366 页。

② 陶行知：《育才学校创办旨趣》，《陶行知全集》第 3 卷，湖南教育出版社 1985 年版，第 378 页。

③ 陶行知：《育才学校创办旨趣》，《陶行知全集》第 3 卷，湖南教育出版社 1985 年版，第 378 页。

④ 陶行知：《育才学校创办旨趣》，《陶行知全集》第 3 卷，湖南教育出版社 1985 年版，第 379 页。

际，把培养学生的人生观放在首位，德智体美劳全面发展，尤重德育。他要求实施“智仁勇合一的教育”，培养“智仁勇兼修的人”，“不智而仁是懦夫之仁；不智而勇是匹夫之勇；不仁而智是狡黠之智；不仁而勇是小器之勇；不勇而智是清淡之智；不勇而仁是口头之仁”。他强调“道德是做人的根本，根本一坏，纵使你有一些学问和本领也无甚用处。没有道德的人，学问本领愈大，就能为非作恶愈大”，他把道德看作是“建设人格长城的基础”①。为帮助学生树立革命人生观，取消了国民政府教育部颁发的“公民”、“社会”课，而开设了社会发展史、政治经济学等马克思主义理论课，还专设劳动课，结合形势，举办时事讲座。育才学校在各项工作中，坚持了正确的政治方向，终成为革命人才的摇篮。

建立一支政治素质好、专业知识强、忠诚于人民教育事业的教职员工队伍，是陶行知办育才学校成功的重要经验。陶行知团结了一批志同道合、与他长期共同奋斗的生活教育社的战友，作为骨干办学，建立起校务部（方与严为主任）、总务部（马侣贤为主任）、研究部（王洞若为主任）与生活指导部（帅昌书为主任）等精干的校级领导机构，又请了当时堪称第一流的专家担任各个专业级的主任与教授。他们不仅是学有专长的学者、专家，而且多是有强烈的爱国思想的志士。先后来校担任教学的：音乐组有任光、贺绿汀、姜瑞芝、李凌、任虹、范继森等，戏剧组有章泯、水华、舒强、沙蒙、刘厚生，舞蹈组有戴爱莲、吴晓邦、盛婕，美术组有陈烟桥、张望、汪刃锋、许士祺、丰子恺、王琦、叶浅予、华君武等，文学组有艾青、力扬、魏东明、陆维持、徐荇等，社会组有孙铭勋、廖意林、苏永扬、屠公博等。还请来许多名流、作家如翦伯赞、田汉、何其芳、吴玉章、邓初民、周谷城、秦邦宪、萨空了、徐迟、姚雪垠、黎国荃、陆诒等来校兼课或讲学。学校还办了“林间讲座”，特邀郭沫若、夏衍、曹靖华、刘白羽、周而复、周扬、邵荃麟、艾芜、戈宝权、沙汀、程今吾等去演讲。人才济济，极一时之盛，充分显示出陶行知的善纳众流、器度宏大的办学才能与育才学校的兴旺。后来学校还派学生到设在重庆的中央乐园和音乐学院去学习、请教。名师出高徒，有了这批优秀的园丁，才使凤凰山上繁花似锦，育才学校培养出了大批人才。

---

① 陶行知：《每天四问》，《陶行知全集》第3卷，湖南教育出版社1985年版，第471页。

育才学校地处穷乡僻壤，物质条件很差，怎么能留得住这么多的名人来校服务呢？这除了当时处在抗日战争大背景中外，还与许多进步知识分子聚集在陪都重庆有关。他们把投身育才学校，培养有为少年，视为献身民族救亡的实际行动，政治觉悟是这批师资的内在动力，而陶行知善用人才，能团结大家共同奋斗，使育才的教职员工都能各得其所、各尽所能地贡献自己的力量与才智。

育才学校的实验内容与措施主要是基础知识与专业技能并重，注重知情意合一的教育、创造教育，重视学生的集体生活以及课堂教育与校外教育、社会活动相结合，分别如下：

基础知识与专业技能并重。为了“使得特殊才能的幼苗不致枯萎，而且能够发展”[①]，陶行知在创办育才学校时就确定基础教育与专业教育并重。按学生的特长分专业编组，给予不同的专业教育，开始设立音乐、戏剧、文学、绘画和社会科学五个相当系科的组，后来又增设了自然科学组、舞蹈组与普通组。各专业组吸收有一定特长或条件的同学，普通组则吸收智力较高，但一时尚未发现某种特殊才能的儿童，一俟在学习的过程中发现其特长时，即转组学习，给以特殊培养。

陶行知在长期的生活教育实践中，已日益明确了生活教育采取“教学做合一”的原则，不应放松基础知识、基本理论的教学，相反，不论何种专业，都应学好四门共同必修课：语文、数学、外语和科学方法（相当于思想方法论）。他认为这四门基础课是掌握现代科学、开发现代文明的“四把钥匙”，是每一个学生都应认真学习的。所以学生又按文化程度编成不同年级，学习语文、数学、物理、化学、历史、地理、英语、哲学常识、音乐、体育等文化必修课（基础课）。除了共同必修课，又视不同专业规定专业课程，名曰特修课，还开设第二外语，成立各自的科研兴趣小组。如文学组开设西洋文学史、中国古代文学史、名著选读、习作。音乐组开设弦乐、声乐、键盘、视唱。自然组开设科学新知识、物理、化学、代数、几何、解析几何、动物、植物、制作（木工）、天文学。根据自然组的需要，尤重外语学习。德国科学发达，所以确定德语为第二外语。社会组开设辩证唯物主义与历史唯物主义、

① 陶行知：《育才学校创办旨趣》，《陶行知全集》第3卷，湖南教育出版社1985年版，第377页。

社会发展史、新民主主义论、整风文献等。

育才学校分专业培养人才，但“和传统的人才教育办法有所不同”。陶行知认为：

> 传统的人才教育，一般是先准备普通的基本教育，然后受专门的高等教育。我们的办法是不作这样严格的时间上的划分，我们选拔具有特殊才能的儿童，在开始时便同时注意一般基础教育与特殊基础教育。前者使儿童获得一般知能及优良的生活习惯与态度；后者给予具特殊才能之儿童以特殊营养，使其特殊才能得以发展而不致枯萎，并培养其获得专门智能之基础。表面上看来，这是一般基础教育与专科基础教育之过早的区分，但根据我们的办法，这是及早防止一般基础学习及专科基础学习之裂痕。我们要及早培养儿童对于世界和人生一元的看法。倘若幼年的达尔文对于生物浓厚的爱好是发展伟大的进化论者达尔文的条件之一，那么今天提早发展儿童之个别优异倾向，实在有其理由。倘若中国近年来文化工作之脱离广泛社会实际生活，和技术专业家之缺少正确的认识可以作为殷鉴，那么，今天便在一般基础教育与特殊教育中予以统一，防止那样的分裂倾向，实在有其必要。①

由于陶行知在培养专业人才一开始即重视基础知识和系统理论，并使二者正确结合，所以培养出来的、以后成名的专家，都是基础雄厚、造诣高深的人。

注重知情意合一的教育。育才学校还注重知情意合一的教育。陶行知针对“中国数十年的新教育是知识贩卖的教育”这个弊病，而赞成“有心人曾慨然提倡感情教育，知情意并重的教育”，但他又批评那种把知情意三者“割裂的训练”，孤立的感情教育。他说：

> 书本教育也许可以使儿童迅速获得许多知识，神经质的教师也许可以使儿童迅速地获得丰富的感情，专制的训练也许可以使一个人获得独

① 陶行知：《育才学校教育纲要草案》，《陶行知全集》第3卷，湖南教育出版社1985年版，第366—367页。

断的意志，但我们何所取于这样的知识，何所取于这样的感情，何所取于这样的意志？知情意的教育是整个的、统一的。知的教育不是灌输儿童死的知识，而是同时引起儿童的社会兴趣与行动的意志。情育不是培养儿童脆弱的感情，而是调节并启发儿童应有的感情，主要的是追求真理的感情；在感情之调节与启发中使儿童了解其意义与方法，便同时是知的教育；使养成追求真理的感情并能努力与奉行，便同时是意志教育。意志教育不是发扬个人盲目的意志，而是培养合于社会及历史发展的意志。合理的意志之培养和正确的知识教育不能分开，坚强的意志之获得和一定情况下的情绪激发与冷淡无从割裂。现在我们要求在统一的教育中培养儿童的知情意，启发其自觉，使其人格获得完备的发展。①

注重创造教育。陶行知在《育才学校创办旨趣》中就做过设计，把育才学校作为“生活教育运动中的一件新发展的工作”，一种创造性的实验。1941年6月出版的《战时教育》第6、7、8期合订本上，他发表了《育才二周岁之前夜》的长篇论文，提出“集体创造”的主张。他说：“集体创造的目的在运用有思考的行动来产生新价值。我们虽不能无中生有，但是变更物质的地位，配合组织，使价值起质的变化而便利于我们的运用。这也构成普通功课之一部分，使学生在集体创造上学习创造。”他将这年6月20日到7月20日定为“集体创造月”，并开始有领导、有计划地进行，要求师生们用脑又用手，“创造健康之堡垒”、“创造艺术之环境”、“创造生产之园地”、“创造学问之气候”，迎接二周年校庆。8月1日，陶行知又在育才学校宣布“创造年”开始，制订了《创造年计划大纲》和《育才创造奖办法》，提出了“一切为创造，创造为改善生活、提高生活”的号召。

这个时期，陶行知撰写了许多鼓励大家发挥创造性的文章、诗歌，其中最有名的是《育才十字诀》、《创造年献诗》和《创造宣言》三篇。陶行知认为在一个有志者来看，“处处是创造之地，天天是创造之时，人人是创造之人”，“只要有一滴汗，一滴血，一滴热情，便是创造之神所爱住的行宫，就能开创造之花，结创造之果，繁殖创造之森林”。

① 陶行知：《育才学校教育纲要草案》，《陶行知全集》第3卷，湖南教育出版社1985年版，367—368页。

在陶行知创造教育思想的指导下，育才学校出现了一片浓厚的创造气氛，学生激发起创造的兴趣，发挥了创造的才能，出现了创造的成果。靠全校师生自己动手，克服了物资供应上的种种困难，在不到一年的时间里，建起了露天舞台、深湾游泳池、林中讲座、环校马路等。在学业的创作上，有儿童文学、剧本、歌曲、舞蹈、美术、史地材料、自然科学实验、科学仪器工具等方面的创作百余种，全校掀起创造风。1941 年，学校还设立了“育才幼年研究生”制，吸收幼年研究生 27 人。他们在各专业老师的指导下，进行专题研究，有的从地下发掘的残碑断砖、和尚坟墓中考证了古圣寺的历史，有的研究苏德战争，写出了长达 20 万字的论文，受到翦伯赞教授的赞扬。

注重集体生活。陶行知教育思想在育才学校的成功之处，也是育才学校的最大特色之一，是整个学校生活组成了一个和谐的有机的整体，形成了奋发向上的优良校风。这也是陶行知对生动活泼的集体生活的理想的试验与实现。

陶行知认定要用集体生活来达到他的创造教育的理想与计划，全校师生共同创造合理、进步、丰富的生活，形成优良的学风与校风，建设理想的成才环境，并通过这种集体生活来教育儿童，引导他们团结起来做追求真理的小学生，团结起来做自觉觉人的小先生，团结起来做手脑双挥的小工人，团结起来做反抗侵略的小战士。

在陶行知看来，这种集体生活也是民主集中制的体现。在民主方面，启发学生的自觉、自动、自治，生动活泼地发展个性；在集中方面，注意组织生活与严肃整齐，注意教师的辅导，防止散漫与自流。陶行知有一句名言是“办学如治国”①，要求有好的政治气候与社会环境。一个学校的理想环境是革命性与艺术性统一的环境，一种井然有序的环境。他要求“阵有阵容，校有校容，有其内必形诸外”，他认为军风不正必吃败仗，校风不正就会把青年引上邪路，出不了人才。按照“生活即教育”的原理，“育才学校的生活与教育是统一的，它认定劳动生活即是劳动教育，用劳动生活来教育，给劳动生活以教育；它认定健康生活即健康教育，用健康生活来教育，给健康生活以教育；它认定政治生活即政治教育，用政治生活来教育，给政治生活以教育；

① 陶行知：《不能用人之长，便是自己短——致马侣贤》，《陶行知全集》第 5 卷，湖南教育出版社 1985 年版，第 397 页。

它认定文化生活即文化教育，用文化生活来教育，给文化生活以教育”。“育才学校的集体生活，在其总的意义上来说，便是一种政治生活。也就是说，育才学校的政治教育笼罩着整个集体生活。”① 全校师生在健康、进步的集体生活中潜移默化，共同提高。

课堂教育与校外教育、社会活动相结合。陶行知的生活教育理论在育才学校有了多方面的发展，“社会即学校”的主张得到了进一步贯彻。有计划地开展各种形式的社会活动，是育才学校整个“教学做”活动的有机组成部分，是陶冶青少年革命情操、培养学生“生活力”的重要途径。

为使课堂教育与校外教育、社会活动有机地结合起来，育才学校有计划地定期组织学生深入社会、接触实际，并规定每个星期一下午，有时加两个晚上，学生须分批去搞社会调查，开展群众工作，让学生养成与工农群众打成一片的感情与习惯。具体方法因时而异，多数是去附近农村，也有去工厂的。更多的是到附近农村去，分头访贫问苦，送教上门，送医上门，治疗小病小伤，教农民、小煤窑工人及他们的子女识字、唱歌，讲抗日道理，打扫卫生。同学们亲切地称这些活动为“走亲戚”。“走亲戚”对同学们帮助很大，也受到老百姓的欢迎。育才学校还组织见习团去工厂、农村、艺术团体、科研单位等调查、实习，最后，以见习成绩向全校及社会汇报。

校外活动更有影响的是各组结合专业、发挥特长，开展各类宣传活动。绘画组的同学们在“为老百姓而画”的响亮口号鼓动下，背起画夹到民间去，“到老百姓的队伍里去画，跟老百姓学画，教老百姓学画”②。他们成立了“育才美术团”、“儿童美术团”，举办“抗敌儿童画展”，得到了各界的好评，重庆《新华日报》于 1942 年 1 月 12 日在第 2 版还做了专题报道。冯玉祥将军专门写了《小艺术家赞——为育才学校儿童画展而作》加以赞扬。

音乐组经常到校外举行演奏会，据当时重庆《新华日报》报道，从 1940 年到 1946 年 6 年中仅在重庆即举行了 14 场音乐会。戏剧组的活动也很出色，他们常到外地公演。每次演出，从前台到后场，从布景到灯光、效果，一切

① 陶行知：《育才学校教育纲要草案》，《陶行知全集》第 3 卷，湖南教育出版社 1985 年版，第 370 页。

② 陶行知：《大众的艺术》，《陶行知全集》第 3 卷，湖南教育出版社 1985 年版，第 582 页。

由学生自理。这样的演出对育才学校的师生来说，既是政治上生动的自我教育，也是有益的艺术实践，从“做”中学习。舞蹈组虽然建立较晚，也不甘落后，演出不少进步的歌舞剧。文学组更是全校创作、宣传活动中的骨干，他们先后组织了“佚名社”、“榴火社”、“浪花社”，开展文艺创作、举行诗歌朗诵会，配合抗日宣传。社会学组同学在城市、集镇作街头演出，收到了很好的效果，成为一支救亡宣传的轻骑兵。自然组的同学，也进行了富有专业特色的社会活动。他们运用学到的知识，开展了凤凰山林木普查，给各类树木逐棵挂上牌子，标出学名、俗名、差别、特性和用途等，然后请专家与老农鉴定。同学们还在老师的指导下，建立“鸟类迎宾馆”、“昆虫招待所”、“植物园”、“水族馆”等，对动植物的习性分类研究。他们还研究从凤凰山到北温泉十几公里区域的植物与土壤，为种植业提供可靠数据，直接为农民、为农业服务。他们还举行兴趣盎然的“谈天会”，观察星斗，共同探索太空的奥秘。他们还开展科普宣传，通俗讲解自然科学的历史，如爱迪生的历史，他怎样发明电影、留声机等生动故事。育才学校的女同学，还帮助附近村落成立“妇女合作社”，有组织地制鞋、缝衣，送到城市出售，开辟生财之道，还帮助妇女扫盲读书。

多种多样的社会活动，破除了先生教死书、学生读死书的沉闷空气，培养了学生理论与实践密切结合的思想方法，增强了同劳动人民的亲密联系，还大大提高了学习兴趣。学生在教学做合一的生活中，感到的不是枯燥无味，空洞无物，而是生动具体，饶有兴味，越学越有趣，越学越有劲。这样的学习生活，使青少年的德智体美劳全面发展，知情意行的培养高度统一。

育才学校是陶行知在继晓庄师范、山海工学团之后创办的又一所新式学校。陶行知在该校从事的生活教育实验，在理论和实践两个方面都取得了丰硕成果。

从理论方面来看，陶行知在育才学校的生活教育实验，突出集体生活和政治教育，注重教师的主导作用，强调基础知识与专业技能并重，这都较晓庄师范、山海工学团时期有了长足的进步，表明陶行知的生活教育理论正在克服此前的某些不足，进一步深入轰轰烈烈的抗战生活，与时代的任务和前进的人群相统一，变得更加丰满成熟。

从实践方面来看，陶行知在育才学校的生活教育实验，注重培养追求真理、追求进步的青年，培养勇于为祖国、为人民奉献生命的革命战士，造就了一大批杰出人才。育才学校从 1939 年开办到 1946 年陶行知还健在时，共招收学生 410 人；他们后来的去向，据不完全统计，去延安革命圣地的有 22 人，去中原、华北、苏北、皖南、浙东、云贵等根据地的有 76 人，去川东华蓥山同江姐开辟革命根据地的有 23 人，参加《新华日报》社工作的工人，在成渝一带参加地下革命斗争的有 13 人①。总计有 140 多人走上直接的革命工作岗位，占总数的 1/3 强。此外，有许多同学也都在不同的条件下为人民服务，有些人在艺术、科学、文教部门经过长期磨炼，成为出色的专家与领导干部。当年育才学校音乐组的同学现在有的已成为北京、上海音乐学院的重要教师、音乐界重要的作曲家和演奏家，其他组的情况也是桃李芬芳②。

四、重庆社会大学的生活教育实验

社会大学是陶行知成人业余教育理论的一次重要实践，它验证和发展了陶行知的生活教育理论。对于办一所大学，陶行知早有考虑。早在 1936 年，陶行知就提倡要办一所“民族解放的大学校”，这所大学校要比中央大学“大二三十万倍”。它不需要花几百万元钱去建造像武汉大学那皇宫一般的校舍，所有工厂、农村、店铺、家庭、戏台、茶馆、军营、学校、庙宇、监牢都可以成为这个大学校的分校。这实际上就是无形的社会大学。由于当时全民族正处抗日救亡的“国难”之中，因此，当时陶行知没有具体考虑如何筹办。

抗战胜利后，国内进入一个新的阶段，出现了一个短暂的和平时期。毛主席亲临重庆与国民党谈判，签订了《双十协定》。该协定提出：“以和平、民主、团结、统一为基础……长期合作，坚决避免内战，建设独立、自由和富强的新中国”，召集政治协商会议，协商国事。当时，和平与民主是全国人民的愿望。

---

① 吕长春：《育才学校的优良传统》，北京市陶行知研究会：《陶行知研究》，湖南教育出版社 1987 年版，第 151 页。

② 陶行知：《育才学校的创办》，《陶行知全集》第 3 卷，湖南教育出版社 1985 年版，第 552 页。

为了促进重庆的民主运动的开展，陶行知主持的生活教育社等团体，每周星期六在管家巷28号育才学校驻渝办事处举办民主讲座，周恩来同志也曾去讲过形势和任务问题。许多来听讲座的进步青年，要求进一步组织起来，较系统地学习革命理论。青年们的要求，由金秀堤、周西平、陈作仪、王性容等向中共中央南方局负责青运的刘光做了汇报。刘光很支持，要大家团结起来想办法，组成学习的团体。1945年12月，当金秀堤等向陶行知汇报青年要求组织起来学习的心愿时，陶行知具体地提出创办一所以培养在业青年为主的文科夜大学的设想。陶行知说："有这个计划已经十年了，但过去政治条件不允许，现在政协成功了，可以办了。"不久，由陶行知和方与严召集茶话会，专门研究筹办社会大学的问题。陶行知在会上阐述了办社会大学的意义和方法。会后，就由金秀堤、翁维章、李企实、章增扬、徐健等出面，在一次民主讲座上提出筹办社会大学的倡议，得到了热烈的响应。由于各方面的积极支持，整个筹备工作只进行了20多天，社会大学于1946年1月15日在重庆市管家巷28号院内开学了。在举行开学典礼的那天，冯玉祥、张澜、沈钧儒、史良、饶国模、任宗德、周宗琼等到会讲了话，周恩来也亲自出席。当时有学生197人。

陶行知认为，办好一个大学，必须具备三个条件：要有热心的教授，要有好学的学生，要有正确的办学宗旨。对此，他借用四书上的一句话，加以修改，赋予新的内容。他说："大学之道，在明民德，在亲民，在止于人民之幸福。"① 在社大开学典礼上，他进一步阐述了"明民德"的内涵：

> 要使人民头脑觉悟，自己起来作主人，自己团结起来，联合起来，要不让公仆造反，要公仆为老百姓服务，去谋求自己的解放，达到捣毁旧的、痛苦的地狱生活，创造新的世界，新的生活。这就是我们新的人民大学之道，就是社会大学的宗旨。

社会大学的培养目标就是要培养既愿意接受大众领导，又能领导大众的人才。换言之，就是培养能为大众服务的人，使社会上各种人都成为对社会

① 陶行知：《社会大学运动》，《陶行知全集》第3卷，湖南教育出版社1985年版，第586页。

有用的人才。

关于社会大学的教育方针，李公朴与陶行知商议后提出，以人格教育、知识教育、组织教育、技术教育等四项为社会大学的教育方针。李公朴具体解释：人格教育是以革命的人生观和正确的宇宙观的建立为中心，而这又是四项教育的重点、核心。知识教育以社会科学，特别是政治经济学为主。组织教育就是培养和发展每一个人的组织能力。技术教育着重自动的、集体的学习方法。

根据陶行知提出的“自己来发起，自己来筹款，自己选校董，自己选校长”的办法，民主集议决定请冯玉祥、张澜、沈钧儒、饶国模、任宗德、史良、陶行知、李公朴诸人为校董，公推冯玉祥为董事长，推举陶行知为校长、李公朴为副校长兼教务长（李去昆明后，由方与严继任教务长），又在常来听民主讲座的青年中，选金秀堤、周西平为教务工作人员，翁维章为部务工作人员。在中共的支持和各界进步人士吴玉章、郭沫若等的赞助下，很快聘齐了一批教授。在重庆社会大学任教的有翦伯赞、华岗、邓初民、许涤新、王昆仑、侯外庐、罗克汀、章乃器、何思敬、徐荇、宋云彬、杨晦、胡风、何其芳、骆宾基、黄芝岗、力扬、艾芜、曹靖华、潘菽、孙起孟、李公朴、陶行知、方与严、孙铭勋、陈翰伯、张友渔、宣谛之、章汉夫、于刚、潘天亮、田汉、巴金等人。还另有许多著名人士也到重庆社会大学讲学。邓颖超也被请去讲了妇女问题，秦邦宪、邓发、冯玉祥、黄齐生、于怀（乔冠华）等也作过专题讲座。

关于社会大学的入学与招生问题，陶行知说过，只要能听讲又能记笔记，便有入学资格。在正常情况下，学生是来一个，收一个；来两个，收一双；来一千，收一千；来一万，收一万。陶行知说，全中国四万万五千万，全世界二十万万二千万，如果愿意这样干，都欢迎入这个大学堂。重庆社会大学基本上是按照这一原则来招生的。学生多为职业青年，有小报童，公共汽车售票员，在码头上干苦力的小力夫，剧团里的小演员等。由于当时的客观环境，每个学生的入学都要有一位政治上倾向进步的人士做介绍，以避免国民党特务分子混入。不过，进入社会大学要履行一定的入学考试手续。考试内容为：(1) 论文一篇，题目是《民主世界与新中国之创造》；(2) 中文自传一篇；(3) 英文自传一篇；(4) 口试（政治审查方式之一）。对一些有志为民族解放而求学的青年，考试分数略微放宽。对一些政治上别有用心的人，严加审查。据了解，当时重庆市国民党政府有关部门，为控制社会大学，专派两名特务前来报名。由于这两人是一位国民党要员介绍的，不能明加拒绝。陶行知及其同仁就用巧妙的方法，让他们参加考试，要求他们用英文写一份详细自传，并作一篇作文，这两个人对英文一窍不通，只得灰溜溜地走了。由于入学审查严格，保证了社会大学同学政治上的可靠性，为后来在严重的白色恐怖下坚持斗争打下了基础。为了统一编班，一般要求新生具有高中毕业水平，以便入学后，能按大学一年级课程上课。

学校的经费有三个来源：一是由中共中央南方局拨付开办费；二是由陶行知以“生活教育社”名义出面募捐；三是向学生收一点学杂费，每人每期两万元（在当时约可以买三四十碗面），确有困难的可以减免。学校的开支也很节省。教师基本是尽义务，许多教师将每小时 1000 元的讲课费（时称“车马费”）也捐给了学校。办事工作人员也都由学生们自己担任，无须另外开支。校舍是借育才学校绘画组的几间教室，作分系上课用。另外，用毛竹篾席夹了一个可容四五百人上全校通课的“礼堂”，名曰“奎杓堂”，此堂也兼作育才学校的学生饭堂。

重庆社会大学是陶行知成人业余教育思想的一种实践，也是“生活教育”理论的创造性实践。这不仅表现在学校的筹建原则是立足于实践中自己创造，自己动手，自己筹款，简便易行；更重要的是体现在教育内容、教育方法上。他们除重视专业知识的学习外，还十分重视学习革命的理论和实践。

学制。社会大学的学制主要有三个特点：（1）按学生的特长和兴趣爱好分系。第一期分四个系：政治经济系、文学系、教育系和新闻系。原拟办民间艺术系，因报考学生不多，遂并入了文学系。第二期因抗日战争胜利，大批公私单位复员和裁撤，工作变动，所以学生流动很大，减少了教育系。第一期入学学生中，计政治经济系 74 名，文学系 54 名，教育系 40 名，新闻系 29 名；（2）上夜课。社会大学学习是每天晚上 6 点 30 分至 9 点 50 分，上 4 节课。社会大学实际上是个夜大学；（3）修业期限，原拟每学期 16 周，全部修业 8 个学期，共计 2 年零 8 个月。第一期因受胜利复员影响，提前两周结业。

课程设置。社会大学的课程分三类：一是公共必修课，各系都要学，采取上大课的办法进行；二是各系专修课，当时因热心的教授很多，都是知名学者，存在“因人设课”的现象，不免重复和庞杂，但各位教授讲授的内容各有侧重，各有特色，仍很受欢迎；三是专题讲座，即把原“生活教育社”举办的星期六“主讲座”改为社大专题讲座，后因华岗教授离渝，他在星期二讲授《中国近百年史》的时间，改作专题讲座时间。专题讲座有全校的，也有各系办的，非本校学生有一定的介绍、证明关系也可以参加听讲，听众有时达到四五百人。

现将第一期的公共必修和各系专修课的课程、授课教授和课时，整理列表如下：

社会大学第一期各系课程表

	一、各系必修课	
课　程	教　授	每周授课时间
中国通史	翦伯赞	二小时
中国近百年史	华　岗	三小时
政治问题	邓初民	三小时
	二、政经系课程	
课　程	教　授	每周授课时间
经济学	许涤新	二小时
现代政治问题讲话	王昆仑	二小时
中国学术思想史	侯外庐	二小时
哲　学	罗克汀	二小时
现代经济问题讲话	章乃器	二小时
宪　法	何思敬	二小时
	三、文学系课程	
课　程	教　授	每周授课时间
语文学	徐　荇	二小时
中国文学史	宋云彬	三小时
文艺思潮	杨　晦	二小时
创作方法	胡　风 何其芳	二小时

作品选读	骆宾基 艾　芜	二小时
民间戏剧	黄芝岗	二小时
诗与习作	力　扬	二小时
苏联文学	曹靖华	每两周二小时

四、教育系课程

课　程	教　授	每周授课时间
教学法	孙起孟	二小时
普通心理	潘　菽	二小时
比较教育	李公朴	二小时
民主教育	陶行知	一小时
生活教育	方与严	三小时
幼儿教育	孙铭勋	二小时

五、新闻系课程

课　程	教　授	每周授课时间
新闻学概论	陈翰伯	二小时
时事分析	张友渔	二小时
社论研究	宣谛之	二小时
报馆管理	于　刚	二小时
美国新闻事业	章汉夫	二小时
苏联新闻事业	潘天觉	二小时

专题讲座的老师和专题有：秦邦宪的《辩证唯物论的几个法则》，邓发的《解放区民主政府的工业和劳工政策》和《欧洲职工运动》（出席世界职工大会后的考察报告），田汉的《西南地区的文化活动》，于怀（乔冠华）的《国内局势问题和国际局势的关系和影响》，柳湜（陕甘宁边区政府教育厅厅长）的《边区民主教育的新气象》，郭沫若的《我怎么研究古代史》等。冯玉祥、沈钧儒、章伯钧等也都来作过专题报告。

第二期继续任教的有张友渔、于刚、罗克汀、艾芜、邓初民、力扬、何其芳等，增聘的教授和所开课程有林辰的《中国文学史》，丁易的《语文学》、《新闻写读》，李光诒的《新闻采访》，田伯萍的《新闻编辑》，张友渔的《新闻学概论》与《时事分析》，孟超的《戏剧选读》，屈楚的《戏剧概论》，聂绀弩的《文学概论》，沈起予的《西洋文学史》，李紫翔的《民主政治与民主宪法》。其他如柳倩、熊复、田家、王亚平、陈白尘、郭则沉、梁漱溟、马哲民、洪沛然、于在、甘祠森、何鲁、老舍、漆鲁鱼等人也授过课和做过专题报告。

从上述课程设置的内容和授课教授的阵容可以看出，社会大学教学的知识性、战斗性和针对性是很强的。教授们在讲授中都很注意联系实际。如许涤新在讲授《经济学》中，就以马克思主义政治经济学的观点分析了当时中国社会的经济形态；邓初民在讲授《中国政治问题》中，着重阐释了毛泽东《论联合政府》的基本观点，联系分析了当时旧政协的有关问题；何思敬在讲授《宪法》中，着重批判了国民党的《五五宪草》；等等。不仅使同学们提高了基本理论知识，也更认清了当时时局中的各种问题。

社会大学的课程不限于这些专业课，还十分重视社会实践，并把这种实践与当时的革命形势和革命斗争紧密地结合起来。早在 1937 年抗日战争全面爆发前，陶行知就说过，民族解放大学校可以说从生到死，是一个终身的过程，它的主要一门功课，就叫“民族解放教学做”，也可以说是“救国教学做”。先生教什么？教救国。学生学什么？学救国。这门功课所包括的内容，都是以民族解放的实际行动为中心。有计划有组织的各种实际行动的过程，这些“便是这个大学的课程”①。

重庆社会大学也同样非常重视革命理论的学习和社会革命的实践。例如，新闻系的学生除学新闻学概论、编辑学、采访学等专业课程外，还参加社会调查、时事政治问题的讨论和一些专题辩论，并利用各种机会进行写作采访等实习。虽然重庆社会大学是处在国民党统治区的战时首府，学生的实习受到很大限制，但在中国共产党南方局的正确领导下，通过统一战线，尽量为社会大学的同学提供实习的条件，如中共的机关报《新华日报》、民主同盟的《民主报》，都为社会大学的学生提供了发表消息、通讯、文章、影评、剧评的条件。那时，《民主报》有些领导人，虽有国民党这样或那样委员的头衔，但工作人员中有不少编辑、记者都是共产党员、进步人士，特别是那些报纸

---

① 陶行知：《民族解放大学校》，《陶行知全集》第 3 卷，湖南教育出版社 1985 年版，第 16 页。

的副刊，往往是掌握在共产党地下党员手中，相互暗中联络，就成为社会大学学生发表调查报告、政治经济论文和文学艺术作品的一个渠道。

尤其重要的是，同学们都积极参加了当时革命斗争的社会实践。除了许多同学各自在地下党组织的领导下，参加地下斗争之外，社会大学作为一个集体，是站在当时民主运动的前列的。社会大学一成立，就组织同学们参加了“沧白堂事件”和“较场口事件”的组织工作和保卫工作。1947 年初，又参加了“抗暴运动”的示威游行和宣传活动，有十多人被敌特毒打致伤，更有政治经济系的韦德富同学因此被捕，后牺牲在匪特“中美合作所”的集中营。随后组织一些同学到农村参加武装斗争，筹集经费，采购军械、医药、电讯器材，支持武装斗争。另一部分同学参加各期《挺进报》的发行和收听消息，编刻、印发的工作。他们协助中共川东地下临委清理组织，做好迎接解放的各方面工作。

学习与考核。社会大学实行“自学为主、教授为辅”，提倡“学、教、做”结合，强调“主动、实践、集体”。各系均编成学习小组，实行学习互助，开展课堂讨论，进行专题研究。当时，专题研究比较风行，题目都是结合实际选定的，如“中国封建社会问题”、“哲学问题”、“文学上的现实主义问题”等。此外，校、系学生自治会还组织有读书研究组、笔记组、时事研究组、戏剧研究组、音乐研究组等，学生可自由选择参加。各系都办有壁报，每周一期，刊载同学们的学习心得和研究报告。社会大学第二期新闻系还办有油印的《社大新闻》。它交换学习情况、反映同学中的动态以及对当前政治上有关问题的表态。社会大学也有社会实习，如新闻系就是到《新华日报》去实习的。

学期终结时，从五个方面进行考核考试：（1）对本学期的每门课程，根据“学、教、做”结合的精神，写出心得，说明学到什么，教给了别人什么，做到了什么，作一个学习总结；（2）问题回答。实行开卷考试，可以翻阅资料，允许交换意见，留给撰写时间，但要求写自己的真正认识；（3）各小组写出小组学习总结，作为集体的答卷；（4）组织集体专题研究。每个专题组织 2—7 人不等，自选题目，自由组合，分头准备，集体研究，写成报告；（5）每人写一篇一学期来的学习、生活的态度和作风上的自我反省。

采取这样的学习内容和学习方法，同学们都很有兴趣，很自觉。虽然白天有沉重的工作负担，晚上又有浩繁的学习任务，但同学们大都进行得生动活泼，表现得生龙活虎，感到“日新又日新”，收获很大。

社会大学这样性质的学校在重庆出现，对于国民党反动派来说，显然是一个危险的“异端”。它一方面受到中国共产党的领导和各界进步人士的关怀和热情支持，一方面遭到国民党反动派的极力破坏。这两种力量在社会大学身上表现出鲜明的对比，形成了尖锐的斗争。

反动派是不甘心社会大学存在的。早在成立之初，1946 年 2 月 16 日，国民党教育部就“训令”重庆市教育局“视察”社会大学。3 月 7 日视察大员一来，就左右挑剔，一说社会大学不像大学，二要社会大学履行立案手续，三要社会大学筹备基金。国民政府教育部批有社会大学“设备简陋”的批语。对此，陶行知说，说“简”则有之，我们承认。只有简才容易行。特别是在中国，不需要一些东西，如住房、基金、立案之类的阻挠，要新的大学之道，“君子为之，何陋之有”①？把他们顶回去了。

国民党政府发动全面内战之后，对社会大学的迫害越来越严重，最后终于下了毒手。1947 年 3 月 1 日，国民党政府查封《新华日报》并包围中共四川省委，次日，又武装搜查育才学校城区办事处并查封了社会大学。反动派就以这样卑鄙无耻的手段扼杀了仅仅存在一年零一个半月的社会大学，社会大学的生活教育实验也随之而中止。

社会大学是抗日战争胜利之后在中共中央南方局支持下由陶行知创办的一所革命的新式学校。它从诞生之日起，就成为当时重庆人民革命的民主运动的一座堡垒，成为陶行知生活教育理论的实验基地。尽管其存在时间不长，但对生活教育理论和实践的发展起了重要作用。

陶行知在社会大学的生活教育实验，提出了两种社会大学理论（即有形的社会大学与无形的社会大学），具体论述了有形的社会大学的内容，包括夜大学、早晨大学、函授大学、新闻大学、旅行大学、电播大学等。这是对生活教育理论中“社会即学校”思想的具体化和丰富化，对于当今中国推进非正规教育，使更多的适龄青年有求学深造的机会，具有重要的启

① 陶行知：《谈社会大学》，《陶行知全集》第 3 卷，湖南教育出版社 1985 年版，第 594 页。

示意义。

社会大学的生活教育实验，也推动了当时的民主运动，培养和造就了一批革命干部。不少师生为人民解放事业英勇战斗，奋不顾身，在敌人屠刀下壮烈牺牲，谱写了可歌可泣的一页。幸存下来的人，终于迎来了解放，并参加了建设社会主义祖国的伟大事业。

第三章

教育思想的理论基础

第一节　政治理念

陶行知不仅是伟大的教育家，而且是伟大的政治家。他的政治思想是其精神世界的重要构成部分，因为政治与教育有着密切的关系，只有在良好的政治环境中，才能办出好的教育。因此，陶行知作为教育家必然要关心政治，并且在社会活动与政治实践中形成了自己的政治理念。

一、政治理念的渊源

陶行知的政治思想，是他在从事改造中国社会和文化教育的伟大实践过程中，充分吸收古今中外各种有益的民主思想的产物。早年，为了寻求救国救民之道，他通过广泛地涉猎近代西方各种哲学、社会政治学说和中国古代典籍，接受了近代西方资产阶级的民约论和天赋人权说，林肯的“民治、民有、民享”的共和民主观念，孙中山的三民主义理论，并从中国传统文化中继承了儒家的“民贵君轻”、“民为邦本”思想，墨家的“兼爱”思想，初步形成了以近代西方民主共和思想为主体成分和核心内容的政治思想。五四以后，特别是 20 世纪 30 年代以后，通过社会实践的磨炼，并在中国共产党人的帮助、影响下，他对中国民族民主革命的对象问题，以及无产阶级及其政党在中国革命中的地位与作用，都有了明确认识，赞同和支持中国共产党的政治主张，并大力发扬中国传统文化中的重民精神，主张“民为贵”、“人民第一、一切为人民”、“天下为公”、“文化为公”，形成了以新民主主义和社会主义民主观为基本内容的新型政治思想，成为一个“无保留追随党的党外布尔什维克”(周恩来语)。

第一，中国传统文化的影响。从中国传统文化中继承了儒家的“民贵君轻”、“民为邦本”思想，墨家的“兼爱”思想，初步形成了以近代西方民主共和思想为主体成分和核心内容的政治思想，形成了亲民、爱民、为民、救民等民本思想的影响，这些政治思想成为贯穿他一生道路与事业的主线，推动着他奋力开拓“中国性”、“平民性”的以人民为本位的文化教育思想路线。

第二，受到西方进化论的影响。在金陵大学求学的5年，正是民族、民主革命浪潮汹涌澎湃之时。在此期间，陶行知广泛涉猎了近代西方各种哲学、社会政治学说，西方的达尔文、赫胥黎、斯宾塞、林肯等人的著作和学说，均在其博览之列，而近人严复、梁启超、孙中山等人的思想尤为他所熟悉。其中，他对严复介绍的进化论、西方资产阶级民约论和孙中山所宣传的资产阶级民主共和思想所下的苦功更非常人所能比。此时，陶行知通过阅读严复译述的《天演论》，开始接触并信奉达尔文的进化论。他认为，人类社会一切现象，都是“天演”（即进化）的结果。没有“天演”，就没有一切。他在为《金陵光》中文报创刊所写的发刊词《〈金陵光〉出版之宣言》中指出，“《金陵光》随学生天演之进步自然发生”[①]，又在毕业论文《共和精义》里说，“共和者，人文进化必然之产物也。使宇宙万物无进化，则共和可以无现；使进化论放诸邦国社会而不准，则共和犹可以无现，无如进化非人力所能御也。进化非人力所能御，即共和非人力所能避”。小至一种具体的刊物，大至一种影响深广的政治学说和体制，莫一不是人类进化之结果。

第三，受孙中山自由平等思想的影响。陶行知自由平等的政治理念是受到孙中山自由平等思想的深刻影响，他在1927年写的《平等与自由》一文中多次提到孙中山的平等与自由思想的精华所在。“中山先生解释平等意义，有很大的贡献。他说，世界上有真平等、假平等、不平等。”[②] 孙中山以人们的立足点来划分这三个概念，提出“大家的立脚点平等，才是真平等”。他还吸收了孙中山着眼于国家利益的自由观，他说：“按中山先生的意思，说到自由，是要求国家之自由。”他在吸收孙中山思想的基础上，提出“现在我们要求中国，亟当抑制个人之自由，切不可火上加油的提倡一盘散沙的自由了”[③]。他还从孙中山栽山芋的方法中悟出人生“出头处要自由”的道理，进而提出

---

① 陶行知：《〈金陵光〉出版之宣言》，《陶行知全集》第1卷，湖南教育出版社1984年版，第3页。

② 陶行知：《平等与自由》，《陶行知全集》第2卷，湖南教育出版社1985年版，第22页。

③ 陶行知：《平等与自由》，《陶行知全集》第2卷，湖南教育出版社1985年版，第23页。

“国家能否得到出头的自由，那就非靠民众之努力与奋斗不可了”①。

第四，受到林肯共和民主观念的影响。他赞同美国总统林肯著名的“三民”原则：“政府者，人民之政府，人民自治以谋人民之福利”，称之为“实共和政治之圭臬焉”，并进一步将其具体化为三点内容。其一，“共和政治图谋国民全体之福利”，给予人民以言论、著述、集会的自由。对于人民的各种建议，“择良而要者施行之”。其二，“共和政治重视共和目的、共同责任”。所以，“共和政治不特有透达既往目的之能力；且有发生将来目的为进步之母”。其三，“共和政治能得最良之领袖”。共和主义承认人民为主权，不是主张无首领，而是主张好首领。“共和首领由民举，必其人能亲民，新民，恤民，然后乃推戴之。即有大奸巨猾，以媚民手段，占窃神器，然朝违民意，夕可弹劾也。”

第五，受到马克思主义的影响。五四期间，随着五四爱国运动的爆发，新文化运动的深入发展，马克思主义开始在中国得到了广泛的传播。在这个巨大的时代潮流的推动下，陶行知开始接触和介绍社会主义。1919 年 3 月，他在《新教育》杂志第 1 卷第 2 期上发表《普鲁士教育之基本改革》一文，向中国教育界、思想界介绍马克思和社会主义。1921 年，在他担任《新教育》杂志编辑和主干（主编）时，该杂志还载文介绍了十月革命胜利后俄国的政治、军事、教育、宗教等各方面的情况，并刊登过列宁的照片。1922 年，他与中国共产党领袖李大钊也有过一些来往。诚然，以上言行虽然没有超出民主主义的思想范畴，但却说明了陶行知对社会主义的向往。他很希望从社会主义中汲取一些有利于改造中国社会和文化教育的思想营养。20 世纪 30 年代初，尖锐复杂的阶级斗争和严重的民族危机，促使在改造中国社会和文化教育的实践过程中一次次碰壁的陶行知去寻求更有力的理论武器。现实生活告诉他，实用主义并不是科学的世界观和方法论，并不能从根本上解决中国的问题，唯有马克思主义才是引导中国人民从黑暗走向光明的伟大火炬。从此，他逐步走出了实用主义思想体系，开始了对马克思主义的系统学习和研究。1933 年春节，陶行知借同乡友人程霖生的寓所（当时陶行知住处），请共产党方面的朋友讲解马克思主义。与严竟成、戴伯韬、王洞若等人一起听讲与讨

---

① 陶行知：《平等与自由》，《陶行知全集》第 2 卷，湖南教育出版社 1985 年版，第 24 页。

论，系统学习了马克思、列宁的著作。3 月 4 日，不顾国民党反动派的法西斯统治，他与蔡元培、叶恭绰、李公朴、陈望道等人共同发起马克思逝世五十周年纪念会，充分表现了追求真理的大无畏气概。为了能直接阅读马列原著，陶行知在 50 岁后，又开始学习俄文。当时的苏联是世界上第一个社会主义国家，出版了大量马列著作，对马克思主义做了系统而广泛的宣传。由于其本人的刻苦学习和他人的帮助影响，陶行知逐步弄清了马克思主义的基本原理，掌握了马克思主义的基本思想方法。1934 年 1 月，陶行知在《生活教育》杂志上发表《行知行》一文，正式宣布放弃他使用了 23 年之久的名字“陶知行”，改为“陶行知”，表示他坚信辩证唯物主义思想。从知行到行知，反映了陶行知哲学思想的飞跃，标志着他的世界观的根本转变。1943 年，他在《创造年献诗》中写道：“行以求知知更行，不知直认为不知。遍览已知求未知，以知与人已愈知。以为武断靠不住，存在从来决意识。解剖内体寻条理，追踪外缘找联系。贯通证据悬断语，屡试屡验验还试。矛盾相生复相克，数量满盈能变质。相推而进正反合，顺沿发展觅定律。”① 说明他此时已完全接受并能娴熟地运用，是一个优秀的马克思主义者了。接受马克思主义为陶行知迅速成长为一个伟大的共产主义战士奠定了思想基础。

二、政治理念的演变

陶行知是热爱祖国、热爱人民、力倡民主的中国近现代知识分子的杰出代表，是一位不断进步成为党外布尔什维克的政治家。他毕生致力于平民教育事业，为人民教育事业做出了伟大的贡献。从“九一八”后，他的政治立场日渐鲜明，政治理念日趋成熟。

（一）爱国主义思想的逐步生成与强化

陶行知早在读书时期即具有鲜明的爱国思想，在美留学期间，他先学市政专业，感到学市政都是为了做官，毅然改学教育，希望通过教育唤醒民众救中国，回国后立即着手改造旧教育。五四运动之后，进步的知识分子纷纷

---

① 陶行知：《创造年献诗》，《陶行知全集》第 4 卷，湖南教育出版社 1985 年版，第 586 页。

到民间去，走与工农相结合的道路，陶行知也积极地投入了群众爱国斗争的行列，尤其是他的欧美之行，为抗日救国宣传做出了杰出贡献。“九一八”事变后，民族危机加深，陶行知坚决拥护党的抗日民族统一战线政策，自觉地把教育与爱国的民族解放斗争结合起来。1936 年，他和沈钧儒、邹韬奋、马相伯发起组织救国会，积极投身于抗日救亡运动。由于他抗日救国无私无畏，成为救国会的群众领袖之一，并受全救会（全国各界救国联合会）的委托，以国民外交使节的身份，到世界各国宣传抗日，动员海外侨胞支援祖国抗日救亡运动，并争取国际友人的同情和赞助，把抗日救国联合战线的种子撒遍世界各地。陶行知在海外奔走了 25 万余公里，历时两年零一个月，足迹遍及 28 个国家和地区。陶行知在欧洲利用一切可能的机会大力宣传抗日救国，他和钱俊瑞、陆璀三人代表中国人民参加了在比利时召开的世界和平大会和世界青年大会；他以中国代表团主席的身份向四千九百余代表报告了日本破坏和平和我国的民众反抗侵略的救国运动，博得了代表的赞助和同情。大会结束时，他被推选为中国执行委员。他在巴黎举行的中国学生会和华侨抗日救国会的欢迎会上，痛陈日本侵华五年罪行，提出只有坚决抗日才能救中国，只有抗日才能不做亡国奴，驳斥“还要等五十年再抵抗”的妥协投降政策。他竭力宣传建立全欧华侨抗日救国总机关，各国华侨纷纷响应。他又和王海镜、胡秋原等发表告海外侨胞书，号召全欧华侨不分党派，不问信仰，在抗日救国目标之下，团结一致抵抗日本侵略，英、法、德、瑞士、荷兰等国侨胞代表及各地来宾四百余人聚集巴黎举行了全欧华侨抗日救国大会，旅居比利时、苏联、意大利、土耳其各国侨胞也都纷纷致函致电，表示对大会的拥护和祝贺。他的活动把海外侨胞救国运动推向高潮。在他的推动下，美国许多城市成立了抗日救国会，宣传游行，开展义卖捐献活动，推销救国公债。1937 年秋成立了“旅美华侨统一捐献救国总会”。有些华侨领袖之间过去不团结，但在救国活动中变成了兄弟和朋友。纽约华侨，也在万人游行中联合了起来。陶行知一方面自己做联络和争取国际友人工作，同时动员华侨交外国朋友，用美国人去影响美国人。几百个爱国华侨和陶行知一起演讲，和美国人交朋友，向各界各阶层做工作，抵制日货运动形成了巨流。他还亲自和华侨一道去做码头工人的工作，说服他们不要搬运军事物资到日本去。于是在美国，一方面是大批日货卖不掉，另一方面码头上一堆一堆的军事物资运不出去。陶行知四次去加拿大。1938 年 4 月在华侨集中的温哥华市加拿大医疗界援华会主持大会，陶行知发表了激动人心的演说。他在感激加拿大人民对中国人民的支援后，特别提到国内在敌后开展的游击战，民兵、老百姓和正规军一样英勇善战，宣传中国人民的抗日决心。陶行知出国期间卓有成效的外交活动，在广大华侨和国际友人中，争取了众多的支援，为祖国赢得了荣誉。正如曾和他共同战斗过的同志钱俊瑞在悼念他的文章中说："他是国家之宝，我们祖国有了他，是我们极大的光荣。在世界范围内，他为我们祖国添上万丈光芒。"他在出国期间，不仅宣传抗日救国，争取国际援助，同时也热情支持被压迫民族抗击侵略者的斗争。他到红海口，了解到埃塞俄比亚人三路进攻意大利侵略军，立即写诗致敬，并祝愿不愿做奴隶的人们和被压迫民族联合起来，努力打倒帝国主义。他在西亚和非洲目睹犹太和阿拉伯两个民族互相残杀，立刻劝告他们，被压迫民族联合起来，抵抗共同的敌人。

（二）亲民、爱民、为民、救民思想的形成

陶行知出身于安徽贫苦家庭，自幼饱受艰辛，从他切身的感受中，对灾难深重的旧中国广大劳苦人民有深刻的了解和同情，这是他热爱人民的阶级根源和社会根源。他怀着满腔热情写了不少反映工农大众疾苦并为他们鸣不平的诗篇。在《一幕悲剧》里，他把一个饥寒交迫的妇女忍痛将亲生儿子送给路人的生离死别的情景描绘了出来，读来令人深感悲痛。他在海轮上看到在机舱里工作的工人，被煤火烤得如同煤炭一样，内心感慨万分，写下了《人与煤炭》一诗，表露他对压迫中国工人的三座大山的无比愤恨。1923 年他在一封家信中说："我本来是一个中国平民，无奈十几年的学校生活渐渐地把我向外国的贵族方向转移，学校生活对于我的修养固有不可磨灭的益处，但是这种外国的贵族的风尚却是很大的缺点，好在我的中国性、平民性是很丰富的，经过一番觉悟，我就像黄河决了堤，向那中国的平民的路上奔流回来了。"他回国以后，目睹灾难深重的祖国人民处于水深火热之中，工农大众被摒弃于校门之外，于是决心放弃大学教授的优越生活条件，到平民中去，提出并推动了平民教育到乡间去的运动。1927 年初，他毅然脱掉西装革履，穿上布衣草鞋，睡地铺，住牛栏，在南京郊外荒野里办起了晓庄师范，决心打破旧的传统教育，把教育送给农民。他以为农民服务为乐事，是中国教育界第一个认识农民问题的人。抗日战争胜利后，陶行知在中国共产党的领导下，奋不顾身地投入到反独裁、争民主，反内战、争和平的革命斗争中。他比以往更公开地强调反对由“少数资产阶级作主，为少数人服务”的“旧民主”，大声疾呼要提倡“人民大众作主，为人民大众服务”的“新民主”。

陶行知一生热爱人民，全心全意为人民服务的目的是什么？就是要人民做国家的主人，为人民谋幸福。他说：民主教育是“教人民做主人，做自己的主人，做国家的主人，做世界的主人”。为了全心全意谋求人民大众的解放，他不仅创立和推行了“生活教育”学说，还为人民大众创作了大量的诗歌，被称为大众诗人。他的诗歌是当时白话诗中最能表达人民大众正义呼声的诗歌，郭沫若同志曾把《行知诗歌集》称之为“人民经”。陶行知积极提倡“为老百姓绘画”。他提出：“到老百姓队伍里去画，跟老百姓学画，教老百姓画画。”他要求“画出老百姓的好恶悲欢，作息奋斗，平凡伟大”，使“乡村美化，都市美化，中国美化，世界美化”。其根本的目的是什么？陶行知自己说：“将老百姓的智慧和创造力启发，创造老百姓愿有的新天下。”从上可见陶行知从同情平民，同情农民，同情工人和广大劳苦大众，逐渐进步到热爱人民并努力做到全心全意为人民服务，其重要的因素就是他在实际生活和斗争中树立了“人民大众作主”的“新民主”的思想。陶行知热爱人民全心全意为人民服务的光辉业绩，正是一个杰出政治家的高贵品质的具体表现。

（三）从民主主义到党外布尔什维克

陶行知热爱祖国、热爱人民，是他逐步成为党外布尔什维克的两大基石，也是一个党外布尔什维克政治家的思想与行动的反映。然而陶行知也并非一开始就是马列主义者，他和当年的许多马列主义者一样，也是有一个不断进步和不断发展的过程。

辛亥革命兴起后，他接受民主革命思想并积极宣传。在金陵大学读书期间，他组织爱国演说会，举办爱国捐，宣传爱国思想。他在出国留学期间，时刻不忘祖国。他精通英语、德语、法语，但他从不用英语和本国人谈话，因此，他留学美国时，被人称之为百分之百的中国人。回国后，他任南京高等师范教务长，被推为南京学术界联合会会长。五四爱国运动兴起，他动员高师及全市学生开展反帝爱国运动。他刚从国外回来时，信奉美国总统林肯的“民有、民治、民享”的旧民主主义思想。他认为中国落后就在于文化教育落后，平民不识字，于是满腔热情地投入平民教育活动。在教育实践中，他感到占中国人口80%的农民受不到教育，是国家贫穷落后的重要原因，于是下决心办乡村教育。这时，他在政治上非常崇拜孙中山，主张唤起农民革命。这个思想充分反映在《锄头舞歌》中，他说：“天生了孙公做救星呀！唤醒锄头来革命呀！”后来，他亲眼看见晓庄师生支持南京和记洋行工人罢工的正义斗争受到蒋介石的血腥镇压，学校被关闭，自己被通缉，铁的事实给了他深刻的教育。1931年“九一八”事变后，日本帝国主义侵略军步步入侵，国民党反动派推行“攘外必先安内”的反动政策，中国共产党却领导全国人民掀起了抗日救亡运动，陶行知便积极投入救亡运动。在陶行知的思想发展变化过程中，有两个明显特点：一是从为农民服务发展到为劳苦大众服务。他在上海创办工学团，得到中国共产党的支持和帮助，并和左翼人士亲密合作，拒绝对日妥协投降和积极反共的国民党人入工学团。这时，他在工厂区办工人夜校，宣传抗日救亡，逐步认识到工人阶级的力量，写下了“光棍的锄头不中用，联合机器来革命”的歌词。二是政治上跟着中国共产党走，把生活教育与民族解放斗争结合起来。陶行知有救国救民的抱负，但如何才能救国救民？他想用创办乡村师范来救国救民，可是，蒋介石封闭了他办的晓庄师范学校。他认识到，中国人民要自由解放，不从根本上推翻反动派的统治，单靠教育来实现是不可能的。同时他认识到，中国共产党集中了中华民族的优秀儿女，为祖国人民的解放前仆后继，确实是中国人民的希望。在共产党员的影响和帮助下，他开始学习马列主义，看田汉同志介绍给他的英文本《资本论》，思想上受到不少启发。“一·二九”运动后，抗日高潮兴起，在张劲夫、王若洞等同志的帮助下，他认识到当时中华民族的生活就是救亡图存。从此他就在政治上跟着中国共产党走，成为党的亲密战友，旗帜鲜明地提出要为工农劳苦大众求解放办教育，并自觉地把生活教育与民族民主革命斗争结合起来，成为当时上海救国会和国难教育社的领袖之一，山海工学团也成为上海地下党领导下的一个新民主主义教育据点。

陶行知由于思想不断进步，逐渐认识到中国要独立富强，必须打倒帝国主义，打倒国民党反动派。他和鲁迅一样，一般不在文章中引用马、恩、列、斯著作中的语句，但文章的精神实质和当时党的方针路线是一致的。在白区党组织遭到破坏的日子里，陶行知和宋庆龄、何香凝、鲁迅、沈钧儒、邹韬奋等非党的共产主义者，在上海积极宣传共产党的主张，宣传共产主义世界观，为革命立了大功。

1939 年 7 月，陶行知在重庆创办育才学校，这所学校得到周恩来同志为代表的中共中央南方局的关怀和支持。学校里有党的地下支部，学校负责人和教师很多是共产党员，成为国民党统治区里一所延安式的革命学校。育才学校后来培养了一批又一批人才送到革命根据地或游击区去工作。陶行知在重庆与李公朴、史良等创办的社会大学，也是在地下党组织和民主人士的支持下办起来的。周恩来、董必武、邓颖超、吴玉章和中共中央南方局的同志对陶行知也十分关怀，陶行知和南方局的同志也经常来往，他不顾特务的监视，还常找周恩来、董必武同志谈心。他读了《新民主主义论》后，曾高兴地说："中国有救了！"表示他对革命的信念。他在《民主》中指出："民主的意义还在发展，因为它的内容还是在发展。"他强调："近人毛泽东先生的新民主主义"是"实现真正民主的路线"，呼吁"创造一个自由独立进步的新中国"。这时的陶行知已摆脱了"民有、民治、民享"的旧民主主义思想，拥护以共产主义为指导思想的新民主主义。当他读到《在延安文艺座谈会上的讲话》时，兴奋地对人说："为谁服务这个根本问题，把我以前说的话讲得更明确了。"他为几位奔赴解放区的同志送行时说："你们到了光明区，加紧努力，我只要还有一丝留在重庆的可能，我都要在这里奋斗！"

陶行知热爱祖国，热爱人民，在救国救民的道路上不断前进。到 20 世纪 30 年代中期，他终于毫无保留地跟着中国共产党走，反帝、反封建、反官僚资本主义，以生命为代价，对中国人民教育事业和新民主主义革命事业做出了巨大的贡献。他确是一个名副其实的党外布尔什维克政治家。

然而，解放后在"左"的思想影响下，曾对这位党外布尔什维克做过一些不适当的批评。如 1951 年批判《武训传》时，竟把集资办学的陶行知和武训等同批判（武训兴学已作了重新评价）；批判梁漱溟的改良主义和批判杜威的实用主义时，也牵连到陶行知，给他扣上了"改良主义"的帽子。因此很长时间再没有人敢提到陶行知，更无人去研究他的教育学说。至今还有些不明真相的人，脑子里还残留着他那被歪曲的形象。实践是检验真理的标准，从他的历史实践我们可以清楚地看到，陶行知办教育不是想维护反动统治，恰恰相反，他自始至终反对传统教育，更反对蒋介石的反动统治，他既不接受国民党反动派的高官厚禄的引诱，又不怕蒋介石的屠刀威胁，办育才学校那么困难，他也不去乞求国民党反动派的经费补贴。蒋介石反共反人民屠杀爱国民主人士，陶行知却无保留地追随共产党的路线站在民主斗争的前列……这是什么精神？这难道是改良主义者吗？至于开始想以教育救国，从旧民主主义到新民主主义，再到党外布尔什维克，这是不少革命者所走过的道路，这是人们求进步的正常发展规律，难道对陶行知就要苛求吗？所以给陶行知戴上“改良主义”帽子是无根据的。我们研究陶行知，首先要清除“左”的影响，还其本来面目，在政治上实事求是地给以正确的评价。

三、政治理念的内涵

陶行知政治理念的核心是民主，可以说他的政治理念正是围绕民主这一主线而展开的。他认为，民主是“中国之起命仙丹”、“政治的盘尼西林”、“精神的维他命”，“民主能叫四万万五千万老百姓团结成一个巨人”，民主能“给我们新的力量，来创造一个自由独立进步的新中国和一个富足平等幸福的新世界”①。具体内容主要包括以下几个方面：

（一）共和思想

陶行知在就读金陵大学期间，他的政治理念集中表述为对共和理想的追求。反映这一理念的代表作是他的大学毕业论文《共和精义》，在该文中陶行知对共和思想做了具体的论述。

第一，论述了“共和”的信条。他认为，共和之信条主要有三：“自由、平等、民胞”。所谓“自由”，就是按照社会需要去自己支配自己的行为，从而朝着有利于社会发展和维护他人利益的方向发展。“法律之内有自由”、“道德之内有自由”。也就是说，自由应受法律的约束和道德的规范，他认为违反

① 陶行知：《民主》，《陶行知全集》第3卷，湖南教育出版社1985年版，第567—568页。

法律和侵犯道德的自由是负面的自由。“盖天下乏至不可超脱者，有自奴焉！故真自由贵自克。天下之至不可侵越者，有他人焉！故真自由贵自制。天下之至不可忽略者，有公福焉！故真自由贵个人鞠躬尽瘁，以谋社会进化。”关于“平等”，他指出：“天之生人，智愚贤不肖不齐。实为无可韪之事实。平等主义亦不截长补短，以强其齐。在政治上、生计上、教育上，立平等之机会，俾各人得以自然发展其能力而为群用。”[①] 他所主张的，不是天赋的平等，而是机会的平等。所谓“民胞”，在陶行知看来即是“博爱”。他认为只有“博爱心生，国人以兄弟相视”，自由平等才能真正得以实现，国民才有共同的目的、责任和义务，“苟无民胞主义以植共和之基，则希望共和，犹之水中捞月耳”[②]。因此，他视“民胞”为“共和之大本”，所谓“共和之大本则在民胞焉”[③]。陶行知早期追求的共和理想是受到西方资产阶级民主与自由思想影响的结果。

第二，涵盖了“共和”的内容。陶行知认为，共和的内容主要包括以下三个方面：首先，共和主义强调国民在社会发展中的重要作用。他论述了三个要点。一是“共和主义重视个人之价值”，尽管个人有“智愚强弱之不同”、“成败利钝之不同”，但在服务社会的价值方面是没有差异的；二是“共和主义唤醒个人之责任”，突出了每个国民要有“天下兴亡、匹夫有责”的责任感，“群策群力，群运群智，群负群责，以求群之进化强利”[④]；三是“共和主义予个人以平等机会”，强调消除阶级差别，消除贵贱贫富之分，给予每个人自由发挥自己才能的机会，使“各尽其能，为全群谋强利进化”。其次，共和主义强调个人价值与社会价值的统一。陶行知认为，共和主义要求“个人为社会而生，社会为个人而立”。共和主义将人民视为社会主体，因为社会要想兴旺发达，“必负改良个人之责”。即社会发展的前提是首先要有健全的国民，“民苟愚劣”，社会兴盛将会成为空谈。因此，陶行知重视社会赋予个人的责

① 陶行知：《共和精义》，《陶行知全集》第1卷，湖南教育出版社1984年版，第45页。

② 陶行知：《共和精义》，《陶行知全集》第1卷，湖南教育出版社1984年版，第45页。

③ 陶行知：《共和精义》，《陶行知全集》第1卷，湖南教育出版社1984年版，第45页。

④ 陶行知：《共和精义》，《陶行知全集》第1卷，湖南教育出版社1984年版，第46页。

任，强调“济弱扶倾”。只有如此，社会才会“日趋于进化”[1]。最后，共和主义强调建立民主政府。陶行知认为，“政府者，人民之政府。”民主政府是民主政治的重要保障，只有建立民主的政府，才能保证人民自治，进而为人民谋福利。他吸收了林肯提出的“民有、民治、民享”思想。陶行知称道共和政治的三大优点：一是“共和政治图谋国民全体之福利”。共和政治能够给予人民以言论、著述、集会之自由，可以集各界人士的意志以上达；同时，政府又能“择良要者施行之”。这样上下渠道畅通，就可达到上下通达，令行禁止的目的。二是“共和政治重视共和目的、共同责任”。陶行知指出，专制政体导致“有理想无实习理想之机会，则理想不得达”。在这样的社会中，贤达对于社会改良虽有理论创见，但难以付诸实施。而在共和政体下，“苟有良策，人民共持其目的，共负其责任”。这样就可提高行政效率，推动社会进化。三是“共和政治能得最良之领袖”。在陶行知看来，领袖在治理国家中起着至关重要的作用。“正当领袖”当由国民选举产生，这样可以保证其做到“亲民、新民、恤民”[2]，同时，也可得到人民的拥戴。

（二）自由意识

陶行知的自由意识是其政治理念的核心内容之一，不过他的自由观是在不断演变的，他对自由的论述是一个动态的过程。他从就读金陵大学期间就开始关注自由，当时他将自由纳入其共和信条当中，认为自由应当是在法律与道德许可范围内的自由，“逾越法律，侵犯道德，此自由之贼”。还强调“自由有正负”，“非依法律，不得侵及人民之生命财产，此负面之自由也”。他当时更多强调的是“克己自制”式的自由，“真自由贵个人鞠躬尽瘁，以谋社会之进化”[3]。到 1927 年他在谈到自由时，对孙中山提出的自由观念进行了评述，他认为，孙中山强调的自由的重心在国家的自由，并对孙中山过分强

---

① 陶行知：《共和精义》，《陶行知全集》第 1 卷，湖南教育出版社 1984 年版，第 47 页。

② 陶行知：《共和精义》，《陶行知全集》第 1 卷，湖南教育出版社 1984 年版，第 48 页。

③ 陶行知：《共和精义》，《陶行知全集》第 1 卷，湖南教育出版社 1984 年版，第 45 页。

调国家与团体自由的观点不太赞赏，尤其是对他提出的“革命成功以后个人可以不要自由”观点持怀疑态度。他以树木生长为例，来说明革命成功后应当重视个人的自由。他说：

“革命成功以后个人可以不要自由”这句话，我很怀疑。因此我常想着什么地方要自由，什么地方不要自由。我又想到种山芋时所得的感想。我问邵德馨先生山芋如何栽法？他告诉我说：“底下可以安根，上面可以出头，山芋乃可活。”因此，我忽然悟到人生“出头处要自由”。如树木有长五尺长的，一丈长的，十丈长的；树的出头处是要自由的。如果我们现在只许树可以长五尺，不许他长一丈与十丈，那世界上不是无成材了吗？因此我们要使他尽他的力量自由长上去。……如果你把一丈的压到五尺，因为他受了过分的压制，也是要死的。①

他认为自由既包括国家的自由，又包括个人的自由。即使革命成功后，仍应重视个人的自由，不能人为地压制个人的自由，从而表明了自己对自由的理解。

（三）民主观念

20 世纪 30 年代以前，陶行知的民主观念深受西方资产阶级共和观念的影响。30 年代以后，陶行知逐渐放弃对欧美式民主的追求，而倾向共产党所提倡的民主观。“九一八”事变之后，中国民族陷入了深重的危机之中，陶行知指出：“现在中国第一件大事是保障中华民国领土主权之完整，与争取中华民族劳苦大众之自由平等。”他将挽救民族危亡，实现国家独立作为当时的头等大事，同时强调抗战是中国“唯一的出路”，只有抵抗才能最终“浮出来一个伟大的自由平等的中华民国”②。陶行知针对国民党的“攘外必先安内”、“救国必先救党”，提出了“安内必先御外，救党必先救国”的主张。全面抗战爆

① 陶行知：《平等与自由》，《陶行知全集》第 2 卷，湖南教育出版社 1985 年版，第 23 页。

② 陶行知：《告生活教育社同志书——为生活教育运动十二周年纪念而作》，《陶行知全集》第 3 卷，湖南教育出版社 1985 年版，第 334 页。

发后，陶行知指出，人民的力量对抗战具有重要意义，“从民主中表现出来的力量，不是封建专制的日本所能克服的”①。他还强调，抗战“若能注重民主”，则“至少能够动员三万万五千万人”，抗战就一定能够取得最后胜利。陶行知的认识与共产党人观念大致趋于一致，他认为人民民主是“人民大众作主，为人民大众服务”的民主。而国民党当局实行专制统治，不断制造反革命事件。陶行知坚定地站在人民的一边，特别是抗战胜利后，陶行知对民主又有了新的认识。他说：“民主的意义还是在发展，因为它的内容还是在发展。”② 他将民主从政治民主扩展到经济民主、文化民主、社会民主、国际民主。他认为，“毛泽东先生写的《新民主主义》，和中国民主同盟临时全国代表大会所通过的纲领，都系实现真正民主的路线”。为此，他对民主作了精辟的论述：

> 民主是中国之起命仙丹。民主能叫四万万五千万老百姓团结成一个巨人。民主能给我们和平，永远消除内战之危机。民主好比是政治的盘尼西林，肃清一切中国病。民主又好比是精神的维他命，给我们新的力量，来创造一个自由独立进步的新中国和一个富足平等幸福的新世界。民主第一，人民万岁！③

为了实现他所论及的真正民主，1945 年 11 月他先后参加了重庆各界人士举行的反内战大会，并发表了讲话，他在讲话中呼吁民众起来制止内战，争取和平民主。同年 12 月，他又参加了重庆各界追悼昆明“一二·一”死难烈士大会，并撰写祭文高度评价学生们为争取民主而勇于牺牲的革命精神。1946 年 6 月，“下关惨案”事发后，陶行知作为上海和平运动领导者，就下关事件向外国记者澄清是非，并斥责“反动的力量是逐渐将三民主义变为法西斯的组织”④。同年 7 月中旬，民主战士李公朴、闻一

---

① 陶行知：《全面抗战与全面教育——在香港中华业余学校的演讲》，《陶行知全集》第 3 卷，湖南教育出版社 1985 年版，第 321 页。

② 陶行知：《民主》，《陶行知全集》第 3 卷，湖南教育出版社 1985 年版，第 567 页。

③ 陶行知：《民主》，《陶行知全集》第 3 卷，湖南教育出版社 1985 年版，第 567—568 页。

④ 陶行知：《就“下关事件”等问题和外国记者的谈话》，《陶行知全集》第 3 卷，湖南教育出版社 1985 年版，第 616 页。

多在昆明被国民党特务暗杀后，陶行知怒斥道：国民党专横霸道已经二十多年了，他们拥有全国的军队和警察，然而他们还要像蛇蝎一样的向上爬，去杀害那些进步的手无寸铁的评论者的生命。他致函育才学校全体师生时讲到，“死了一位民主战士，就感召培养一万个民主新战士来替补；死了一百位民主战士，就感召培养一百万位民主新战士来替补”。他认为“只要我们肯得为民主死，真民主就会来到，而中华民族也一定可以活到万万年”①。

可见，陶行知的民主观念经历了一个自由民主主义者向激进民主主义者转变、再由激进民主主义者向自觉的马克思主义者转变的过程②。陶行知民主观念的转变，可以说是他从亲自参与的政治实践中在不断提高政治思想意识的前提下实现的。亲身的经历使陶行知逐步认识到，国民党的专制统治将会断送中国的民主前程；而只有共产党领导的革命运动才能真正引导中国走上民主之路，因而他坚定地一如既往地追随共产党，成为一名亲自践行民主的“党外布尔什维克”。

第二节　哲学观点

陶行知的精神世界丰富多彩，异彩纷呈，不仅涉及文化观念与教育思想，而且涵盖政治理念和哲学观点。其中他深受中西文化影响的哲学观点，是其构建文化教育思想的重要理论基础，是指导其从事办学实践活动的行动指南，也是指导其进行人生抉择的重要向导。现就陶行知哲学观点的来源、形成与演变、构成及特征作如下探究。

---

① 陶行知：《为民主斗争前仆后继——致育才同学会上海分会全体同学》，华中师范学院教育科学研究所：《陶行知全集》第5卷，湖南教育出版社1985年版，第963—964页。

② 胡晓风：《试论陶行知思想转变的三个阶段》，《安徽教育学院学报》（社会科学版）1987年第3期。

一、哲学观点的来源

陶行知的哲学观点是根植于中国传统文化的深厚沃土，在吸收与借鉴西方现代文化的基础上形成的。就其来源而言，主要受中国传统文化和美国实用主义哲学的影响，具体分述于下：

（一）中国传统知行观是陶行知哲学观的第一大来源

我国古代思想家对知行关系大都作过精辟的论述，而且强调行的重要性，从孔子、墨子、荀子到王夫之、颜元都提出“行先知后、知行并重”的思想。陶行知对墨子的思想继承得比较多，正如其所讲：“《墨辩》提出三种知识：一是亲知，二是闻知，三是说知。亲知是亲身得来的，就是从行中得来的。闻知是从旁人那儿来的，或由师友口传，或由书本传达，都可以归为这一类。说知是推想出来的知识。我们拿‘行是知之始’来说明知识之来源，并不是否认闻知和说知，乃是承认亲知为一切知识之根本。闻知与说知必须根于亲知里面方能发生效力。”① 说明墨子的“亲知”、“闻知”、“说知”给陶行知的印象很深。尤其是王阳明的知行观对陶行知的哲学观形成产生至关重要的影响，1910 年在金陵大学上学期间，由于深受王阳明知行观的影响，他将自己的名字改为“陶知行”，1934 年他在《行知行》中讲到：“在二十三年前，我开始研究王学，信仰知行合一的道理，故取名‘知行’。”② 到 20 世纪 30 年代，他将王阳明的知行观进行了创造性的改造，他说：

> 至于阳明先生的“知行合一”是“即知即行”，那么“知行”就一样地困难，或是一样的容易，实在“知”和“行”不能分开，不过是一件事的两面而已。③

---

① 陶行知：《行是知之始》，《陶行知全集》第 2 卷，湖南教育出版社 1985 年版，第 152—153 页。

② 陶行知：《行知行》，《陶行知全集》第 2 卷，湖南教育出版社 1985 年版，第 687 页。

③ 陶行知：《在湘湖师范教学做讨论会上的答问补遗（节录）》，《陶行知全集》第 8 卷，湖南教育出版社 1992 年版，第 245 页。

王阳明说："知为［是］行之始，行为［是］知之成。"我说："行为［是］知之始，知为［是］行之成。"①

王阳明的话，我可以把他翻半个——180 度的筋斗，意思就是把他的话来个倒栽葱。②

为此，他于 1934 年 7 月将自己的名字改为"行知"，以体现其哲学观的变化。不管是讲"知行"也好，还是讲"行知"也好，可以明显看出其深受中国传统文化影响的事实。另外，对孙中山先生哲学观的分析及对国民"知易行难"心理习惯的剖析，都可反映出陶行知哲学观受到的中国传统行知观的深刻影响。

（二）杜威实用主义哲学思想是陶行知哲学观的第二大来源

陶行知赴美留学后，接受了杜威的实用主义思想，但他在吸纳西方哲学观的过程中始终立足中国传统文化，并将其作为自己的文化根系，只是在此基础上有鉴别地去吸收。因此他说："我们必须有从自己经验里发生出来的知识作根，然后别人的相类的经验才能接得上去。倘使自己对于某事毫无经验，我们绝不能了解或运用别人关于此事之经验。"③ 陶行知在哲学观方面吸取杜威的思想主要有强调"做"与"行"的重要性，注重理论同实际的联系；注重科学实验，以科学方法办教育。他在自己已经形成的知行观的基础上，对杜威实用主义哲学思想作了创造性的吸收和改造，从而形成其兼容中西的富有特色的哲学观。

二、哲学观点的形成与演变

陶行知哲学观点的核心是认识论，其哲学观点的形成过程是一个动态的

---

① 陶行知：《仍在不辍研究中的"生活教育"》，《陶行知全集》第 8 卷，湖南教育出版社 1992 年版，第 303 页。

② 陶行知：《从教育上谋国难的出路——手脑并用》，《陶行知全集》第 8 卷，湖南教育出版社 1992 年版，第 309 页。

③ 陶行知：《答朱端琰之问》，《陶行知文集》，江苏人民出版社 1981 年版，第 226—227 页。

过程，主要经历了由“知行”到“行知”再到“行知行”的过程，是从相信“知是行之始”的唯心主义转化到坚信“行是知之始”的唯物主义，最后形成了“行知行”的辩证唯物主义观点的过程。陶行知的哲学观点形成与演变过程大致分为四个阶段。

第一阶段是信奉“知是行之始”阶段。由于陶行知就读金陵大学期间，学习与研究了王阳明的知行观，十分推崇王阳明提出的“知是行之始，行是知之成”的哲学观点。为了表示对王阳明知行观的虔诚信奉，他还特意将自己的名字改成“陶知行”。他认为，认知在先，而实践在后；先知后行，知行并重。这种哲学观点带有明显的唯心主义色彩，也是青年陶行知树立哲学观的开始。

第二阶段是“行是知之始”阶段。1927 年陶行知在创办晓庄乡村师范学校过程中，愈来愈意识到实践的重要性，开始将前一阶段的知行关系作了一个颠倒，将行置于知之先，提出行先知后的哲学观点。正如他在 1934 年所讲：“七年前，我提出‘行是知之始，知是行之成’的理论，正与王阳明先生的主张相反，那时以后，即有顽皮学生为我改名，常称我‘行知吾师’。我很乐意接受。”[①] 于是他将名字改成了“行知”，表明自己的哲学观点发生了重大转变。这次转变是由“知行”向“行知”的转变，也是由唯心主义认识论向唯物主义的认识论转变。

第三阶段是“行知行”阶段。如果说由“知行”向“行知”转变是陶行知哲学观点的第一次飞跃的话，那么由“行知”向“行知行”的演变是第二次飞跃，因为前两个阶段只是看到了认识过程的局部，而未看到整个认识过程。只有到了“行知行”阶段，才真正看到了认识的全过程，即由实践到认识再到实践，这是一个不断提高的过程。形成这一思想的标志是 1934 年他撰写的《行知行》一文，他形成了这一哲学观点后，便开始重新审视与评判杜威的实用主义哲学观点，他认为，杜威倡导的“行动”既缺乏知识来源，又缺少理论指导，“好比一个单级电路，通不出电流”[②]。意识到杜威的哲学观点

① 陶行知：《行知行》，《陶行知全集》第 2 卷，湖南教育出版社 1985 年版，第 687 页。

② 陶行知：《思想的母校》，《陶行知全集》第 2 卷，湖南教育出版社 1985 年版，第 404 页。

存在不足之处，同时也说明他在哲学观点方面已趋成熟，形成了具有自身特色的哲学理论。而且他对实践有了更新的认识，他说："其实实验是一种有目的、有计划、有组织、有步骤、有创意的把戏。把戏或实验都是一种行动。"比如电的知识是从电的行动中得出来的一样，"这个进程是'行知行'，而不是'知行知'"。鉴于以上认识，他又将"行知行"作为自己的笔名，以体现自己哲学观点的又一次重大转变。

第四阶段是初步吸纳辩证唯物主义的哲学观。陶行知在抗战期间广泛与中国共产党人接触，经常向周恩来、董必武等革命同志请教理论问题，深受马克思主义哲学思想的影响，自己也研读毛泽东著作，结合自己的思想实际去体会与感悟高深的马克思主义哲学理论，因而实现了由一个朴素的唯物主义者"变成了已经基本上具有辩证唯物主义观点的党外布尔什维克"①。他在认识论上有了新的提高，他说："人类与个人最初都由行动而获得真知，故以行动始，以思考终，再以有思考之行动始，以更高一级融会贯通之思考终，再由此而跃入真理之高峰。"② 因此，周恩来总理在陶行知逝世后，评价说："十年来，陶先生一直跟着以毛泽东同志为代表的党的正确路线走，是一个无保留追随党的党外布尔什维克。"③ 陶行知还于 1943 年在《创造年献诗》赋诗曰："行以求知知更行，不知直认为不知。遍览已知求未知，以知与人己愈知。以为武断靠不住，存在从来决意识。……矛盾相生复相克，数量满盈能变质。"可见，他初步接受了辩证唯物主义的哲学理论。

三、哲学观点的构成及特征

陶行知的哲学观点主要包括：第一，由民主主义向共产主义世界观的转变。尽管学术界有不少否认陶行知最终形成了共产主义世界观，但是经过认真梳理陶行知哲学思想的转变历程，我们不难发现他的确经历了这一伟大的

① 董宝良：《简析陶行知认识论的发展阶段》，《华中师范大学学报》（社会科学版）1989 年第 2 期。

② 陶行知：《育才二周岁前夜》，《陶行知全集》第 3 卷，湖南教育出版社 1985 年版，第 440 页。

③ 周恩来：《一个无保留追随党的党外布尔什维克》，《纪念陶行知》，湖南教育出版社 1984 年版，第 3 页。

转变。首先，从三次更名即可看出他与传统观念的决裂，实现了从唯心主义的世界观逐步向唯物主义直到辩证唯物主义世界观的转变。其次，从“半个筋斗”可以知晓其世界观的转变，他先后讲过两次“半个筋斗”：一次是针对中国传统哲学观提出的，又一次是针对西方现代哲学观提出的，这两次实现了世界观的创造性的转变。最后，从教育实践中也可看出其世界观的转变。他之所以完成了由民主主义向共产主义世界观的转变，在此转变过程中主要以其爱国心和人民性为思想基础，以接触民众、服务民众、接受进步思想为重要条件，以敬仰马克思主义、接受共产党领导为转变关键①。第二，由唯心主义向唯物主义的认识论转变。陶行知认识论演变过程是一个由“知行”到“行知”再到“行知行”的过程，是从相信“知是行之始”的唯心主义转化到坚信“行是知之始”的唯物主义，最后形成了“行知行”的辩证唯物主义观点的过程。第三，由民主主义的人生观向无产阶级人生观的转变。逐步形成了以“追求真理做真人”为奋斗目标，以“为一大事来，做一大事去”的人生理想，以“捧着一颗心来，不带半根草去”为人生宗旨，以大公无私、克己奉公、舍己利人、全心全意为人民服务为人生价值的崇高人生观。第四，逐步形成“人民第一，一切为人民”、“文化为公”、“天下为公”② 的价值观。陶行知价值观的内涵包括：物质价值与精神价值统一，道德价值与知识价值统一，自我价值与社会价值统一，价值观与真理观的统一③。正是在这种价值观的导引下，他一生从事教育为公、文化为公的实践活动，进而成为中国现代伟大的人民教育家和20世纪综合性的文化伟人。

陶行知的哲学观点具有以下几方面的特点：

第一，强调行动的实践性。陶行知的哲学观点是在实践活动中形成的，他是在深刻感悟中国教育与政治的关系，亲自投身于新民主主义政治实践之中，在研究与吸纳传统文化合理因子和借鉴西方现代理论的基础上，逐步形成其以行知关系为核心的哲学观。同时，他正是坚持这一哲学观点，以此为

① 张邦民：《试论陶行知世界观的发展过程》，《陶行知研究》，湖南教育出版社 1986 年版，第 296—302 页。

② 陶行知：《小学教师与民主运动》，《陶行知教育论著选》，人民教育出版社 1991 年版，第 635 页。

③ 周洪宇等主编：《陶行知与中外文化教育》，人民教育出版社 1999 年版，第 113—126 页。

指导去开展伟大的人民教育实践。他用自己的亲身实践来体会与践行自己的哲学观点。他是一个毕生注重实践的教育家，正如钱俊瑞所评价的那样："陶先生极端重视实践。重视理论与实践结合的精神，是他的事业与思想不断发展的基本原因之一。他坚决反对教条，反对束缚人们头脑的腐朽东西，他的战斗口号是'打倒裹头巾'。他强调实践是理论的源泉，理论是实践的总结与指导。"[①] 陶行知正是在从事实践中提出以实践为核心的哲学观点，可见，实践性是陶行知哲学观点的一大特点。

第二，为民服务的人民性。陶行知一生从事教育实践，兴办各类学校，其主要目的是为了中国人民，他的信念是一切为了人民，一切服务人民。李维汉评价说："全心全意为人民服务，教育了人民又锻炼了自己的思想、才能、道德、文章，成为一个完人。"[②] 人民性是陶行知教育观的核心内容，也是其哲学观的鲜明特点。可以说，陶行知的哲学是人民的哲学，他的教育哲学、政治哲学、科学哲学均是立足于人民观点，服务于人民大众。终生"深入人民，与人民打成一片，同患难，共呼吸，理解人民的思想与情绪，学习劳动人民宝贵的优秀气质"[③]。陶行知的哲学观点是在为人民的伟大实践中形成的，其哲学观的核心内容也是为人民服务的实践。

第三，勇于开拓的创造性。陶行知的创造性不仅体现在教育观方面，而且反映在哲学观方面。创造性是其思想体系的一大特点，他的创造精神与他的人民意识有关，他着眼于通过培养创造力，解放头脑，解放双手，从而实现人民当家作主的终极目的。他提倡"创造新自己，创造新中国，创造新世界"[④]。还创作《创造宣言》来表达自己的创造观点，他在继承中国传统哲学观与吸收杜威的实用主义哲学观的过程中，创造性地进行了改造，将某些观点与说法"翻了半个筋斗"，体现了他在继承的基础上的创造性。同时，他在践行自己的哲学观点的过程中，创造性地开展了一系列的教育实践活动，如

---

① 钱俊瑞：《一代巨人陶先生》，《纪念陶行知》，湖南教育出版社 1984 年版，第 38 页。

② 李维汉：《对人民忘了自己》，《陶行知研究》，湖南教育出版社 1986 年版，第 299 页。

③ 罗克汀：《陶行知的哲学思想》，《陶行知研究》，湖南教育出版社 1986 年版，第 291 页。

④ 陶行知：《社会大学运动》，《陶行知文集》，江苏人民出版社 1981 年版，第 805 页。

实施乡村教育、平民教育、战时教育、国难教育、民主教育等，均是在其哲学观点的指导下所做出的创造性实践努力。可见，创造性是其哲学观的又一大特点。

第三节　文化思想

文化思想是陶行知四个世界之一的精神世界的重要内容，因为陶行知不仅是中国近现代伟大的人民教育家，而且是20世纪综合的文化巨人。陶行知关于文化建设方面的思想，为丰富其精神世界起到了重要支撑作用。况且文化与教育本身就是一对孪生姐妹，陶行知的文化思想为其教育思想的丰富与建构提供了丰厚沃土。

一、文化思想的渊源及演变

如何对待中西文化的问题，陶行知不仅是从理论上阐明自己的主张，而且也体现在其思想学说和文化实践中。关于陶行知的思想来源，他本人曾在与柳湜的谈话中有所论及："大半都是从资产阶级、大地主以及老百姓的启发而来的。自然，我的思想，不是抄他们的，他们有的只启发我想到某一面。有的我把它反过来，就变成了真理。有的是不能想出的，是要群众动手才能看到。动手最重要，这个东西创造一切。"① 这段话非常清楚地说明，他的思想学说（特别是他的生活教育学说）是以实践为根据、总结实践的经验而来的，同时又是博取兼收、融合中西文化的结果。

陶行知的政治思想，是他在从事改造中国社会和文化教育的伟大实践过程中，充分吸收古今中外各种有益的民主思想的产物。早年，为了寻求救国救民之道，他通过广泛地涉猎近代西方各种哲学、社会政治学说和中国古代典籍，接受了近代西方资产阶级的民约论和天赋人权说，林肯的"民治、民

① 陶行知：《与柳湜的谈话》，《陶行知全集》第3卷，湖南教育出版社1985年版，第609页。

有、民享”的共和民主观念，孙中山的三民主义理论，并从中国传统文化中继承了儒家的“民贵君轻”、“民为邦本”思想，墨家的“兼爱”思想，初步形成了以近代西方民主共和思想为主体成分和核心内容的政治思想。五四以后，特别是20世纪30年代以后，通过社会实践的磨炼，并在中国共产党人的帮助、影响下，他对中国民族民主革命的对象问题，以及无产阶级及其政党在中国革命中的地位与作用，都有了明确认识，赞同和支持中国共产党的政治主张，并大力发扬中国传统文化中的重民精神，主张“民为贵”，人民第一，一切为人民，天下为公，文化为公，形成了以新民主主义和社会主义民主观为基本内容的新型政治思想，成为一个“无保留追随党的党外布尔什维克”（周恩来语）。

在哲学思想上，陶行知最先接受的是王阳明的哲学理论（特别是他的“知行合一”学说）。他把王学作为个人道德修持的工具和改造中国社会的利器，从王学中认识到真知必然具有实际效果，而知与行、理论与实践则是一致的。他还取“知行”为笔名，以示对传统知行观的继承与弘扬，以王阳明的知行合一说为“期待视野”①。他在留美期间，又接受了注重行动的杜威实用主义学说，从杜威那里获得了真理进化的学说以及人类一切形式的活动都是解决问题的工具的观念。他把王阳明的“知行合一”说与杜威的实用主义行动哲学结合在一起，形成一个注重行动与思想一致的哲学观，这是他在哲学上融合中西文化所作的最初尝试。五四新文化运动中，他就用这种中西合璧的哲学思想来指导自己改革中国社会和文化教育的实践，批判传统的旧教育体制和理论，宣传西方的新教育理论与方法。

20世纪20年代中叶，随着文化教育实践的深入开展，他受流行于当时思想界的墨学思潮的影响，对墨翟的知识论产生了浓厚兴趣，并从中吸取了思想养分。墨子强调感性认识是知识的基础。“天下之所以察知有与无之道者，必以众之耳目之实，知有与亡为仪者也。请之闻之见之，则必以为有；莫闻莫见，别必以为无。”② 陶行知说：“《墨辩》分知识为闻、说、亲三种。……

---

① 所谓“期待视野”（Erwartung Shorizont），是当代德国美学家姚斯（H. R. Jauss）接受理论的中心概念。它指阅读一部作品（称之为“本文”）时读者的阅读经验所构成的思维定向或先在结构。此处借指陶在接受杜威实用主义学说之前，已完成了必要的思想理论准备。

② 《墨子·明鬼下》第2册，中国书局1988年影印版，第1页。

闻知是别人传授进来的，说知是自己推想出来的，亲知是自己经验出来的。依教学做合一的理论说来，亲知是一切知识的基础。没有亲知作基础，闻知和说知皆为不可能。”[①] 他由此进一步推导出“闻知与说知须安根于亲知里面方能发生效力”的唯物主义的结论，这为他后来接受并形成辩证唯物主义哲学观打开了一条通道。

20 世纪 30 年代，经过一次次现实生活中的碰壁，陶行知愈来愈看出王阳明“知行合一”说和杜威实用主义学说的致命弱点，因而从认识论、方法论上对两者加以分析批判，并公开申明“即知行是王阳明的格言，和我现在奉行的‘即行即知’，‘行是知之始’是不同的。‘行是知之始’和‘即行即知’是一方面说明人类与个人的知识的起源，一方面叫行动取得主导的地位。行动产生理论，行动发展理论。行动所产生发展的理论还是为着要指导行动”[②]，同时，他又郑重指出，杜威的“思想五步法”所叙述的过程“好比是一个单极的电路，通不出电流。他没有提及那思想的母亲。这位母亲便是行动”[③]。从此，他就在哲学的根本问题上与王阳明、杜威分了手，并以辩证唯物主义的哲学观作为其教育学说的认识论基础。扬弃王阳明与杜威的哲学观点，并力图将墨子的知识论与马克思主义的哲学观结合在一起，形成一个新的中西合璧的哲学思想体系，这是他在哲学上融合中西文化所作的又一次尝试。虽然这两次尝试因时代和个人的种种局限，还存在这样或那样的不足，但都是极有意义的，反映出近代中国先进知识分子博取兼收、融合中西的不懈努力与追求。

陶行知的职业是教育事业。他是中国近现代最为杰出的教育家和教育思想家。在他的教育思想方面，博取兼收、融合中西的特点体现得最为鲜明。就拿他的教育思想的核心内容“生活即教育”、“社会即学校”、“教学做合一”三大主张来说，明显可以看出是从杜威“教育即生活”、“学校即社会”、“从做中学”的教育信条蜕变而来的。杜威的教育思想是杜威根据 19 世纪

---

① 陶行知：《谈教学做合一——致朱端琰》，《陶行知全集》第 5 卷，湖南教育出版社 1985 年版，第 207 页。

② 陶行知：《答复庶谦先生》，《陶行知全集》第 3 卷，湖南教育出版社 1985 年版，第 105—106 页。

③ 陶行知：《思想的母亲》，《陶行知全集》第 2 卷，湖南教育出版社 1985 年版，第 404 页。

末 20 世纪初美国急剧变化的社会现实的迫切需要而提出来的，对于改革美国当时形式主义占统治地位的旧教育，建立更加充满活力的现代民主、科学的新教育，曾经起过积极作用。但是，它毕竟是 19 世纪末 20 世纪初美国那个特定时代和社会的产物，是在美国文化土壤上形成和发展的。陶行知所置身的时代和社会，所面临和有待解决的问题，都与之截然不同。因此，陶行知根据中国的国情，将“教育即生活”、“学校即社会”和“从做中学”批判地改造成“生活即教育”、“社会即学校”和“教学做合一”，陶行知对此曾有明确说明。“教育即生活这句话，是从杜威（Joho Dewey）先生那里来的，我们在过去是常常用它。但是，从来没有问过这里边有什么用意。现在，我把它翻了半个筋斗，改为‘生活即教育’。……与‘教育即生活’有连带关系的就是‘学校即社会’。‘学校即社会’也就是跟着‘教育即生活’而来的，现在我也把它翻了半个筋斗，变成‘社会即学校’。”① 这很清楚地表明他与杜威的关系，是一个从学习接受到改造扬弃的过程。他选择了杜威，从杜威那里接受了启迪，又根据中国的实际和自己的实践改造了杜威的教育思想。从“教育即生活”到“生活即教育”，并不只是文字上的翻新，这里面包含了陶行知整个政治思想、哲学思想的根本性转变，这是他随着对中国社会了解的加深，是他人生观、世界观产生跃进在教育观上的反映。

在教育思想的其他方面，情况也大体如此。比如，他从儒家“民为贵，社稷次之，君为轻”的思想中得到启示将它改造成“人民第一”的洋溢时代气息的现代民主观，并以此作为一条贯穿其社会实践（尤其是教育实践）的红线，他从孟子和王阳明两人“善养浩然之气”、“善致良知”以“立真去伪”的思想实践中受到教益，提出教育的目的就是“教人求真”，“学做真人”。他借鉴中国古代教育一贯注重觉悟的优秀传统，提出生活教育的首要任务即为“促进自觉性之启发”，并把《大学》中的“大学之道，在明明德，在新民，在止于至善”一句话重新表述为“我们的大学之道，在明民德，在亲民，在止于人民主幸福”；他把注重群体利益的传统与现代社会生活集体精神相结合，提出“集体主义的自我教育”的重要教育原则；他接受王阳明关于尊重

① 陶行知：《生活即教育》，《陶行知全集》第 2 卷，湖南教育出版社 1985 年版，第 180—182 页。

儿童个性发展的教育思想，把王阳明“必使其趋向鼓舞，中心喜悦”，以达到“自然日长月化”的论述译成现代语言：“我们培植儿童的时候，若拘束太过，则儿童形容枯槁；如果让他跑，让他跳，让他玩耍，他就能长得活泼有精神。”[①] 他还对王阳明主观唯心主义的“知行合一”论加以科学改造，提出符合辩证唯物主义观点的“实践第一”的观点，等等。

他不仅积极地改造扬弃中国传统文化，而且善于把中西文化的思想精华巧妙地融合在一起进行对比分析，互作阐发，使新思潮、新理论、新方法能够得到广泛的承认和推广。比如，他称赞中国古代哲学家荀子最懂得试验精神，“荀子曰：‘大天而思之，孰与物畜而制之！从天而颂之，孰与制天命而用之！望时待之，孰与应时而使之！因物而多之，孰与聘能而化之！思物而物之，孰与理物而勿失之也！’此数语，可谓中试验精神之窍要矣”[②]。这样的介绍暗合和满足了人们圣人崇拜与“古已有之”的社会心理，为西方实验主义思潮在华的广为传播铺平了道路。又如，他在介绍西方的启发式教学论时，将它与中国古代孔子的启发式教学作一对比分析，并运用杜威的实验主义教学论对之作了新的阐发。“孔子说‘不愤不启，不悱不发’，我更要进一步说，使他不得不愤，使他不得不悱。杜威先生也说：教学生的法子，先要使他发生疑问，查出他疑难的地方，使他想种种方法，去解决这个问题。从这些方法之中，选出顶有成效的法子，去试试看对不对。如其不对就换法子，如其对了，再去研究一下。照这方法来解释同类的问题和一切的问题。”[③] 这种对比分析，既发掘了中国古代教学论的思想精华，又宣传了西方的启发式教学论。

综上所述，陶行知从改造中国社会和文化教育的需要出发，始终坚持民族主体精神，以海纳巨川、吞吐百家的博大胸襟和恢弘气度，冶中西文化思想精华于一炉，熔铸成具有鲜明的时代性和民族性的现代文化思想学说，是近代中国先进知识分子融合中西文化的杰出典范。

---

① 陶行知：《学生自治问题之研究》，《陶行知全集》第 1 卷，湖南教育出版社 1984 年版，第 136 页。

② 陶行知：《试验主义之教育方法》，《陶行知全集》第 1 卷，湖南教育出版社 1984 年版，第 59 页。

③ 陶行知：《新教育》，《陶行知全集》第 1 卷，湖南教育出版社 1984 年版，第 125 页。

二、文化思想的形成及特质

19世纪中叶以来，中西文化一直处在冲突之中。就文化本体而言，由于时代的差异，一者表现为农业文明，一者表现为工业文明。在这种本源性的冲突面前，近代以来的每一个中国人尤其是知识分子，都面临着一个不可回避的文化选择。陶行知的一生，正好处在中西文化冲突的转折点上。孩提时代，他饱受了中国传统文化的熏陶。青少年时代进入教会学校学习后，逐渐接触到中西文化冲突的社会现实。从此，他开始有选择地学习中西文化，以寻找救国救民之道。他向西方学习最先获得的思想武器是达尔文的进化论学说。他运用“物竞天择、适者生存”的进化论观念对中西文化的冲突作了初步评析。与此同时，他又努力钻研王阳明的“知行合一”学说，还改原名文浚为知行，以示对传统知识观的继承和弘扬。大学毕业后，赴美留学深造，又接受了杜威的实用主义学说。在五四新文化运动中，他运用实用主义方法论，批判传统的旧教育体制和理论，介绍西方的新教育理论与方法，主张有选择地吸取和更新外来文化，反对不问国情、“仪型他国”的倾向。五四时期，马克思主义在中国得到了广泛传播。接触马克思主义，使陶行知考察中西文化问题有了科学的方法论。20世纪30年代，他开始运用唯物史观论述文化问题，进一步提出在创造的基础上对中外优秀的文化加以继承和发展，并把这一主张贯彻其全部文化实践和理论之中。他是近代以来中国先进知识分子对文化冲突作出明智选择的光辉典范。

鸦片战争以后，资本主义列强以武力打开了封建中国紧闭的国门，西方文化便以枪炮为前导，挟侵略而俱来。从此，呈现在中国人面前的，便是以欧洲资本主义时代文化为主体的西方文化和与中国封建社会相适应的传统文化。这两种文化形态有何异同，孰优孰劣，其发展趋向又是什么等问题，牵动了一代代有识之士的心，因为它关系到国家的前途与民族的命运。到了五四时期，随着第一次世界大战和十月革命以后国内外形势的变化，文化论战也达到了高潮，形成了东方文化派、西化派和唯物史观派三大阵营，几成鼎足之势。在这场文化论争中，陶行知站在教育岗位上，就有关问题发表了自己的看法，阐明了他的中西文化观。

梁漱溟、张君劢等人是东方文化派的头面人物。他们认识不清世界大战的本质原因，加上他们对中国传统文化的依恋，认为世界大战的爆发，是“小学的破产”、西方文明的破产，幻想用东方文化来拯救西方文化。在梁漱溟看来，文化“不过是那一民族生活的样法”，而“生活就是没尽的意欲（Will）——此所谓‘意欲’与叔本华所谓‘意欲’略相近——和那不断的满足与不满足罢了”[①]。由于意欲的可能满足状况不同，便出现了不同的三种生活样法，西方文化“是以意欲向前要求为其根本精神的”[②]，“中国文化是以意欲自为调和持中为其根本精神的”，“印度文化是以意欲反身向后要求为其根本精神的”[③]。他认为，西方生产虽然发达，但因生产的发展带来了两极分化与道德的沦丧，“这样一来就致人类文化要有一根本变革：由第一路向改变为第二路向，亦即由西洋态度改变为中国态度”[④]。“质而言之，世界未来文化就是中国文化的复兴。”[⑤] 与梁漱溟的观点一样，张君劢也认为西方文化的成就是在解决人与自然的关系问题上，中国文化的成就则是在解决人与人之间的关系问题上。张君劢更明确地说：“自孔孟以至宋元明之理学家，侧重内生活修养，其结果为精神文明。三百年之欧洲，侧重以人支配自然界，故其结果为物质文明。”[⑥] 他们由此认为，中国文明在根本上高于西方文明，中国缺少的是物质文明，所以西方的物质文明是应当仿效的，但在精神文明方面，中国则远远胜过西方，对中国的精神文明，应特别去保存和发扬。这种全盘否定西方文化，全盘肯定中国传统封建文化的思潮，无疑是对新文化运动的全面反动。

面对东方文化派的挑战，以胡适为代表的西化派和以瞿秋白为代表的唯物史观派都作出了有力的反击。胡适敏锐地指出了东方文化派把各民族的文化分为物质的与精神的两种类型的谬误所在，他说：“文明（Civilization）是一个民族应付他的环境的总成绩。”而“文化（Culture）是一种文明所形成的生活的方式”。又说“凡一种文明的造成，必有两个因子：一是物质的（Ma-

---

① 梁漱溟：《东西文化及其哲学》，上海商务印书馆 1922 年版，第 24 页。
② 梁漱溟：《东西文化及其哲学》，上海商务印书馆 1922 年版，第 24 页。
③ 梁漱溟：《东西文化及其哲学》，上海商务印书馆 1922 年版，第 55 页。
④ 梁漱溟：《东西文化及其哲学》，上海商务印书馆 1922 年版，第 166 页。
⑤ 梁漱溟：《东西文化及其哲学》，上海商务印书馆 1922 年版，第 199 页。
⑥ 张君劢：《人生观》，《清华周刊》第 272 期。

terial)，包括种种自然界的势力与质料；一是精神的（Spiritual)，包括一个民族的聪明才智，感情和理想。凡文明是人的心思智力运用自然界的质与力的作品，没有一种文明单是精神的，也没有一种文明单是物质的"，既然如此，把文化分为物质的与精神的两截，进而来区分东西文化高低的说法，就站不住脚了。瞿秋白赞同胡适的论点，指出“东西文化的差异，其实不过是时间上的"，“是时间上的迟速，而非性质上的差别”。他运用历史唯物主义的基本原理，对这一论点做了新的论证。他对“文化”作广义的解释，“所谓‘文化’（Culture）是人类之一切‘所作”'，包括生产力、经济关系、社会政治组织以及社会心理和各种思想系统四个方面。其中，生产力是决定其他三项因素的发展的最终动力，文化的特性即根源于生产力发展的水平。中西文化由于生产力“发展程度不同，故有差异的结果”。他的结论是“西方文化，现已经资本主义而至帝国主义，而东方文化还停滞于宗法社会及封建制度之间”①。未来的人类文化，不同于封建宗法文化和资本主义科学文化，是一种新型的“社会主义的文明”。

作为西化派和唯物史观派的同道，陶行知也撰文对东方文化派的观点给予反驳。他从胡适、瞿秋白等人的文化思想中汲取了有益成分，并结合自己文化实践的亲身体会，明确阐述了自己的中西文化观。他指出：“现在有一班人，开口就说，西方的物质文明比东方好，东方的精神文明比西方高。这句话初听似乎有理，我实在是百索不得其解。”因为“精神文明与物质文明是合而为一的"，不存在单一的物质文明或单一的精神文明。举例说，由于电话机的发明，第一次飞渡大西洋的飞行家林白从德国柏林通电话到美国和他的老母亲说话，这既“是精神交通破天荒的成功，也是物质文明破天荒的成功”，这就有力反驳了东方文化派把文化分为互不相关的物质与精神两截的谬论。

值得注意的是，陶行知在论战中提出了一个重要观点，即认为生产工具在文化中占有特别重要的地位。他说：“人的生活，必须有相当的工具，才能表现出来。工具充分，才有充分的表现，工具优美，才有优美的表现，工具伟大，才有伟大的表现。”他指出：“人的特别本领就是不专靠自己的身体为工具。人能发明非身体的工具，制造非身体的工具，应用非身体的工具，文

① 瞿秋白：《现代文明的问题与社会主义》，《瞿秋白选集》，人民出版社 1985 年版，第 24 页。

明人与野蛮人的最大分别就是文明人能把这些非身体的工具发明得格外多，制造得格外精巧，运用得格外普遍。”他还指出：工具是物质文明与精神文明合而为一的“媒介”。“精神与物质接触必定要靠着工具。工具愈巧则精神愈能向着物质发挥。工具能达到什么地方即精神能达到什么地方。”例如，有了望远镜，人的精神就能到火星里去游览；有了显微镜，人的精神就能认识那叫人生痨病的不是痨病鬼乃是痨病虫①。

陶行知的这一见解对于探讨人类文化本质的同一性具有重要意义。确实，人类文化起源于生产工具的发明、制造和运用。人类文化的最根本的基础就是生产工具。看到了生产工具作为人类文化的基础这一点，就找到了人类文化同一性的根据。这是非常重要的。东方文化派的根本谬误就是不承认人类文化本质的同一性，把地域上不同的各民族的文化，看成是完全不能相通的东西，以此作为他们拒绝西方文化的立脚点。应该肯定，陶行知的上述观点尽管还不能说完全正确，但比起东方文化派来说，确实要高明得多，与唯物史观派的观点有相同或相通之处。这就为其理论后来发展到马克思主义文化观架设了一座思想桥梁。20世纪30年代，接受了马克思主义的陶行知更加自觉地运用唯物史观来分析人类文化的本质问题，他在《文化解放》一文中，对文化的本质、功用以及文化解放的对象、任务、方法和途径等一系列问题做了重要论述，进一步发展了他的文化思想。

首先，他认为人类文化可以作广义和狭义两种解释。从广义上看，“除了大自然之外，凡是人类所创造的一切都是文化了。凡是可以用来生产、战斗、交通、享乐、治理、思想的工具以及这些工具所引起的变化都可以当作文化看待了”。照这样看法，文化是与大自然相对的。世界上的一切可以分成两大类，一类是没有加上人工的，叫做自然；另一类是人工所创造的，叫做文化。他指出，这个定义虽然有其涵盖面广的优点，但是在这个广大的定义之下，研究讨论的工作是不易进行的。因此，他主张“从这广大事物里抽出一部分来，特别叫它为‘文化’”，即所谓“狭义文化”。这部分文化“便是记录思想、传达思想、发展思想、改变思想的符号、工具和行动”。依此而言，在文化里面包含了书籍、报纸、戏剧、电影、学校教育、社会教育、民众运动、

① 陶行知：《生活工具主义之教育》，《陶行知全集》第2卷，湖南教育出版社1985年版，第76—77页。

高深学术研究等。值得注意的是，他特别强调指出："文化所要记录、传达、发展、改变的思想乃是人类生活中心的思想，即是政治经济的思想，文化脱离了政治经济便成了不可思议。""在本质方面看，文化工作是反映着人类经济政治的思想。"

从这种文化观出发，陶行知引导人们合乎逻辑地推导出下述结论：人类文化的产生和发展是同一的，只是由于近代各民族政治经济发展的不同，才导致中西文化出现巨大差异。而帝国主义的野蛮侵略与封建主义的专制统治又进一步加剧了这种差异。因此，要从根本上解决中西文化冲突，首先必须解决中国社会最紧迫的现实问题，即民族的解放和大众的解放，并且要运用文化工作作为"民族大众解放的斗争的武器"。

为了把文化从"小众"手里解放出来，使整个文化成为大众的文化，让大众更好地运用这一斗争武器实现自身的解放和民族的解放，陶行知大声疾呼要对文化从认识、工具、方法、组织、时间和新文化创造等方面实现解放。所谓"认识上的解放"，即把文化从各种错误歪曲的观念里（如文化无用论、文化万能论、文化静止论等）解放出来，明确文化是政治经济斗争的武器，这个武器的掌握不能靠等待，靠他人的恩赐，而应靠行动，靠人民大众自己的争取。所谓"工具的解放"，即推行大众易写易认的新文字，使大众在短期内就会写信、读书、看报，了解国家大事，提高思想觉悟。所谓"方法的解放"，即废除灌注的教授法，开展相互之自由讨论；打破知识封锁，把白话文解放成大众文；反对教而不做或学而不做，在行动上来推进大众文化。所谓"组织上的解放"，即把文化从"模范监牢"式的旧学校里解放出来，使它跑进大社会里去，提倡"社会即学校"，把茶馆、酒楼、戏院、破庙、茅棚、晒台，甚至于茅厕，都作为大众的课堂，整个民族解放运动都当成大众的课程。所谓"时间上的解放"，即将学生从周考、月考、学期考、毕业考、会考等各类考试中解放出来，将大众从繁忙的工作中解放出来。所谓"新文化创造的解放"，即把新文化从文化界"刽子手"剪刀的虎口里解放出来，陶行知明确指出："大众文化是大众的文化，是大众为自己推动的文化，是大众为自己谋幸福除痛苦而推动的文化。大众文化的解放是要大众运用集体的力量来争取的。它决不是小众可以送来的礼物，并且民族解放、大众解放、文化解放是一个分不开的运动。必得要联起来看，联起来想，联起来干，才会看得清楚，想得透彻，干得成功。”①

陶行知上述关于文化问题的主张，比较科学地界定了文化概念，正确地阐明了人类文化的本质，物质文明与精神文明的关系，以及文化与政治经济的关系。尤其是他的“文化解放”的思想，充满了浓厚的战斗气息，具有鲜明的时代特色，以其独到的见解令当时的文化思想界耳目一新。

20 世纪 40 年代，陶行知的文化思想随着其文化实践的深入而日趋成熟。这突出体现在他明确提出了“民主的、大众的、科学的、创造的”四大方针②。中国文化向何处去？中国文化的发展应走什么道路？这是陶行知毕生探索的大问题。早年，他一度有过困惑、彷徨，也有过失误、挫折，但他始终没有放弃自己的探索和追求。经过长期社会实践的磨炼和对各种新思潮的比较、鉴别，他逐渐认识到，无论是东方文化派的主张，还是西化派的主张，都不符合中国人民真正的愿望，都不是人民大众所需要的文化。因此，他在科学总结中西文化论争的基础上，提出了“民主的、大众的、科学的、创造的”四大方针。这一文化主张虽然是当时政治形势的产物，虽然主要是就教育而言的，但同时也是陶行知晚期文化思想及他对中国文化发展道路独立思考的产物。它达到了当时人们所能达到的思想高度。在中国近现代思想文化史上无疑是十分杰出的。

众所周知，就在陶行知提出这一文化主张稍前的 1940 年 2 月，毛泽东在他的名作《新民主主义论》（又名《新民主主义的政治与新民主主义的文化》）中提出了“民族的、科学的、大众的文化”主张。这一文化主张是毛泽东对近百年来文化论争特别是五四以来文化论争的总结及对新民主主义文化的阐述，也显然是党内外马克思主义者和其他先进分子的智慧的结晶。陶行知、毛泽东两人的文化主张，尽管在文字表述上略有差异（如陶行知没有毛泽东所提到的“民族的”一条，而毛泽东也没有陶行知所提到的“民主的”、“创造的”两条），但两人文化主张的精神实质是完全一致的。他们的文化主张互为补充，同时达到了时代的思想高度，在中国近现代思想文化史上均占有重

① 陶行知：《文化解放》，《陶行知全集》第 3 卷，湖南教育出版社 1985 年版，第 80 页。

② 陶行知：《大众的艺术》，《陶行知全集》第 3 卷，湖南教育出版社 1985 年版，第 501 页。

要位置。尤为难得的是，两人的工作岗位和性质虽然大相径庭，但他们通过各自的探索都得出了相同或相近的结论。这说明，不同的人只要从同一立场出发，向着同一方向前进，不断地追求真理、追求进步，终究有一天会殊途同归，他们的思想学说也必然不谋而合、异曲同工。

三、对待中西文化的态度

如何对待中西文化，这是近代以来的一代代思想家、政治家经常面临的一个问题。在这个问题上，陶行知不像当时的东方文化派和西化派，或者固守传统文化、排斥西方文化，或者否定传统文化、全盘西化，而是以批判继承、融合创造的态度对待中西文化，力图对两者改造、消化，融铸成新的统一体。

陶行知对待中西文化的态度是与他对中西文化的基本认识与评价联系在一起的。陶行知青少年时代便在教会学校和国外著名高等学府接受了严格、正规的西方文化熏陶，形成了崭新的价值观念、知识结构和思维方式，具有强烈的历史使命感和时代紧迫感，这使他比同时代大多数人有更高远的眼光，将中国文化放到整个近现代世界文化的大参照系中判断其价值，从而得出现时中国文化在总体上落后于西方文化的结论。“中国有四千余年的历史，二千余年的文化，照理讲来应该站在时代的最前线。”可是，“现在不但不能和欧美各国并驾齐驱，而且还处处跟人不上”[①]。从这一基本认识出发，他主张要积极向西方学习，大力引进和介绍西方先进文化，变革中国传统文化，使中国“可以比骋列国，可以雄视寰球”[②]。与此相关，他提出用新的价值观念重新评判中国传统文化。他反对“沿袭陈法”、“以古进今”的泥古态度，指出：“彼泥古之人以仍旧贯为能事。行一事，措一词，必求先例。有例可援，虽害不问，无例可援，虽善不行。然今昔时势不同，问题亦异。问题既异，方法

① 陶行知：《目前中国教育的两条路线——教劳心者劳力，教劳力者劳心》，《陶行知全集》第 2 卷，湖南教育出版社 1985 年版，第 597 页。

② 陶行知：《民国三年之希望》，《陶行知全集》第 1 卷，湖南教育出版社 1984 年版，第 34 页。

当殊。故适于昔者未必适于今。徒执古人之成规，以解决今日问题，则圆枘方凿，不能相容，何能求其进步也?”① 又说，“有的人见古人怎样解决，我们也怎样解决，这种解决是不对的，是没进步的。因为古时现象不是与今日现象一样。所以用以古进今的办法往往是错的”②。同时，他也反对“为了学习新的，就抛弃一切旧的”③。就是说他反对为了学习西方先进的东西，而不分青红皂白将本国传统的东西一概抛弃。

他认为对“本国以前的经验，如有适用的，就保持他，如不适用的，就除掉他，去与取，只问适不适，不问新和旧”④。不合现实的，虽新不取；可以借鉴的，虽旧不去。因而他主张以客观的态度，“以科学方法，揭国粹之真相”。他把中国封建儒学斥为“伪知识”，认为它是一种严重脱离实际经验的闭门造车，但又不流于彻底否定，认为“我国先秦诸子如老子、孔子、孟子、庄子、墨子、杨子、荀子等都能凭着自己的经验发表文字，故有独到的议论”。他不提倡“整理国故”，但也不反对一部分人去整理国故，认为“整理国故如同清理银行账目一样，是有他的位置”。他希望整理国故的先生们经过很缜密的工作之后，能够在被“伪知识”淹没之中理出“真知识”，即传统文化的精华。同时，他也提醒整理者要格外谨慎，千万不可毫无保留地陶醉于其中，以至于不可自拔，成为传统文化的盲目推崇者⑤。这就使他与东方文化派或其他文化折中派划清了思想界限。

对待西方文化，他主张运用批评的态度和创新的观念，有选择地吸取和借鉴。他提倡学习西方，但反对一味抄袭，“仪型他国”，更反对西化派“全盘西化”的主张。在他看来，即使西方好的经验，也未必对我们都有用。他说，西方诸先进国家，久的有几百年，短的也有数十年，其经验可供参考者

---

① 陶行知：《试验主义与新教育》，《陶行知全集》第 1 卷，湖南教育出版社 1984 年版，第 93—94 页。

② 陶行知：《教育与科学方法》，《陶行知全集》第 1 卷，湖南教育出版社 1984 年版，第 291 页。

③ 陶行知：《民国十二年中国教育状况》，《陶行知全集》第 1 卷，湖南教育出版社 1984 年版，第 511 页。

④ 陶行知：《我们对于新学制草案应持之态度》，《陶行知全集》第 1 卷，湖南教育出版社 1984 年版，第 191 页。

⑤ 陶行知：《伪知识阶级》，《陶行知全集》第 2 卷，湖南教育出版社 1985 年版，第 85 页。

不少，“而不能采取得益者，亦复很多”，因此，他强调要考虑“国情”，“应该明辨择善，决不可舍己从人，轻于吸收”。结合中国近代教育发展的历史，他认为在这方面我们已有深刻的教训。我国兴办新式教育以来，“最初仿效泰西，继而学日本，民国四年取法德国，近年特生美国热，都非健全的趋向。学来学去，总是三不像”①。这种从外国照搬来的东西，“不论它们在本国多么富有成效，经这样照搬来，是不会结出成功之果的”。他提出，对于西方的新理论、新方法，应“不再是生搬硬套，而是先存疑，考察，实验，然后才加以选择”②。陶行知对那些“醉心西化、动辄效颦”的人提出严厉批评，认为他们“不知宜于彼者，未必皆宜于我”③。胡适在香港一次演讲中说，东亚大陆只有香港才能实行普及教育，并举出了三点理由：一是有钱，二是治安好，三是“接近外人，可借鉴的地方很多”。他竟荒谬地认为只有已被沦为英国殖民地、全盘西化了的香港才有资格普及教育！陶行知驳斥说，照此说来，中国要普及教育，首先必须变为殖民地的香港，才能“痛痛快快的来干它一个普及教育运动”。他嘲笑胡适，“到那时，不消说得，文学革命的巨子是一变而为英国远东殖民地普及教育之导师了”④。

陶行知明确指出，学习西方先进文化，应有一种“自新、常新、全新”的意识。所谓“自新”意识，即在坚持民族主体性的前提下，主动地吸收西方先进文化，从根本上实行自我改造；所谓“常新”意识，即始终保持对外开放，不间断地学习西方先进文化。否则，“今日新的事，到了明日未必新；明日新的事，到了后日又未必新”。所谓“全新”意识，即不单有外表形式的新，还要有内在精神的新，“这样才算是内外一致，不偏不倚”⑤。

20 世纪 20 年代以后，他开始运用唯物史观来看待中西文化问题，进一步

① 陶行知：《我们对于新学制草案应持之态度》，《陶行知全集》第 1 卷，湖南教育出版社 1984 年版，第 190 页。

② 陶行知：《民国十三年中国教育状况》，《陶行知全集》第 1 卷，湖南教育出版社 1984 年版，第 511 页。

③ 陶行知：《教育研究法》，《陶行知全集》第 1 卷，湖南教育出版社 1984 年版，第 66 页。

④ 陶行知：《胡适的普及教育理论》，《陶行知全集》第 2 卷，湖南教育出版社 1985 年版，第 772 页。

⑤ 陶行知：《新教育》，《陶行知全集》第 1 卷，湖南教育出版社 1984 年版，第 123 页。

明确提出必须继承优秀的中西文化，抛弃束缚人们思想的“老八股”和“洋八股”。他指出，反对“老八股”，“不是反对固有的优点，我们对于中国固有之美德是竭诚的拥护”；反对“洋八股”，“并不是反对外来的知识，我们对于外洋输入的真知识是竭诚的欢迎”①。他主张在创造的基础上对中外优秀文化加以融合和发展，提出：在中西文化会合的伟大交流中，“文化是作进一步创造的基础，而不是仅仅创造一次以后便停止不前的东西”②。陶行知这种批判继承、融合创造中西文化的观点，无疑是极有价值的创建。

陶行知作为一名民主主义者，他于 20 世纪 30 年代接受了马克思主义的唯物史观，运用这一理论来解释人类文化的本质问题。他认为，文化应当分为广义与狭义两种：从广义来讲，除了大自然外，凡是人类所创造的一切都是文化，凡是可以用来生产、战斗、交通、娱乐、治理、思想的工具以逐步形成这些工具所引起的变化都可以当作文化；从狭义来看，人们为了表达自己的思想，反映自己的精神生活，特意创作出来的一些物质与非物质的东西就是文化，“特别叫它为‘文化’，这部分便是记录思想、传达思想、发展思想、改变思想的符号、工具和行动”。这是他运用唯物史观作指导来给狭义文化所作的定义，“从本质方面看，文化工作是反映着人类经济政治的思想”③。

陶行知为文化所作的界定，较为科学地说明了文化的本体内涵，前者涵盖了文化的宏观层面，泛指人类物质文明与精神文明的总和，后者比较科学地区分了物质文明与精神文明的内涵，较为具体地阐明了文化的内涵。他强调：“文化所要记录、传达、发展、改变的思想乃是人类生活中心的思想，即是政治经济的思想。文化脱离了政治经济便成了不可思议。”④ 根据这一观点，可以清楚地看出，人类文化的产生与发展是同一的，只是由于近代以来各民族经济政治发展的不平衡，才导致中西文化出现极大的差异，特别是帝国主义的侵略与封建主义的专制统治更加剧了这种差距。因此，陶行知运用历史

---

① 陶行知：《告生活教育社同志书》，《陶行知全集》第 3 卷，湖南教育出版社 1985 年版，第 338 页。

② 陶行知：《出访二十六国日志》，《陶行知全集》第 3 卷，湖南教育出版社 1985 年版，第 183 页。

③ 陶行知：《文化解放》，《陶行知全集》第 3 卷，四川教育出版社 1991 年版，第 460 页。

④ 陶行知：《文化解放》，《陶行知全集》第 3 卷，四川教育出版社 1991 年版，第 461 页。

唯物主义的观点，得出结论：要从根本上解决中西文化上的差异与冲突，就必须解决中国社会存在的现实问题，促进民族的解放与大众的解放，并运用文化这一工具来为民族与大众的解放作武器，真正推动全民族的解放。

陶行知之所以能够较为科学地阐明文化的本体内涵，就是因为他经过痛苦的抉择之后，接受了马克思主义的唯物史观，并且运用这一理论来指导文化理论研究，进而得出了科学的结论。

第四章

生活教育的三大原理与具体教育主张

第一节　生活教育的三大原理

一、"生活即教育"

（一）产生背景

1. 教育背景

马克思主义认为，社会意识是社会存在的反映。要弄清楚某一种思想学说，必须首先从了解产生这种思想学说的社会历史条件入手。下面，我们以教育与生活关系的演变为线索，对"生活即教育"产生的教育背景略作鸟瞰。从总体上说，在陶行知以前的教育发展史上，教育经历了一个与人民大众生活由融合到逐渐分离的过程。

在原始社会，教育与生活是融合在一起的。当时，由于劳动工具十分简陋，生产水平很低，人们的劳动只能维持自身的生存，社会上没有剩余产品，生产资料为氏族公有，没有阶级和剥削，人们共同劳动，共同消费，过着平等的集体生活。当时也不存在脑力劳动与体力劳动的分工，没有文字和书籍，没有专门的教育机构和专职教师。年轻的后代是在生产劳动和社会生活的实践中，接受长辈的教育。教育内容和方法非常简单，一般是结合着生产和生活实践，通过成年人的言传身教对儿童个别进行的。教育对全氏族儿童一律平等，没有阶级性。当然，这时教育与生活的融合还极为初步、原始。

进入奴隶社会以后，教育就与生活分离了。随着生产力的发展，社会上有了剩余产品，出现了脑力劳动与体力劳动的分工，出现了剥削阶级和被剥削阶级，并产生了国家。国家产生以后，统治阶级需要一种专门机构培养其官吏和士人。这样，专门的教育机构——学校也应运而生了。奴隶社会的教育具有明显的阶级性。只有奴隶主子弟能入学校学习，而劳动人民子弟只能在生产劳动和日常生活中，跟长辈学习一些为人之道和生产劳动的知识与技能。当时，学校教育同劳动人民原始形态的教育是并存的。奴隶主通过学校传播统治阶级思想，让自己的子弟学习统治阶级的意识形态、行为规范、伦理道德、射御戎战等治人之术，把他们培养成国家大大小小的统治者；而劳动人民原始形态的教育，主要是通过家传形式或师徒制传授生产经验和一些粗浅的文化知识，为社会培养劳动力，以维系社会生产的延续和发展。

到了封建社会，教育与生活出现进一步分离。在中国两千多年的封建社会中，只有封建统治阶级的子弟才有条件入校学习，而大多数劳动人民的子弟因交不起“束脩”而被排斥在学校大门之外。劳动人民基本上还是通过父传子、师带徒的形式，在生产劳动和社会生活实践中接受教育。自汉武帝确立“独尊儒术”之后，孔子首创的儒家思想成了占统治地位的正宗思想，儒家经典变成了历代学校的教育内容。历代的选士和科举，虽在形式上或重经义，或重诗赋，或用八股取士等有所不同，但在内容上大都限定以儒家经典为标准。封建统治者通过科举控制了全国的教育，用儒家的封建伦理思想奴役人民，使教育服务于培养忠于封建主的奴才，因而也使学校逐渐成为科举的附庸，导致教育内容日趋形式化、教条化，更加脱离人民大众，脱离生活实际。

1840 年鸦片战争以后，帝国主义侵入，中国开始由封建社会沦为半殖民地半封建的社会，从而也产生了半殖民地和半封建的文化教育。清末以来，在资产阶级革命派和维新派的推动下，出现了废科举、兴学校的教育改革运动，颁布了新学制，翻译了不少外国的教科书，引进了从赫尔巴特到杜威等西方教育理论和方法。这些对中国教育从传统向现代过渡都起了某些积极的作用。但由于中国仍处于半殖民地半封建的社会历史条件下，整个国家教育的性质和面貌并没有得到根本的改变。在当时的新式学堂里，声光化电代替了子曰诗云，但读书做官、死读书等传统教育思想仍然支配着学校，“老八股教育”和“洋八股教育”合流，教育仍然严重脱离社会生活实际，尤其是脱离人民大众的生活实际。正是这样一种历史背景下，针对传统教育和洋化教育的弊端，陶行知提出了“生活即教育”的主张。

2．理论背景

陶行知“生活即教育”的立论又是在一定的理论背景下提出来的。这个理论背景就是 20 世纪上半叶杜威“教育即生活”等实用主义教育思想在中国教育界的广泛流行。

“教育即生活”是杜威实用主义教育学说的一个基本原理和主张。这一思想是杜威针对20世纪初美国学校教育严重脱离社会生活实际的现状，以及英国教育家、社会学家斯宾塞“教育是将来生活的预备”等主张而提出来的。杜威基于实用主义的经验论，认为“教育就是经验的改造或改组。这种改造或改组，既能增加经验的意义，又能提高后来经验进程的能力”①。他把教育视为从已知经验到未知经验的连续过程，是经验不断增加的过程。经验的获得又总是和社会生活实践分不开的，因而“教育生活的过程，而不是将来生活的预备”②。由此出发，他进一步提出“学校即社会”、“儿童是中心”和“从做中学”等主张。这些教育主张对于改革美国的传统学校教育以适应当时处于急剧变化中的美国社会的发展，曾起到一定的积极作用。

20世纪20年代前后，伴随着民主政体的建立，资本主义经济的初步发展，中西文化交流的日益加强，杜威“教育即生活”等实用主义教育思想也逐渐传入中国。民国元年，经蔡元培等人的介绍，实用主义教育思想开始传入中国③。五四运动期间，杜威来华讲学，实用主义教育思想成为当时中国传播最广、影响最深的一种西方资产阶级教育思潮。杜威1919年4月30日到上海，至1921年7月11日离北京回国，历时两年又两月余，先后到直隶、山东、山西、湖北、湖南、江苏、江西、浙江、福建、广东等11省讲演，在北京、南京两地做系统演说，在北京高师、南京高师两校讲学。当时报刊大量发表他的讲演，如《新教育》杂志1—3卷各期均宣传杜威的哲学和教育理论，第3期出了“杜威专号”。《北京晨报》出版了《杜威五大讲演》，两年内印行达十几版之多。他在北京高师的讲演记录已编成了《平民主义与教育》，在南京高师的讲演记录，也编成《杜威教育哲学》于1922年由商务印书馆出

---

① 赵祥麟、王承绪编译：《杜威教育论著选》，华东师范大学出版社1981年版，第159页。

② 赵祥麟、王承绪编译：《杜威教育论著选》，华东师范大学出版社1981年版，第4页。

③ 参见蔡元培1912年4月发表的重要文章《对于教育方针之意见》。该文曾指出：“曰实利主义之教育，以人民生计为普通教育之中坚。其主张最力者，至以普通学术，悉寓于树艺、烹饪、裁缝及金、木、土工之中。……今日美洲之杜威派，则纯持实利主义者也。”后来，蔡在1918年5月30日天津青年会的演讲《新教育与旧教育之歧点》和1919年3月15日北京青年会的演讲《贫儿院与贫儿教育的关系》中，又多次对此加以论及。

版。他的学生胡适、蒋梦麟、陶行知等人以及教育界人士在这期间发表了许多论著宣传实用主义哲学和教育理论。一时间，杜威实用主义教育思想风靡全中国。“教育即生活”等主张，成为中国教育界的口头禅。

不容否认，在封建传统教育思想仍然在中国教育界占有某种支配地位的历史条件下，在生活自生活，教育自教育，两者渺不相关、毫无联系的情况下，杜威的“教育即生活”等实用主义教育思想被引进到中国来，以反对中国传统教育中的形式主义，是具有某种进步意义的，也的确产生一定的积极作用。但是“教育即生活”等主张毕竟是杜威针对20世纪初美国教育所存在的问题而提出的，是美国社会文化环境的产物，且不论其政治倾向是否错误，哲学基础是否科学，即使其基本内容多有合理之处，也不能完全适合中国的国情，真正解决中国教育所存在的问题。

基于此因，陶行知经过一番亲身体验之后，终于翻然悔悟，痛下决心，从“教育即生活”的信奉者一变而为批判者，针锋相对地提出了他的有名的“生活即教育”主张。他曾讲过：我可以说“教育即生活”是杜威先生的教育理论，也是现代教育思潮的中流。我从民国六年起便陪着这个思潮到中国来。八年的经验告诉我说：“此路不通。”在山穷水尽的时候才悟到“教学做合一”的道理，所以“教学做合一”是实行“教育即生活”碰到了墙壁把头碰痛时所找出来的新路。“教育即生活”的理论至此乃翻了半个筋斗。……没有“教育即生活”的理论在前，绝产生不出“教学做合一”的理论。但到了“教学做合一”的理论形成的时候，整个教育便根本改变了方向。这个新方向是“生活即教育”。他还指出：“教育即生活这句话，是从杜威（John Dewey）先生那里来的，我们在过去是常常用他，但是，从来没有问过这里边有什么用意。现在，我把他翻了半个筋斗，改为‘生活即教育’。”[①] 由此可见，陶行知的“生活即教育”主张是对杜威“教育即生活”主张直接改造的结果。它与“教育即生活”既有某种思想上的联系，也有本质的区别。

综上所述，陶行知的“生活即教育”并非无的放矢，全凭臆想，更非无源之水，无本之木，而是在一定的社会背景（特别是教育背景和理论背景）下产生的。

---

① 陶行知：《生活即教育》，华中师范学院教育科学研究所：《陶行知全集》第2卷，湖南教育出版社1985年版，第180页。

（二）含义及实质

1.“生活”、“教育”范畴

“生活”范畴是陶行知教育学说的基本概念，也是其整个理论体系的逻辑起点。陶行知对“生活”范畴的阐释，与人们对“生活”的一般理解不尽相同。他的“生活”范畴，具有特定的涵义。正是以这个涵义独特的“生活”范畴为理论基石，陶行知构筑起他的整个教育学说的理论体系。关于“生活”范畴，陶行知在不同时期、不同场合，针对不同问题做过不同解释。从总体上说，其基本涵义主要是两点：一、泛指一切生物的生存和发展的活动（即“有生命的东西，在一个环境里生生不已的就是生活”[①]；二、特指构成社会历史的主体——人类的全部生活实践（即“生活主义包含万状，凡人生一切所需皆属之)”[②]，“所谓‘做’是包涵广泛意味的生活实践的意思”[③]。它既包括个人生活和社会生活，又包括物质生活和精神生活。而且，社会的物质生活实践始终是其中居于首要地位的因素，决定制约着其他方面的生活实践。上述两层基本涵义不是相互对立、相互排斥的，而是相互补充、相互阐明的。

陶行知的“生活”范畴是从杜威那里借过来的，但与杜威的“生活”范畴在内容实质上有根本区别。杜威的实用主义教育学说也是以“生活”范畴作为其整个理论体系的逻辑起点的。他说：“生活就是通过对环境的行动的自我更新过程。”“生活的延续就是环境对生物需要的不断的重新适应。”又说：“我们使用‘生活’这个词来表示个体的和种族的全部经验。”[④] 还说：“学校必须呈现现在的生活——即对于儿童说来是真实而生气勃勃的生活。”[⑤] 杜威所说的“生活”，是一个从生物学中引申出来的范畴，是生物有机体适应环境的“刺激—反应”，是个人应付环境、适应现实的行为，而不是以人民大

① 陶行知：《生活即教育》，华中师范学院教育科学研究所：《陶行知全集》第 2 卷，湖南教育出版社 1985 年版，第 180 页。

② 陶行知：《生利主义职业教育》，华中师范学院教育科学研究所：《陶行知全集》第 1 卷，湖南教育出版社 1984 年版，第 78 页。

③ 陶行知：《教育生活漫忆》，华中师范学院教育科学研究所：《陶行知全集》第 3 卷，湖南教育出版社 1985 年版，第 623 页。

④ 杜威著，王承绪译：《民主主义与教育》，人民教育出版社 1990 年版，第 2—3 页。

⑤ 赵祥麟、王承绪编译：《杜威教育论著》，华东师范大学出版社 1981 年版，第 4 页。

众为主体的、以生产劳动为首要内容的改造社会、征服自然的社会实践。陶行知借用了杜威的“生活”范畴，但赋予其新的涵义。他不是一般地谈论生物为生存和发展而进行的活动，而是着重指构成社会历史的主体——人类的生活实践；他不是毫无主次地开出一份包括各种生活内容的清单，而是把制造和使用工具的生产劳动视为生活的首要内容；他不是指个体的、消极适应性的生活，而是指社会的、积极能动的实践。他所说的“生活”包括制造和使用工具的生活，健康的、劳动的、科学的、艺术的和社会的生活，民族解放斗争的生活，争取民主自由平等的生活，等等。简言之，如果说，杜威的“生活”实质上是指人们应付和适应眼前资本主义社会现实生活的各种活动，那么，陶行知的“生活”实质上就是指半殖民地半封建中国人民大众反帝反封建、争取民族独立、民主平等和社会发展的全部社会实践。

当然，陶行知的“生活”范畴本身也有一个发展演进的过程。起初，它的涵义还比较笼统的抽象，并不十分明确和具体，尚未与杜威的“生活”范畴完全划清思想界限。后来，随着其教育实践的逐步深入和思想认识的不断提高，它才逐渐明确和具体起来，走出杜威实用主义哲学思想和教育学说的樊篱，日益接近马克思主义的“生活”观。

“教育”范畴是陶行知教育学说中与“生活”范畴具有同等重要地位的又一基本概念。它与“生活”范畴有着密切联系。谈“生活”必然涉及“教育”，谈“教育”也必然涉及“生活”。没有离开“生活”的“教育”，也没有离开“教育”的“生活”。两者是一而二、二而一的关系。离开了“生活”和“教育”这两个范畴，陶行知教育学说的理论体系就不可能建立起来，因此，我们在弄清了“生活”范畴之后，有必要考察一下“教育”范畴。

与“生活”范畴一样，关于“教育”范畴，陶行知在不同时期、不同场合，针对不同问题时也做过不同解释。大致说来，它有两层意思：第一，教育是培养人的活动。用他的话说，“教育是教人化人”①，“教人做人”②，“使

---

① 陶行知：《地方教育与乡村改造》，《陶行知全集》第 2 卷，湖南教育出版社 1985 年版，第 128 页。

② 陶行知：《空前之全国教育大会》，《陶行知全集》第 2 卷，湖南教育出版社 1985 年版，第 458 页。

人天天改造，天天进步，天天往好的路上走”①，是“引人向上向前生活”②；第二，教育是“生活的改造”③，是“民族解放、大众解放、人类解放之武器”④。培养人与改造生活这两种活动又是密不可分、相互推动的。它是一件事物的两个方面。前者是教育的本质，后者是教育的功能。教育的根本特征的作用就是通过培养人来改造生活。如前所述，陶行知所说的“生活”，既包括个人生活，又指社会生活。所以，教育改造生活实质上是改造社会生活，即改造半殖民地半封建中国的社会生活，以实现民族解放、大众解放和人类解放。

陶行知的“教育”范畴也是从杜威那里借用过来的，却与杜威的“教育”范畴在内容实质上存在本质差异。杜威认为，“教育就是经验的改造或改组”⑤，“教育是生活的过程，而不是将来生活的预备”⑥，“教育就是不断生长”⑦（简称“教育即经验的改造”，“教育即生活”，“教育即生长”）。三句话涵义相同，互为表里。他提出这样的概念，是针对“传统教育”的。他认为，“传统教育”远离生活，不适应美国现实的需要，应该把社会生活的内容当作教育的主要内容。资本主义社会需要什么，学校就教什么。这种教育虽然较“传统教育”离社会近了一点，注意到社会的实际需要，但并未真正解决好教育与生活的关系，而且它的服务对象不是人民大众而是在资本主义社会居统治地位的资产阶级。

陶行知成功地改造了杜威的“教育”范畴，使之含有新的内容。他从半殖民地半封建中国的社会现实出发，把培养人与改造社会的生活联系起来，提出“生活即教育”，“教育就是社会改造”。他把人民大众反帝反封建、改造

① 陶行知：《新教育》，《陶行知全集》第1卷，湖南教育出版社1984年版，第123页。

② 陶行知：《桂林战时民众教育工作人员须知》，《陶行知全集》第3卷，湖南教育出版社1985年版，第299页。

③ 陶行知：《地方教育与乡村改造》，《陶行知全集》第2卷，湖南教育出版社1985年版，第128页。

④ 陶行知：《谈生活教育——致一位朋友》，《陶行知全集》第5卷，湖南教育出版社1985年版，第477页。

⑤ 杜威著，王承绪译：《民主主义与教育》，人民教育出版社1990年版，第82页。

⑥ 赵祥麟、王承绪编译：《杜威教育论著选》，华东师范大学出版社1981年版，第4页。

⑦ 杜威著，王承绪译：《民主主义与教育》，人民教育出版社1990年版，第57页。

中国的社会生活作为教学的首要内容，把教育看成社会改造的重要工具，并进一步提出了“教育是民族解放、大众解放、人类解放之武器”。它正确地认识并阐明了教育的本质、功能与服务对象，把教育与生活真正地结合起来，为广大的人民群众尤其是其中的工人和农民及其子女服务。他的教育观不仅具有鲜明的阶级倾向，而且充满时代的气息，是对传统教育观的一次革命性改造。正如他自己所说，“这种教育观，是把教育从游戏场、陈列室解放出来输送到战场上去”。

陶行知对教育认识的不断深化是在五四时期。早期，他对教育的看法与杜威的观点没有什么很大差异，肯定杜威“教育是继续经验的改造”的说法。他说：“‘教育’是什么东西？照杜威先生说，教育是继续经验的改造（Continuous reconstruction of experience）。”我们个人受了周围的影响，常常有变化，或是变好，或是变坏。教育的作用，是使人天天改造，天天进步，天天往好的路上走；就是要用新的学理，新的方法，来改造学生的经验①。在创办晓庄学校、推行乡村教育时期，他通过自己的教育实践开始认识到杜威“教育”范畴的不足，尝试着从其他角度来重新界定“教育”范畴。比如，他把教育与人类生活实践首要内容的制造工具和使用工具的生产劳动联系起来，提出“教育是什么？教育是教人发明工具，制造工具，运用工具”②。

又如，他把教育与社会生活的改造联系起来，提出“教育就是生活的改造”。由于他此时对“生活”范畴的具体内容认识还不十分明确和具体，所以，这时的教育观还残留着一定程度的杜威教育观的痕迹。20 世纪 30 年代以后，随着民族危机的空前加剧和抗日民族运动的蓬勃高涨，他的教育观发生了根本变化，明确认识到：“教育不是玩具，不是装饰品，不是升官发财的媒介。教育是一种武器，是民族、人类解放的武器。”③ 这表明他的教育观已完全摆脱了杜威思想的影响，形成了个人的独特见解。

弄清了陶行知教育学说中“生活”和“教育”范畴的涵义和实质，就为

---

① 陶行知：《新教育》，《陶行知全集》第 1 卷，湖南教育出版社 1984 年版，第 123 页。

② 陶行知：《生活工具主义之教育》，《陶行知全集》，湖南教育出版社 1985 年版，第 77 页。

③ 陶行知：《告生活教育社同志书》，《陶行知全集》第 3 卷，湖南教育出版社 1985 年版，第 338 页。

我们下面学习和掌握“生活即教育”命题（原理）的涵义和实质，打下了初步基础。

2.“生活即教育”的涵义

“生活即教育”的命题（原理），涵义非常丰富。概括起来，主要包括如下三层意思：

第一，从生活的角度说，“生活含有教育的意义”。陶行知认为：“教育的根本意义是生活之变化。生活无时不变即生活无时不含有教育的意义。因此，我们可以说：‘生活即教育’。”① “生活含有教育的意义”来源于“生活具有教育的作用”。后者原是瑞士资产阶级民主主义教育家裴斯泰洛齐1826年在其论著《天鹅之歌》中最早提出的一条重要的教育原则。后来杜威接受了这条原则，继续加以阐发，肯定“一切沟通（因而也就是一切真正的社会活动）都具有教育性”，“共同生活过程本身也具有教育作用”②，旨在反对美国当时脱离社会生活的学校教育。陶行知在反对传统教育和洋化教育的过程中，批判地继承了这一宝贵的教育思想，并根据中国的具体国情，加以创新和发展，使之具有新的思想内容。他在给“生活教育”下定义时，始终将“用生活来教育”作为最重要的内涵之一。所谓“用生活来教育”，就是承认生活的教育作用，相信生活含有教育的意义。

生活为什么能起教育的作用？生活又怎样起教育的作用？陶行知认为：“生活与生活一磨擦便立刻起教育的作用。磨擦者与被磨擦者都起了变化，便都受了教育。”③ 他用唯物辩证法的观点来分析生活如何起教育的作用，从生活的矛盾斗争中看到了生活的教育作用，认为“受过某种教育的生活与没有受过某种教育的生活，磨擦起来，便发出生活的火花，即教育的火花，发出生活的变化，即教育的变化”④。生活又怎样起教育的作用？陶行知指出：“过什么生活便是受什么教育”，“过康健的生活便是受康健的教育；过科学的生

① 陶行知：《生活教育》，《陶行知全集》第2卷，湖南教育出版社1985年版，第633页。

② 杜威著，王承绪译：《民主主义与教育》，人民教育出版社1990年版，第6—7页。

③ 陶行知：《生活教育之特质》，《陶行知全集》第3卷，湖南教育出版社1985年版，第25页。

④ 陶行知：《生活教育之特质》，《陶行知全集》第3集，湖南教育出版社1985年版，第26页。

活便是受科学的教育；过劳动的生活便是受劳动的教育；过艺术的生活便是受艺术的教育；过社会革命的生活便是受社会革命的教育”①。又说：“过好的生活，便是受好的教育；过坏的生活，便是受坏的教育；过有目的的生活，便是受有目的的教育；过糊里糊涂的生活，便是受糊里糊涂的教育；过有组织的生活，便是受有组织的教育；过一盘散沙的生活，便是受一盘散沙的教育；过有计划的生活，便是受有计划的教育；过乱七八糟的生活，便是受乱七八糟的教育。”② 他强调把自己“放在社会的生活里，即社会的磁力线里转动，便能通过教育的电流，射出光，放出热，发出力”③。

第二，从教育的角度说，“教育以生活为中心”，通过生活来进行，以求得生活的向前向上与提高。陶行知在研究作为现实世界的教育现象时，是把教育与社会生活实践紧密关系起来进行考察的。他认为，生活与教育是同一过程，教育不能脱离生活，生活也不能脱离教育。有什么样的生活就应有什么样的教育，教育的内容应根据生活的需要。他猛烈抨击文字、书本为中心的传统教育和洋化教育，提倡以“生活为中心之教育”。在他看来，文字、书本只是生活的工具，不是生活的本身，教育来源于生活，由生活产生，文字、书本不能喧宾夺主，作为教育的中心内容。他指出传统教育和洋化教育的“文字中心之过在以文字当教育”，把教育等同于读书，“以为文字之外别无教育”，其实错矣。文字、书本只是求知的一种工具，生活中随处是工具，随处都有教育的内容。只有在生活中求得的教育才是活的、有用的教育。他打了一个非常形象的比喻，教育好比是蔬菜，文字好比是纤维，生活好比是维他命。以文字为中心而忽略生活的教科书，好比是有纤维而无维他命之蔬菜，吃了不能滋养体力。

他主张，教育要通过生活来进行，“用生活来教育”。也就是说，“要想受什么教育，便须过什么生活”。如果“过的是少爷生活，虽天天读劳动的书籍，不算是受着劳动教育；过的是迷信生活，虽天天读科学的书籍，不算是

---

① 陶行知：《教学做合一下之教科书》，《陶行知全集》第2卷，湖南教育出版社1985年版，第288页。

② 陶行知：《生活教育》，《陶行知全集》第2卷，湖南教育出版社1985年版，第634页。

③ 陶行知：《生活教育》，《陶行知全集》第2卷，湖南教育出版社1985年版，第635页。

受着科学教育；过的是随地吐痰的生活，虽天天写卫生的笔记，不算是受着卫生的教育；过的是开倒车的生活，虽天天谈革命的行动，不算是受着革命的教育。我们要想受什么教育，便须过什么生活”①。只有使教育与社会生活实践切实结合起来，在生活中进行教育，教育才能发出力量而成为真正的教育。

第三，从生活与教育的关系说，“生活决定教育”，“教育改造生活”。陶行知说：“从生活与教育的关系上说，是生活决定教育。”② 又说：“教育就是生活的改造。”③ 所以，生活决定教育，教育改造生活。两者相互推促，共同前进。

生活决定教育，首先体现为教育的起源、目的、原则、方法都为生活所决定。教育起源于人类社会生活的需要。人类要生存和发展下去就需要不断向下一代传授人类生产劳动的经验、技能，传授社会生活的经验，教育就是为了满足人类社会生活的需要而产生的。教育的目的也是为了“生活所必须”。陶行知认为，不能为办教育而办教育，他的教育目的一直是明确的，即为了人民大众的生活需要，为大众求解放，为人民谋幸福。教育的原则、方法更为生活所决定。生活具有教育的意义和作用。教育应以生活为中心，并且通过生活来进行。不能以文字、书本为中心，关在小鸟笼似的学校里读死书、死读书。其次，生活的全面性导致了教育的全面性。他说：“生活教育的要求是：整个的生活要有整个的教育。”④ 并说：“民主教育应该是整个生活的教育。他应该要工以养生；学以明生；团以保生。他应该是健康、科学、艺术、劳动与民主组成之和谐的生活，即和谐的教育。”⑤ 还将“整个生活的教育”归结为“全面教育”，即“心、脑、手并用”，学政治、学经济、学文化

① 陶行知：《生活教育》，《陶行知全集》第 2 卷，湖南教育出版社 1985 年版，第 634 页。

② 陶行知：《谈生活教育——致一位朋友》，《陶行知全集》第 5 卷，湖南教育出版社 1985 年版，第 477 页。

③ 陶行知：《地方教育与乡村改造》，《陶行知全集》第 2 卷，湖南教育出版社 1985 年版，第 128 页。

④ 陶行知：《晓庄三岁敬告同志书》，《陶行知全集》第 2 卷，湖南教育出版社 1985 年版，第 210 页。

⑤ 陶行知：《民主教育》，《陶行知全集》第 3 卷，湖南教育出版社 1985 年版，第 570 页。

相结合。健康、科学、劳动、艺术及民主将构成和谐的生活①。又次，生活决定了教育的场所。“到处是生活，即到处是教育；整个的社会是生活的场所，亦即教育之场所。”② 生活是大众唯一的教育，社会是大众唯一的学校。人民大众当时只能在“社会大学”里学习。再次，生活的变化引起了教育的变化。他说：“教育的根本意义是生活之变化。”③ 生活起了变化，教育也要起变化。生活是不断前进的，教育也要不断前进。教育要随着生活的发展而发展，站在生活的前面，引导人们过“向前向上”的生活。换句话说，就是过反帝反封建民族民主革命的生活。最后，生活的连续性决定了教育的终生性。他说：“天天变动，就是天天受教育。差不多从出世到老，与人生为始终的样子。”④ 又说：“生活教育与生俱来，与生同去。出世便是破蒙，进棺材才算毕业。”⑤ 他指出：“现在这种小学六年、中学六年、大学四年的教育制度，都可以‘短命教育’四字代表之。我们所要干的是整个寿命的教育，不是短命的教育。”⑥ 在他看来，“教育最重要的成就在使众人养成一种继续不断的共同求进的决心。我们要对众人养成的态度是：活到老；做到老；学到老。”⑦ “终生教育。培养求知欲。学习为生活；生活为学习。只要活着就要学习。一旦养成学习习惯，个人就能终生进步不断。”⑧

生活决定教育，教育又反过来改造生活，推动生活发展。

教育改造生活，首先是改造社会生活。而改造社会生活的一个重要内容，

---

① 陶行知：《全民教育》，《陶行知全集》第 3 卷，湖南教育出版社 1985 年版，第 554 页。

② 陶行知：《生活教育》，《陶行知全集》第 2 卷，湖南教育出版社 1985 年版，第 633—634 页。

③ 陶行知：《生活教育》，《陶行知全集》第 2 卷，湖南教育出版社 1985 年版，第 633 页。

④ 陶行知：《新教育》，《陶行知全集》第 1 卷，湖南教育出版社 1984 年版，第 126 页。

⑤ 陶行知：《生活教育》，《陶行知全集》第 2 卷，湖南教育出版社 1985 年版，第 634 页。

⑥ 陶行知：《普及教育》，《陶行知全集》第 2 卷，湖南教育出版社 1985 年版，第 762 页。

⑦ 陶行知：《中国普及教育方案商讨》，《陶行知全集》第 2 卷，湖南教育出版社 1985 年版，第 804 页。

⑧ 陶行知：《全民教育》，《陶行知全集》第 3 卷，湖南教育出版社 1985 年版，第 554 页。

就是改造社会政治。陶行知认为：“政治与教育原是不能分离的，二者能同时并进，同时革新。国民革命才有基础和成功的希望。”“教育上的革命”应该配合“政治上的革命”。还认为：“主张生活即教育，就是要用教育的力量，来达民之情，顺民之意”，“是要解放全人类的”。他在自己的全部教育生涯中始终把教育改造与社会政治生活改造紧密结合在一起，以发挥教育改造社会的巨大作用，并逐步探寻到正确的政治方向，使教育为人民大众服务，为反帝反封建反官僚资本主义的新民主主义革命斗争服务。20 世纪 20 年代，他创办晓庄学校，积极推行乡村教育运动，以改造社会，改造农村，改变中国贫穷落后的面貌为理想，提出生活教育要以培养学生和农民群众“征服自然改造社会的本领”为总目标，使之具有“康健的体魄”、“农夫的身手”、“科学的头脑”、“艺术的兴趣”和“改造社会的精神”。到了 20 世纪 30 年代，国难当头，民族危机深重，他又提倡国难教育运动，提出：“教育没有独立的生命，它是以民族的生命为生命。唯有以民族的生命为生命的教育，才算是我们的教育……国难教育的任务，在唤醒大众组织起来救国。”① 并得出“教育是民族解放、大众解放、人类解放之武器”② 这一著名论断。以后他提倡战时教育、民主教育等运动以及先后创办山海工学团、育才学校、社会大学等教育事业，都是为人民大众民族民主的革命斗争服务，和人民大众民族民主革命斗争的历史发展相结合。生活教育的方向是人民大众反帝反封建的新民主主义教育的方向。

教育改造社会生活的又一方面是促进社会经济的发展。教育必须重视科学传播，面向经济，与工农业生产实际相结合，与生产劳动相结合，使中国从“农业文明过渡到工业文明”，实现“工业化”，“创造富的社会”，为人民大众谋幸福，这是陶行知一以贯之的思想。早在大学时代，他就认识到：“‘共和之要素有二：一曰教育；二曰生计’。然教育苟良，则人民生计必能渐臻满意。”③ 五四时期，他大力提倡“生利主义之职业教育”，主张教育要“养

① 陶行知：《国难教育方案之特质》，《陶行知全集》第 3 卷，湖南教育出版社 1985 年版，第 19 页。

② 陶行知：《谈生活教育——致一位朋友》，《陶行知全集》第 5 卷，湖南教育出版社 1985 年版，第 477 页。

③ 陶行知：《共和精义》，《陶行知全集》第 1 卷，湖南教育出版社 1984 年版，第 80 页。

成生利人物”。认为倘如此，则国无游民，民无废才，群需可济，个性可舒。在从事平民教育运动时，他便提出能够识字读书之后“要继续受职业训练”的主张。乡村教育时期他就主张“教育与农业携手”，建设“科学农业”，认为“教育没有农业，便成为空洞的教育”，“农业没有教育，就失了促进的媒介”，提出了农村教育要与现代科学技术结合，促进农业进步的思想。他还倡议“把政治、经济、教育打成一片，做一个政富教合一的小试验”，形成了“政富教合一”的理论。20世纪30年代初，他积极开展“科学下嫁运动”，努力把科学普及到工农大众中去，创办以培养“生产能力”与“科学能力”等六大能力为主旨的工学团，提倡生产教育的科学教育。抗日战争时期，他提出学校不但“是一个学问的组织，而且是一个战斗体”，“一个生产体”，“学习科学，帮助创造科学的新中国。现在的世界是一个科学的世界，整个中国必须受科学的洗礼”。抗战胜利之后，他在从事民主教育运动过程中，仍主张民主教育要为改变贫穷落后的现状，创造“富”的社会、富强的中国、人民的幸福而奋斗。他指出：“科学不发达，不能造富，所以应该有科学的生产，科学的劳动。”① 1946年初，他把生活教育运动的方针概括为“民主的、大众的、科学的、创造的方针”②。

教育改造社会生活还有一个方面，即是把“文化从小众手里解放出来”。他认为，教育的功能是多方面的，既有政治、经济的功能，也有文化的功能；不仅“传递社会的经验”，而且“是社会经验之改造”③，具有“引导人产生新价值的力量”④。在半殖民地半封建社会历史条件下的中国，教育的首要任务是把“文化从小众手里解放出来”。他指出：“文化是大众所创造的。”可却“被小众所独占”，“现在应该将文化从小众手里解放出来。创造文化的大众应该享受创造的结果”。怎样才能把文化从“小众”手里解放出来呢？他指出了以下几种途径：一是“认识上的解放”，即把文化从种种错误歪曲的观念里解

---

① 陶行知：《实施民主教育的提纲》，《陶行知全集》第3卷，湖南教育出版社1985年版，第543页。

② 陶行知：《大众的艺术》，《陶行知全集》第3卷，湖南教育出版社1985年版，第581页。

③ 陶行知：《谈教学做合一——致朱端琰》，《陶行知全集》第5卷，湖南教育出版社1985年版，第206页。

④ 陶行知：《教学做合一下之教科书》，《陶行知全知》第2卷，湖南教育出版社1985年版，第300页。

放出来；二是“工具的解放”，即提倡使用新文字；三是“方法的解放”，即废除灌注的教授法，代之以“相互之自由讨论”，反对“知识私有”，“知识封锁”，主张“即知即传”，把白话文解放成大众文，提倡教学做合一，“在行动上来推进大众文化”；四是“组织上的解放”，即“把文化从松花江监牢里解放出来，使它跑进大社会里去。社会即学校，文化的场所多着哩”；五是“时间的解放”，即“争取时间来推进大众文化”；六是“新文化创造的解放”，即反对文化刽子手对新文化创造的摧残。他认为，取得文化解放的关键，在于“要大众运用集体的力量来争取的”，“决不能由少数知识分子代办”，“大众文化是大众的文化，是大众为自己推动的文化，是大众为自己谋幸福除痛苦而推动的文化”，“民族解放、大众解放、文化解放是一个分不开的活动。得联起来看，联起来想，联起来干，才会看得清楚，想得透彻，干得成功”[①]。可以说，陶行知一生提出的各种教育主张，推行的各个教育运动，都是为了把文化从小众手里解放出来，让文化的创造者——大众所享用。

教育不仅改造社会生活，也改造个人生活。这两者又是紧密联系在一起的。教育的基本功能是通过培养人来改造社会生活，那么，教育如何培养人以充分发挥其改造社会生活的巨大作用呢？陶行知认为这就必须把培养人与生活实际密切结合起来，引导学生追求“高尚的生活”。他说：“‘生’字的意义，是生活或是生存。学生所学的是人生之道。人生之道，有高尚的，有卑下的；有片面的，有全部的；有永久的，有一时的；有精神的，有形式的。我们所求的学，要他天天加增，是高尚的生活，完全的生活，精神上的生活，永久继续的生活。”[②]“教育的作用，是使人天天改造，天天进步，天天往好的路上走。”[③]

陶行知指出：“在一般的生活里，找出教育的特殊意义，发挥出教育的特殊力量。同时，要在特殊的教育里，找出一般的生活联系，展开对一般生活的普遍而深刻的影响。把教育推广到生活所包括的领域，使生活提高到教育

① 陶行知：《文化解放》，《陶行知全集》第3卷，湖南教育出版社1985年版，第76—80页。

② 陶行知：《新教育》，《陶行知全集》第1卷，湖南教育出版社1984年版，第126页。

③ 陶行知：《新教育》，《陶行知全集》第1卷，湖南教育出版社1984年版，第123页。

所瞄准的水平。”① 这既是陶行知对生活教育者的殷切期望，又可视为他对生活决定教育、教育改造生活的扼要说明。

总之，生活含有教育的意义，教育应以生活为中心，通过生活来进行，生活决定教育，教育改造生活，这些就是“生活即教育”的基本涵义。

3.“生活即教育”的实质

“生活即教育”原理，是生活教育理论的核心，也是陶行知教育学说中最易引起人们误解乃至曲解的一个思想。为了弄清其实质，这里有必要对社会上和理论界流行甚广的几种认识做出分析。

其一，陶行知是把教育和生活画等号，把教育原始化、低级化吗？

“生活即教育”如果从字面上讲，当然是“生活就是教育”的意思。有人根据这一字面上的意思，认为陶行知的这一主张，实际上是抹煞了教育同生活的区别，把两者完全等同起来。其实，这是一种误解。陶行知的确说过：“生活与教育是一个东西，不是两个东西。在生活教育的观点看来，它们是一个现象的两个名称。”② 这是讲生活与教育具有某种深刻的、内在的同一性或一致性，生活与教育经历着同一过程，教育不能脱离生活，生活也离不开教育，而并非是把生活与教育简单地等同起来，完全看成一码事。

我们认为，对于陶行知的“生活即教育”原理（包括他的其他原理和思想），不能仅仅根据其字面上的意思就下断语，而应根据他当时提出、形成、实施这些主张的历史条件、时代特点和他本人的论述做出全面、准确、客观的分析。前面说过，在陶行知提出、形成和实施其教育主张之前，在人类社会教育发展史上，教育与生活的关系经历了一个由融合到分离的过程。进入阶级社会以后，学校教育便被剥削统治阶级所垄断，脑力劳动成了剥削阶级的事情，只有剥削阶级的子弟才能入校学习，学校教育成为人们进行阶级统治的工具，而劳动人民子弟则被排斥在学校大门之外。劳动人民基本上还是通过父传子、师带徒的形式，在生产劳动和社会实践中接受教育。在学校教育的教育内容上，主要传授统治阶级思想，学习统治者的治人之术，几乎与

---

① 陶行知：《〈战时教育〉半月刊方针——致戴伯韬》，《陶行知全集》第5卷，湖南教育出版社1985年版，第472页。

② 陶行知：《教学做合一下之教科书》，《陶行知全集》第2卷，湖南教育出版社1985年版，第288页。

社会生活实际没有什么直接联系。进入近代社会以后，中国的文化教育虽然在西方文化教育的猛烈冲击下开始发生某些变化，但教育脱离人民、教育脱离生活的状况，却没发生根本性的改变。正是针对半殖民地半封建社会中国传统教育和洋化教育的这两个根本弊端，同时又考虑到当时人民大众接受教育的实际情况，陶行知才提出“生活即教育”的主张。

此外，从当时的时代特点来看，近代中国社会在帝国主义（尤其是日本帝国主义）的侵略下，正日益走向殖民地化。反帝反封建、争取民族解放和民主自由成为时代的中心课题。但学校的教育内容严重脱离社会现实，完全不能适应人民大众反帝反封建革命斗争的需要。只有人民大众自身的社会生活实践，才能真正满足这种需要，才是最好的教育内容。

而且，就连陶行知本人也是明确反对以生活等同教育，取消教育的。1936 年，他在谈到某些人对“生活即教育”的误解时说：“有人说，生活既是教育，那么，便有生活即有教育，又何必要我们去办教育呢？他这句话，分析是对的，断语是错的。我们承认自古以来便有生活即有教育。但同在一社会，有的人是过着前进的生活，有的人是过着落后的生活。我们要用前进的生活引导落后的生活，要大家一起来过前进的生活，受前进的教育，前进的意识要通过生活才算是教人真正的向前去。”① 又说：“教育上是生活反映出来的影子。”“是好生活即是好教育；是坏生活即是坏教育；有目的的生活即是有目的的教育；无计划的生活即是无计划的教育；合理的生活即是合理的教育；不合理的生活即是不合理的教育；日常的生活即是日常的教育；进步的生活即是进步的教育。”② 这些话的意思是说，生活是一个整体，教育是一个局部，生活包括教育，而不等同教育，更不能取消教育。生活本身也有内容、性质的不同，有前进的生活，也有落后的生活；有革命的生活，也有反动的生活。但同一社会里，有的人是过着前进的、革命的生活，有的人则过着落后的乃至反动的生活。教育者要用前进的生活来引导落后的生活，用革命的生活来改造反动的生活，使大家一起来过前进的、革命的生活，受前进的、

① 陶行知：《生活教育之特质》，《陶行知全集》第 3 卷，湖南教育出版社 1985 年版，第 27 页。

② 陶行知：《晓庄三岁敬告同志书》，《陶行知全集》第 2 卷，湖南教育出版社 1985 年版，第 209 页。

革命的教育。只有这种前进的、革命的生活，才真正含有教育的意义。教育者应该办的教育，就是这种前进的、革命的教育。他所反对的或取消的，是落后的、反动的教育，而不是教育本身。

值得注意的是，陶行知在用英文表示“生活即教育”、“社会即学校”时，一般都是用关系词“as”而非“is”来表示生活与教育、社会与学校的关系。比如，1938 年 9 月，他应印度民族运动领袖甘地之邀，用英文为之撰写《中国的大众教育运动》时，中文便是“Life as Education”、“Society as School”。在 1938 年的《中国》和 1945 年的《全民教育》这两篇英文论著中，也是用“Society as the school”或“Society as School”来表示“社会即学校”①。“as”与“is”一词之差，涵义颇有出入。“as”的意思是“似”，“is”的意思为“是”。“as”是一种类比，表示两件不同事物具有某种同一性或一致性。陶行知在不同时期、不同情况下都用“as”而不是“is”来表示生活与教育、社会与学校的关系，说明陶行知在使用这些意思接近而又颇有差异的英文词语时，经过了深思熟虑，反复斟酌，绝非偶然的信笔为之，随便搭配。从陶行知对英文词语“as”的使用中，我们也可窥知他强调的是生活与教育、社会与学校的同一性或一致性，而并非把生活与教育简单地等同起来，完全看成一码事。

其二，陶行知的“生活即教育”不过是杜威“教育即生活”的“翻版”吗？

陶行知的“生活即教育”是对杜威的“教育即生活”的直接改造。有人据此认定“生活即教育”与“教育即生活”并无根本不同，半个筋斗并没有跳出杜威的窠臼，不过是杜威“教育即生活”的“翻版”而已。其实，这也是一种误解。

不错，陶行知的“生活即教育”是对杜威“教育即生活”直接改造的结果。但应看到，它更是陶行知长期反传统教育和洋化教育历史实践的产物，是陶行知针对 20 世纪上半叶中国社会和教育的具体实际而提出来的。这就决定了陶行知的“生活即教育”与杜威的“教育即生活”不仅是字词的颠倒，而且在内容、性质上有着根本区别。

首先，“教育即生活”宣扬的是教育无目的论，认为教育目的是在教育过

---

① 参见《陶行知全集》第 6 卷，湖南教育出版社 1985 年版，第 513、538、567、572 页。

程之中，而不是在教育过程之外，主张抓住现实，不要强调“遥远的将来”，抓住一个一个具体的行动，达到一个一个具体的目标，以应付眼前的事变就是目的。而“生活即教育”则主张教育是有目的的，旗帜鲜明地提出教育应“促进自觉性之启发，创造力之培养，教育之普及，生活之提高”，指出教育是民族解放、大众解放、人类解放的工具，应为反帝反封建、争取民族解放和民主自由的伟大斗争服务。

其次，“教育即生活”只是把社会上的“生活”引入学校，这还不是真正的社会生活。“生活即教育”则是拿进步的生活去改造落后的生活，拿整个的生活去解放褊狭的生活，拿全部生活去做教育的材料。或言之，以人民大众改造社会、征服自然的全部社会实践去做教育的内容。

再次，“教育即生活”将教育和生活关在学校大门里，使教育与丰富多彩的社会生活相隔绝，教育的场所就是学校；而“生活即教育”则主张到处是生活，即到处是教育，整个的社会是生活的场所，亦即教育的场所。这就扩大了教育的范围和场所，从根本上改变了教育的概念。

最后，“教育即生活”认为学校的功能是“把现存的社会风俗纯化和理想化”，旨在保存和巩固资本主义社会的秩序，防止产生对资本主义的离心力量。而“生活即教育”则主张教育要为人民大众反帝反封建的革命斗争服务，为建立民主自由的新中国服务，为人民大众谋利益。

由此可见，陶行知的“生活即教育”并不是杜威“教育即生活”的“翻版”，两者之间在内容、性质上有着根本的不同。当然，指出它们之间的本质差异，并不意味着两者就没有任何共同之处。事实上，两者都是以反对形式主义的传统教育为基本旨趣的，都强调生活与教育的一致性，主张教育要密切联系生活实际并为社会发展服务。陶行知对杜威的“教育即生活”具有崭新的思想内容和性质。

总之，陶行知的“生活即教育”既不是把教育和生活画等号，把教育原始化、低级化，也不是杜威“教育即生活”的“翻版”，与“教育即生活”没有什么根本不同。它以反对传统教育和洋化教育、建立新型的人民教育为宗旨，强调生活与教育的一致性，认为生活含有教育的意义的作用，教育应以生活为中心，通过生活来进行，教育决定于生活并反作用于生活，主张教育要与社会生活相联系，教育要与生产劳动相结合，教育要为人民大众服务。

这就是“生活即教育”的实质。

（三）“生活即教育”的作用及评价

“生活即教育”是陶行知教育学说中的核心思想和基本原理，是陶行知在反对传统教育和洋化教育的长期斗争中，在批判地继承杜威的“教育即生活”思想和总结自己教育实践经验的基础上产生的。它的出现给五四以后中国新教育的发展带来了深刻影响，更新了人们对教育、生活以及两者关系的认识，反映出教育的一些规律性的东西。不仅在历史上起过积极作用，而且对我们今天的教育仍具有重要的现实意义。

1. “生活即教育”给五四以后中国新教育的发展带来了深刻影响

在五四以前的中国历史上，教育一直被剥削阶级所垄断，只有统治阶级的子弟才能入校学习，劳动人民子弟则被拒之于学校大门之外。学校的教育内容主要是儒家经典，以文字和书本为中心，严重脱离社会生活实际。教育脱离人民、教育脱离生活，是中国传统教育的两个主要弊端。

为了改变这种状况，近代中国的许多有识之士曾经提出过种种主张和设想，做出过种种努力，终因各种主客观原因而收效甚微。五四运动期间，乘民主思潮高涨之机，陶行知怀着要使全中国人民都受教育的宏愿，开始从事其改造中国社会和教育的伟大实践，登上了现代中国的历史舞台，与他同时代的众多有识之士一道，演出一幕幕有声有色、威武雄壮的“话剧”。

他针对传统教育和洋化教育脱离人民、脱离生活的弊端，揭起“生活即教育”的大旗，主张教育要和社会生活相联系，教育要与生产劳动相结合，教育要为人民大众服务。这就给五四以后的中国教育界带来了一场思想观念上的伟大革命，极大地影响了现代中国的教育发展。

“生活即教育”主张教育要与社会生活相联系，反对教育脱离社会生活实际，这就击中了传统教育和洋化教育的要害。旧教育的基本特征就是“死”，就是和生活脱离。陶行知看清了这一点，针锋相对地提出教育必须和生活结合，生活是教育的灵魂和生命。他把教育的范围由学校扩大到整个社会，以人民大众的全部生活实践为教育的内容，从而把教育从狭小的范围内彻底地解放了出来，改变了以往人们对于教育、生活及其相互关系的陈旧认识，在人们思想观念深处造成了一场“强烈地震”。

“生活即教育”主张教育要为人民大众服务，反对教育只为少数贵族少爷小姐服务。陶行知说：“我们要求教育机会均等。”① “无论什么阶级，都要有受教育的机会。受教育的机会被剥夺最多的是农工及子弟。”“民主教育是要力求农工劳苦阶级有机会受教育。”② 让工农大众及其子弟受教育，这就把教育权从统治阶级手中夺了回来，交还给了人民大众，为五四以后中国新教育的发展指明了正确方向。

“生活即教育”的思想，与当时反动统治思想是相对抗的，在实质上与马克思主义的教育观息息相通。它的思想内核，如教育要与社会生活相联系，教育与生产劳动相结合，教育为人民大众服务的思想，已被党的教育理论所吸收，并融合和体现在党的一系列方针政策之中，成为党的教育理论的一个重要的组成部分。

2.“生活即教育”对我们今天的教育仍具有重要的现实意义

“生活即教育”原理所反映出教育的一些规律性的东西，不仅在历史上起过积极作用，而且对我们今天的教育仍具有不可忽视的理论价值和实践价值。“生活即教育”强调生活与教育的一致性，认为生活含有教育的意义和作用，提出教育以生活为中心，通过生活来进行，承认教育决定于生活而又反作用于生活，主张教育要与社会生活相联系，教育要与生产劳动相结合，教育要为人民大众服务。这些思想都含有许多值得借鉴的合理成分，有助于我们进一步认识教育的对象、内容和途径，认识教育、生活及其相互关系，进一步加强教育与社会生活的密切联系，使教育更好地为人民大众服务，为社会主义现代化建设服务。

当然，作为一种特定社会历史条件下的产物，由于时代和个人两方面的原因，“生活即教育”在理论上和实践上还存在着一些不足之处。如对生活与教育的联系说得比较多，而对两者之间的区别（或差异）说得比较少。此外，过去有些人有些地方在实施这一原理时，曾经由于认识不够，经验不足，而发生过一些偏向。但这些都是需要从当时那种特定的时代背景来加以理解的，

---

① 陶行知：《民主教育》，《陶行知全集》第 3 卷，湖南教育出版社 1985 年版，第 569 页。

② 陶行知：《实施民主教育的提纲》，《陶行知全集》第 3 卷，湖南教育出版社 1985 年版，第 541～542 页。

不能过于求全责备，更不能不分青红皂白地把什么偏颇都算在陶行知的账上。

二、“社会即学校”

（一）“社会即学校”的产生背景

1. 教育背景

关于社会即学校产生的教育背景，实际上在前面分析“生活即教育”产生背景时已涉及了，这里只想再略微说明一下。

如前所述，在原始社会里，由于生产力十分低下，社会上没有剩余产品，生产资料为氏族公有，没有阶级和剥削，也不存在脑力劳动与体力劳动的分工，没有文字和书籍，也没有出现学校这种专门的教育机构。从某种意义上说，这个时候，“社会就是学校”①。

进入奴隶社会以后，随着生产力的发展，社会上有了剩余产品，出现了剥削阶级和被剥削阶级，产生了脑力劳动与体力劳动的分工，并产生了国家。这时，统治阶级需要一种专门机构来培养和造就官吏和士人，于是产生了学校。学校从以劳动为目的的教育领域里分离出来，具有独立的存在形态，这在人类文明史和教育史上是一个划时代的进步。但是，由于阶级的存在，学校教育的对象只是奴隶主和地主阶级的子弟，至于劳动人民子弟则只能在学校的大门外“望门兴叹”，仍旧在生产劳动和社会生活的实践中，接受以劳动为中心的教育。而统治阶级的子弟在学校里学习他们的意识形态、行为规范、伦理道德等有关统治劳动人民的“治人之术”。这样，学校不仅对社会上的广大人民群众关上了大门，也与活生生的社会生活隔绝开来，形成社会自社会、学校自学校的局面。

近代以降，在西方文化的冲击下，随着中国传统社会结构的演变，中国传统教育也产生了明显的变化。废科举，兴学校，颁布新学制，引进西方各种先进的教育理论和方法，学校的大门逐渐向社会民众开放，学校教育的内容也开始接近社会生活。但是，由于当时中国处在半殖民地半封建的社会历

---

① 陶行知：《生活即教育》，《陶行知全集》第2卷，湖南教育出版社1985年版，第183页。

史条件下，学校教育的性质和面貌没有也不可能有真正的改变。“新学办了三十年，依然换汤不换药，卖尽气力，不过把‘老八股’变成‘洋八股’罢了。‘老八股’与民众生活无关，‘洋八股’依然与民众生活无关。”① 仍然是学校自学校，社会自社会，教育严重地脱离人民大众的社会生活实际。针对传统教育和洋化教育的弊端，从推广大众教育的目的出发，陶行知在提出“生活即教育”的同时，又提出了“社会即学校”。

2. 理论背景

如果说，“生活即教育”的理论背景是20世纪上半叶杜威“教育即生活”在中国教育界的广泛流行，那么，“社会即学校”的理论背景就是杜威另一个主张“学校即社会”的喧嚣一时。

“学校即社会”是紧随着“教育即生活”而来的。杜威在提出了“教育即生活”后，又提出了“学校即社会”。杜威认为，学校是一个重要的社会机构，这个机构早在有了文字交往之后就出现了，其中目的是为了世代传递社会遗产，为了有效地进行社会交往。作为一种典型的社会环境，学校担负着特定的培养人才的任务。学校具有三种特殊功能：一是学校能将错综复杂的社会生活简单化，为青少年提供一个简化的环境，使青少年将分成若干部分的复杂文化，逐步地、分阶段地吸收，不至于陷于混乱，无所适从；二是学校能尽量排除现存环境中无价值的东西，不让其影响儿童的心理习惯；三是学校为每个人提供了一个不受社会团体限制的社会，为人们创造了一个新的、广阔的学习环境。为了使学校正常发挥功能，他指出，学校应该具有社会生活的全部含义。这一看法与他对教育的理解是一致的，教育既然是一种社会过程，学校便是社会生活的一种形式。学校应办成一个小型的或雏形的社会，社会上的各种机构在学校里都可以模拟，使学生在学校就能接触到丰富的社会生活实践。具体说来，社会上的一切，如卫生局、市政厅等，都可以请到学校里来，使之应有尽有，成为一个小型社会。

杜威抨击与世隔绝的经院式的学校，要求学校富有生活气息，并且对学校的各个方面的性质作了理论上的探索，在当时是相当引人注目的，具有较大的影响，对扭转美国教育的时弊起了一定积极作用。

---

① 陶行知：《生活工具主义之教育》，《陶行知全集》第2卷，湖南教育出版社1985年版，第76页。

五四运动期间，杜威来华讲学，在宣传其“教育即生活”的同时，也宣传了“学校即社会”。“学校即社会”与“教育即生活”一样，一时也为中国教育界许多人奉为圭臬，深信不疑。

应该承认，比起学校自学校，社会自社会的情形，“学校即社会”的指出显然是一个进步。它对纠正中国传统学校完全脱离社会生活实际的弊端，确实产生了某些积极作用。然而，杜威的“学校即社会”是有相当的局限性的。其错误的政治倾向和不科学的哲学基础暂且不说，即便是其基本内容，也多有谬误。况且拿到与美国社会文化环境差异颇大的中国，更显得方枘圆凿。

早期的陶行知，在接受和传播杜威“教育即生活”的同时，也接受和传播了“学校即社会”。但是，经过一段时期的实践之后，发觉不论是“教育即生活”还是“学校即社会”，在中国都行不通。一遇到中国的具体实际，就必然碰壁。现实告诉他，“学校即社会”是不对的，是不适合中国国情的。于是，他从中国的具体实际出发，又把“学校即社会”翻了半个筋斗，改为“社会即学校”。

由此可见，陶行知的“社会即学校”，是针对传统教育和洋化教育的弊端，从推广大众教育的目的出发，在其教育实践的基础上，直接改造杜威“学校即社会”的结果。

（二）“社会即学校”的含义与实质

1.“社会”、“学校”范畴

“社会”范畴与“生活”、“教育”范畴一样，也是陶行知教育学说的基本概念之一。在分析了“生活”、“教育”范畴之后，有必要进一步探讨“社会”范畴的涵义。

首先需要说明，陶行知对“社会”范畴没有作过什么专门论述，我们主要是从他对“社会”范畴使用的有关情况来了解这一范畴的基本涵义。大致说来，他的“社会”范畴主要有两层意思：一是泛指各种由于种种利益关系而互相联系起来的人群及其组织，二是特指以工农为主体的人民大众及其组织（例如“工学团”、“文化细胞”、“文化网”等）。

陶行知的“社会”范畴是一个与其“生活”范畴有着内在联系的概念。他的“生活”范畴主要是指人民大众的生活实践，与之相应，他的“社会”

也主要是指人民大众的生活组织（场所）。人民大众生活在一定的组织（场所）里，结成一定的社会关系，从事其生活实践。他们在这种组织（场所）里，相互之间发生作用，通过生活与生活的摩擦以及生活的变化和斗争，意识到自己的生活，不断地加以改进，从而共同得到提高。

在某种意义上，陶行知倡导“工学团”、“文化细胞”、“文化网”等，都是其“社会”范畴的具体体现。什么叫做“工学团”？“工学团”是陶行知自创的一个名词。依他的解释：“‘工是工作，学是科学，团是团体’，说得清楚些是，工以养生，学以明生，团以保生。说得更清楚些是，以大众的工作，养活大众的生命；以大众的科学，明了大众的生命；以大众的团体的力量，保护大众的生命。”① “工学团是一个小工场，一个小学校，一个小社会。在这里面是包含着生产的意义，长进的意义，平等互助、自卫卫人的意义。它是将工场、学校、社会打成一片，产生一个富有生活力的新细胞。”② 他指出：“工学团可大可小，从几个人的家庭、店铺，几十个人的学校、庙宇，几百个人的村庄、监狱，几千人的工厂，几万人的军队，都可造成一个富有意义的工学团。”③ 他还特别说明：“团不是一个机关，不是一个工学的机关。假使它只是一个工学的机关，那便成了一个半工半读的改良学校而不是工学团。团是团体，是力的凝结，力的组织，力的集中，力的共同发挥。”④ 人民大众正是生活在这种团体里，团结起来，集中力量，保护自己的利益，抵御敌人的进攻，争取民族民主斗争的胜利。

“文化细胞”是陶行知自创的又一名词。他认为，为了适合大多数人的生活，便利大多数人继续不断地长进，必须创造一种下层文化的组织。这种组织便叫“文化细胞”。他提议，“每一家店铺，每一工厂，每一机关，每一集团组成一个文化细胞。这种细胞里的分子有两种，一是识字的，一是不识字的。我们叫每一个细胞里的识字分子教导不识字分子，说得正确些，我们要

① 陶行知：《普及什么教育》，《陶行知全集》第 2 卷，湖南教育出版社 1985 年版，第 636 页。

② 陶行知：《普及什么教育》，《陶行知全集》第 2 卷，湖南教育出版社 1985 年版，第 636 页。

③ 陶行知：《普及什么教育》，《陶行知全集》第 2 卷，湖南教育出版社 1985 年版，第 636—637 页。

④ 陶行知：《普及什么教育》，《陶行知全集》第 2 卷，湖南教育出版社 1985 年版，第 637 页。

叫识字分子取得现代知识精神，连文字一同教给不识字的分子。这样一来，每个文化细胞里的分子都能继续不断地长进。”他还指出：“这种文化细胞在山海工学团范围以内叫做工学队，为工学团最下层之组织单位。俞塘称它为生活教育团，安徽省会称它为普及教育团。有人建议称它为自学团或共学团。”[①]

在“文化细胞”的基础上，陶行知建议形成一个“文化网”。他说：“文化细胞虽是最下层的组织，但是光棍的细胞是没有多大用处，我们必须把一个个的‘文化细胞’联合起来，结合一个文化网。”“在城市里，每一铺户里的识字者与不识字者组织一个生活教育团，继续不断的共同教学做，便成了一个‘文化细胞’。有了这个‘文化细胞’的组织，这一铺户里的人便可以活到老做到老，教到老学到老。如果一条街上的‘文化细胞’都联了起来，成了一街的文化组织，再进一步，一区的街文化组织都联了起来，成了一区的文化组织，以至全市的文化组织，那便是有了文化网的作用了。我们可以称为街文化网、区文化网、市文化网。乡下的可以称为村文化网、乡文化网等。”[②] 不难发现，这种“文化细胞”和“文化网”，既是人民大众的生活组织，又是其文化组织，均为陶行知“社会”范畴的具体化。显然，这与杜威的资产阶级的“社会”范畴是截然不同的。

“学校”与“社会”是同一命题（原理）的两个相关范畴。如同谈“生活”必然涉及“教育”一样，谈“社会”也必然关联到“学校”。

那么，陶行知的“学校”范畴有哪些基本涵义呢？概括起来，一是指正规的、专门的教育机构，也就是人们通常所理解的学校；一是指人民大众生活的场所（整个的社会是生活的场所，亦即教育之场所[③]）。从他一贯论述的重心来看，显然更为重视后者。这与杜威也是大不相同的。

当然，陶行知的认识有一个发展变化的过程。最初，他的“学校”范畴的含义与杜威没有根本不同。他在 1919 年的一次题为“新教育”的演讲中指

---

① 陶行知：《文化细胞》，《陶行知全集》第 2 卷，湖南教育出版社 1985 年版，第 828—829 页。

② 陶行知：《文化网》，《陶行知全集》第 2 卷，湖南教育出版社 1985 年版，第 830 页。

③ 陶行知：《生活教育》，《陶行知全集》第 2 卷，湖南教育出版社 1985 年版，第 633—634 页。

出："要使学校成为一个小共和国，须把社会上一切的事，拣选他主要的，一件件的举行起来。不要使学生在校内是一个人，在校外又是一个人。要使他造成共和国民的根基，须在此练习。对于身体方面、道德方面、政治方面，凡国民所不可不晓得的，都要使他晓得，那学校便成为具体而微的社会了。"① 尽管在讲演中他已指出，学校是小的社会，社会是大的学校。但从所讲的重心来看，此时的重点是放在前面的，是围绕着"学校即社会"来展开立论的。这里的"社会是大的学校"还不能简单地等同于日后的"社会即学校"，至多只能视为"社会即学校"的萌芽。平民教育运动中，陶行知通过总结推行杜威的"学校即社会"的教训，开始对传统的和洋化的"学校"观进行反思，逐渐认识到，在半殖民地半封建社会的历史条件下，传统的学校教育的那一套是无法适应人民大众的社会现实生活的需要的，应该对旧的"学校"来一个根本的改造。因此，他从推广人民大众教育的目的出发，在充分考虑到人民大众现实处境的基础上，直截了当地提出"社会即学校"，把人民大众的生活场所，都当成教育的场所。这就彻底改造了旧的"学校"观，使其"学校"具有不同于杜威的思想新质。明白了陶行知教育学说中"社会"和"学校"范畴的含义，这就为下面分析"社会即学校"的涵义和实质，创造了必要前提。

2. "社会即学校"的涵义

陶行知的"社会即学校"，如同其"生活即教育"一样，有着极为丰富的涵义。举其要者，大抵有三：

首先，从社会的角度说，"社会含有学校的意味"②。或者说，"以社会为学校"，"把整个的社会或整个的乡村当作学校"③。这是"社会即学校"的基本涵义。陶行知根据他的"生活即教育"，进一步指出："到处是生活，即到处是教育；整个的社会是生活的场所，亦即教育之场所。因此，我们又可以说：'社会即学校'。"④

---

① 陶行知：《新教育》，《陶行知全集》第 1 卷，湖南教育出版社 1984 年版，第 126 页。

② 陶行知：《创造的教育》，《陶行知全集》第 2 卷，湖南教育出版社 1985 年版，第 617 页。

③ 陶行知：《晓庄三岁敬告同志书》，《陶行知全集》第 2 卷，湖南教育出版社 1985 年版，第 211 页。

④ 陶行知：《生活教育》，《陶行知全集》第 2 卷，湖南教育出版社 1985 年版，第 633—634 页。

陶行知为什么主张“社会即学校”？这主要是他有鉴于传统教育和洋化教育均不能适应人民大众生活实际的需要，同时又充分考虑到人民大众的现实处境。也就是说，他是从推广大众教育的目的出发而提出这一主张的。

一方面，他认为，传统的学校教育，最大的弊病是脱离社会生活实际。他对于脱离社会生活实际的学校教育深恶痛绝，说：“没有生活做中心的教育是死教育。没有生活做中心的学校是死学校。没有生活做中心的书本是死书本。在死教育、死学校、死书本里鬼混的人是死人——先生是先死，学生是学死！先死与学死所造成的国是死国，所造成的世界是死世界。”[①] 依他之见，无论是“老八股”，还是“洋八股”的学校教育，好比鸟笼一样将学生圈套在狭小的范围里与社会生活隔绝，与人民大众的生活实际无关，是仅仅服务于少爷、小姐、政客、书呆子的特殊学校，只有少数“有钱、有闲、有面子的人才能进去的”。为此，他主张拆除学校与社会之间的“高墙”，把学校从“鸟笼里”解放出来，与整个乡村、整个城市、整个国家、整个世界、整个宇宙相联系，和人民大众的生活实际相联系，打破当时少数统治者对学校的垄断，使教育不再成为“少爷的手杖，小姐的钻戒，政客升官的梯子，书呆子的轮回麻醉的乌烟”。他提出学校教育之中，有志献身于社会改造的“人中人”，去改造恶浊的旧社会，创造美好的新社会，使人民真正过上幸福美好的新生活。

另一方面，从人民大众的现实处境来看，“社会是大众唯一的学校，生活是大众唯一的教育”[②]。并说“课堂是既不许生活进去，又收不下广大的大众，又不许人动一动，又只许人向后退不许人向前进，那么，我们只好承认社会是我们的唯一的学校了。马路、弄堂、乡村、工厂、店铺、监牢、战场，凡是生活的场所，都是我们教育自己的场所”。这样一来，“我们所失掉的是鸟笼，而所得的倒是伟大无比的森林了。为着要过有意义的生活，我们的生活力是必然的冲开校门，冲开村门，冲开城门，冲开无论什么自私自利的人所造的铁门。所以，整个的中华民国和整个世界，才是我们真正的学校咧”[③]。

---

① 陶行知：《教学做合一下之教科书》，《陶行知全集》第 2 卷，湖南教育出版社 1985 年版，第 289 页。

② 陶行知：《生活教育》，《陶行知全集》第 2 卷，湖南教育出版社 1985 年版，第 634 页。

③ 陶行知：《生活教育之特质》，《陶行知全集》第 3 卷，湖南教育出版社 1985 年版，第 27 页。

基于上述考虑，陶行知积极从事“社会即学校”的实践，在社会上办各种各样方便人民大众及其子弟的学习场所（如他本人先后创办的民众茶园、自然学园、通讯学校、空中学校、工学团、业余学校、旅行团、社会大学，等等）。他的基本宗旨，就是为了推广大众教育，使人民大众都能有机会学习现代科学文化知识，学会现代的技能，感觉时代的问题，并以现代的方法发挥其力量，取得反帝反封建民族民主革命的胜利。一句话，救亡必须启蒙，启蒙为了救亡。

其次，从学校的角度说，“学校含有社会的意味”①。也就是说，学校要“了解社会的需求”②，与社会生活实际紧密结合起来，为社会改造和发展服务。

陶行知对脱离人民大众生活实际的学校多有批评。他在《攻破普及教育之难关》一文中指出：“一个乡下先生住在一个破庙里教死书，就好比是一只孤鸦。他无意也无暇与农人交接。他教他的书，对农人的一切是不能过问。他所办的学校是与社会隔离。学校不能运用社会的力量以谋进步，社会也没法吸收学校的力量以图改造，双方都失掉互济的效用。这种孤僻的学校，普及了也没有意思。”他主张对这种学校来一个彻底改造，具体做法之一是：“现在假使一切都不改，只把小学生变作小先生，这没有意义的学校便变成一个很有意义的学校，这位孤零零的赘疣的寒酸先生便立刻变成一位村庄中所不可少的有作为的先生了。比方这个学校原来有三十个学生都变成小先生，便好像是三十根电线接到各村去和他们通起电流来。在这些电线上所通的电流有来也有往。一个个小先生可以把各村的问题、困难带来和先生讨论，又可以把学校里从外面得来的知识与力量带去和农人与不能进学校之小孩讨论。有时大家来他一个总集合，在各村的问题上求他一个总解决。例如总动员救旱灾，除蝗虫，打倒土豪劣绅、贪官污吏、帝国主义。”③ 如此一来，学校就被彻底改造成一种新型的学校。

---

① 陶行知：《创造的教育》，《陶行知全集》第 2 卷，湖南教育出版社 1985 年版，第 617 页。

② 陶行知：《教育的新生》，《陶行知全集》第 2 卷，湖南教育出版社 1985 年版，第 712 页。

③ 陶行知：《攻破普及教育之难关》，《陶行知全集》第 2 卷，湖南教育出版社 1985 年版，第 788 页。

当然，陶行知上面说的只是一个改造旧学校的例子，还不能完全反映出他改造旧学校的全部设想。在实际生活中，陶行知对改造旧学校、建设新学校曾提出了许多有益的建议，并作了大量的努力。他一生办了各种类型的新学校，如安徽公学、晓庄学校、湘湖师范、山海工学团、育才学校、社会大学等。在这些学校中，学校与社会生活建立了密切的联系，并延展到大自然里。

陶行知虽然对传统的学校教育颇为不满，但他对学校的社会功能却从未轻视，甚至可以说给予了极大的重视。这与他对教育的本质及其功能的认识是一致的，他把学校的社会功能提到很高的层次上来强调。他一直坚信：学校应当是社会改造的中心。“我们深信乡村学校应当做改造乡村生活的中心。”“乡村教师应当做改造乡村生活的灵魂。”① 他还充满信心地向世人宣布：“我们的新使命是要征集一百万个同志，创设一百万个学校，改造一百万个乡村。”并表示：“我们以极诚恳的意思，欢迎全国同胞一齐出来，加入这个运动！赞助他发展，督促他进行，一心一德的来为中国一百万个乡村创造一个新生命，叫中国一个个的乡村，都有充分的新生命，合起来造成中华民国的伟大的新生命。”② 从这些不乏理想主义色彩的言词中，可以窥知他对学校（当然这是指新型的人民大众的学校）的社会功能重视到何等程度！

最后，从社会与学校的关系说，“运用社会的力量，使学校进步，动员学校的力量，帮助社会进步”③。两者互相影响，共同进步。这与陶行知对生活与教育关系的认识是完全相同的，都体现出陶行知教育学说中的辩证思想。

陶行知认为，传统“学校与社会中间是造了一道高墙。改良者主张半开门，使‘学校社会化’。他们把社会里的东西，拣选几样，缩小一下搬进学校里去，‘学校即社会’就成了一句时髦的格言。这样，一只小鸟笼是扩大而成为兆丰花园里的大鸟笼。但它终究是一只鸟笼，而不是鸟世界。生活教育者主张把墙拆去。我们承认，‘社会即学校’。这种学校是以青天为顶，大地为

---

① 陶行知：《再论中国乡村教育之根本改造》，《陶行知全集》第 2 卷，湖南教育出版社 1985 年版，第 5 页。

② 陶行知：《再论中国乡村教育之根本改造》，《陶行知全集》第 2 卷，湖南教育出版社 1985 年版，第 6 页。

③ 陶行知：《实施民主教育的提纲》，《陶行知全集》第 3 集，湖南教育出版社 1985 年版，第 545 页。

底，二十八宿为围墙，人人都是先生都是学生都是同学。”他特别强调：“不运用社会的力量，便是无能的教育；不了解社会的需求，便是盲目的教育。倘使我们认定社会就是一个伟大无比的学校，就会自然而然的去运用社会的力量，以应济社会的需求。”[①]

就两者关系而言，“学校不能运用社会的力量以谋进步，社会也没法吸收学校的力量以图改造”，这样一来，“双方都失掉互济的效用”[②]。这种学校和社会当然都应改造，只有改造了它们本身，它们才有可能真正地相互推促，共同前进。

那么，怎样才能做到“运用社会的力量，使学校进步，动员学校的力量，帮助社会进步”呢？陶行知也提出了原则性的意见。他指出：“应当有社会是学校的观点，整个社会是学校的观点，整个社会是学校，学校不过是一课堂……并且对于大的社会，才能有民主的贡献。而学校本身就可以成为民主的温床，培养出人才的幼苗。”

总之，社会含有学校的意味，学校含有社会的意味；到处是生活，即到处是教育；整个的社会是生活的场所，亦即教育之场所；整个的社会活动，就是教育的范围；运用社会的力量，使学校进步；动员学校的力量，帮助社会进步。这些就是“社会即学校”的基本涵义。

3.“社会即学校”的实质

作为“生活即教育”的自然延伸，“社会即学校”也是生活教育理论的基本内容之一。与“生活即教育”一样，“社会即学校”也经常引起人们的误解乃至曲解。下面结合有关议论，作点简略分析。

其一，陶行知是要取消学校，让教育倒退到学校出现以前的原始落后状态去吗？

“社会即学校”如果从字面上讲，当然是“社会就是学校”的意思。有人据此认定陶行知的这一主张，实际上是忽视了学校与社会的差异，没有看出学校教育的特殊性，把两者完全等同起来。显然，这是一种误解。陶行知这

① 陶行知：《教育的新生》，《陶行知全集》第2卷，湖南教育出版社1985年版，第711—712页。

② 陶行知：《攻破普及教育之难关》，《陶行知全集》第2卷，湖南教育出版社1985年版，第788页。

一主张的本意，是强调学校与社会具有某种深刻的、内在同一性或一致性，社会离不开学校，学校也不能脱离社会，绝无将两者等同起来，进而取消学校的意思。

上文说过，对于陶行知“生活即教育”原理，不能仅仅根据其字面上的意思就下断语，而应根据他当时提出、形成、实施这些主张的历史条件、时代特点，以及他本人的论述做出全面、准确、客观的分析。这一基本原则对于考察“社会即学校”也是完全适合的。

应该看到，陶行知提出“社会即学校”的时代，正是中国在帝国主义侵略下日益走向殖民地化的时代，民族救亡是压倒一切的中心任务。但是，无论是传统的还是洋化的学校教育，都严重脱离社会实际生活，脱离人民大众，这就不能满足人民大众反帝反封建革命斗争的需要，并且还起着相反的阻碍作用。正是针对传统教育和洋化教育的弊端，从推广大众教育的目的出发，同时又充分考虑到人民大众的现实处境，陶行知才提出“社会即学校”的。

事实上，陶行知本人是明确反对以社会等同学校，取消学校的。他在1940年8月10日至潘畏三信中的一段话，颇能说明这个问题。他在说到师范教育时说：“现在师范学校虽有缺点，我们的任务是改造不是取消。说得更正确点的话，我们应该就学校这种特殊机构予过去的师范教育以改造。过去我们办晓庄试验乡村师范便是这个意思。”并指出：“说我们是在企图取消学校教育了（这是带有一种挑拨性的话），而这绝非我们的本意。”[①] 综观陶行知一生，他都在不停地办学校。遍览他的所有言论，也找不出他主张取消学校的片言只语，所以，如果说这种说法不是曲解，那就是误解，均应加以澄清。

其二，陶行知的“社会即学校”与杜威“学校即社会”是“一脉相承”吗？

有人根据陶行知的“社会即学校”是对杜威“学校即社会”直接改造而来这一点，断言“社会即学校”与“学校即社会”仍然是“一脉相承”，相去不远。其实，这也是一种误解。

必须指出，“社会即学校”虽然是陶行知对杜威“学校即社会”直接改造

---

① 陶行知：《我们不是企图取消学校教育——致潘畏三》，《陶行知全集》第5卷，湖南教育出版社1985年版，第619页。

的结果，但它更是陶行知在反传统教育和洋化教育的斗争中，从推广大众教育的目的出发，考虑到人民大众的现实处境而提出的。也就是说，前者只是“流”，而后者才是“源”。“源”“流”不辨，已属欠妥，倒“流”为“源”，更不应该。

实际上，这两个命题所包含的思想，也是根本不同的。杜威的“学校即社会”，是把学校作为社会的雏形，用陶行知的比喻说，这不过是在一个大鸟笼里搁上些假山石和花草树木罢了，学生依然被囚于鸟笼之中而不得解放。而陶行知的“社会即学校”，则是把广阔的丰富多彩的社会生活与学校教育打通，把学校办成一座大学校，使“教育的材料，教育的方法，教育的工具，教育的环境，都可以大大增加，学生、先生也可以更多起来”①。如果说，杜威的“学校即社会”是“不自然的、虚伪的和无力量的”教育，那么，陶行知的“社会即学校”就是真正的“创造的教育”②。

总之，陶行知的“社会即学校”既不是要取消学校，让教育倒退到学校出现以前的原始落后状态中去，也不是与杜威的“学校即社会”一脉相承。它的实质就是运用社会各方面的力量，建立社会和学校的联系，创办人民大众所需要的学校，培养出适合社会各方面需要的人才，更好地为反帝反封建民族民主革命斗争服务。

（三）“社会即学校”的作用及评价

“社会即学校”是陶行知在反传统教育和洋化教育、提倡新型教育的过程中形成的一个重要思想。作为“生活即教育”思想在理论上的自然延伸，界定了“生活即教育”的范围，构成了“生活教育”的领域论，丰富和完善了陶行知的教育学说。它一产生便极大地震撼了中国教育界，给旧的学校观和教育观带来了根本性变革，有力地配合了半殖民地半封建中国人民大众反帝反封建的伟大斗争。即使在今天，“社会即学校”思想对于当前的教育改革仍具有宝贵的理论参考价值。

---

① 陶行知：《社会即学校——三答操震球之问》，《陶行知全集》第2卷，湖南教育出版社1985年版，第201页。

② 陶行知：《创造的教育》，《陶行知全集》第2卷，湖南教育出版社1985年版，第617页。

1．“社会即学校”彻底改造了旧的学校观和教育观

在传统社会里，教育权被统治阶级所垄断，学校始终为少数统治者及其子女服务，学校也一直被视为少数士大夫子弟接受封建伦理道德和文化知识教育的特殊场所。学校与人民、学校与社会之间，垒起了一道不可逾越的高墙。近代以来，若干有新思想的先进人士从西方引进了资产阶级的教育理论，提出教育要面向生活、学校应联系社会实际，这固然在某种程度上冲击了封建教育思想，但并未真正改变旧的学校观和教育观。学校与人民、学校与社会之间，仍然横亘着一道巨大的鸿沟。

有鉴于此，陶行知从推广大众教育的目的出发，在充分考虑到人民大众现实处境的基础上，明确提出了“社会即学校”的思想。他一方面主张把整个社会作为学校，整个生活作为教育，另一方面又强调学校教育不能关门办学，必须与整个社会生活联系起来。这就从根本上改变了以往人们对于学校的认识，丰富了“学校”这个概念的内涵，扩大了它的外延，彻底改造了旧的学校观和教育观，使学校与人民、学校与社会之间真正地联结在一起，适应了近代中国社会发展的需要。

“社会即学校”思想，不仅与当时反动统治思想相对抗，也在实质上与马克思主义教育观有共同之处。陶行知的整个教育思想（特别是他的“社会即学校”思想），不同于前人之处，就在于他虽然特别重视学校教育，却始终从我国整个社会着眼，从广大人民群众的实际需要着眼，而且无论是谈社会或学校的教育，都是以社会实践为依归，尤其是在后期，更是以革命的社会实践为中心，来处理各种教育问题。这种从广义的教育观点来看待教育，紧密结合社会实践，在办教育的过程中充分考虑人民大众现实处境的迫切需要的思想，与马克思教育思想的基本精神是一脉相通的。

我们知道，马克思主义者在推翻资产阶级统治、建立无产阶级专政的政权以前，除宣传共产主义，批判资本主义，批判旧教育外，只能要求“以社会教育代替家庭教育”、“对一切儿童实行公共和免费的教育”和“把教育同物质生产结合起来”①，积极依靠部分进步文化教育工作者开展社会文化教育，提高人民大众的思想文化水平，培植改变现实社会条件的社会物质基础，根

① 马克思、恩格斯：《共产党宣言》，中共中央马克思恩格斯列宁斯大林著作编译局：《马克思恩格斯选集》第1卷，人民出版社1972年版，第273页。

本不可能指望资产阶级教育为无产阶级服务。列宁在俄国革命取得胜利后不久，曾明确指出："教师不能把自己限制在狭隘的教学活动的圈子里。教师应该和一切战斗着的劳动群众打成一片。新教育学的任务是要把教师的活动同建立社会主义社会的任务联系起来。"① 他非常重视社会教育，多次召开社会教育处长会议，反复强调社会教育对于改造整个生活具有重要意义。中国共产党人也一贯重视社会实践教育，毛泽东、邓小平等人都强调要把解放军以至全中国办成大学校，都把实干中的学习看成更重要的学习。凡此种种，都从一个侧面说明陶行知教育思想（特别是其"社会即学校"思想）是与马克思教育思想相吻合的。

2．"社会即学校"为当代教育改革提供了理论借鉴

"社会即学校"在旧中国的教育界刮起了一阵"思想飓风"，猛烈冲击了旧的学校观和教育观，完全改变了人们以往有关学校和教育的看法，有力地推动了教育文化向下层民众的转移。这是一个了不起的历史贡献。但是，贡献归贡献，这一思想在教育理论上是否站得住脚？或者说，它是否真正符合教育的客观规律呢？回答是基本肯定的。

"社会即学校"一反传统的学校观和教育观，特别强调社会与学校的一致性，认为社会含有学校的意味，学校也含有社会的意味。既提倡学校教育敞开大门，面向社会生活，为人民大众服务，又主张把整个社会都办成学校，把人民大众的生活场所都当成教育的场所，提出学校与社会互相影响，共同进步。尤其是无论谈社会或学校的教育，都始终以现代中国的社会实践为依归，重视教育与社会实践的联系，等等，这都在一定程度上反映出教育的若干规律性的东西，因此，它在理论上是能够成立的，在实践上也是可行的。

新中国成立以来，在中国共产党的正确领导和全国人民（特别是广大教育工作者）的共同努力下，我国的社会主义教育事业取得了举世公认的辉煌成就。但也无可否认，目前学校自学校、社会自社会、学校脱离社会实践的状况仍较普遍。针对这种状况，我们在坚持马克思教育思想基本原则的同时，完全可以借鉴和吸取陶行知"社会即学校"思想中的合理因素，以推动当代中国教育改革的深入开展。

---

① 列宁：《在全俄国际主义教师代表大会上的演说》，中共中央马克思恩格斯列宁斯大林著作编译局：《列宁全集》第27卷，人民出版社1958年版，第418页。

3. “社会即学校”符合未来教育的发展趋势

当今时代世界教育正由传统的小教育走向新型的大教育。而这种大教育的基本特征之一，便是社会化的教育，即教育的社会化和社会的教育化。这种社会化的教育，是对传统的学校教育在空间上的极大扩展。

随着科学技术和经济、社会的发展，学校与社会交往的机会大大增多起来。一方面，教育自觉地走出学校的大门，主动渗透到社会文化细胞中去。教育不再仅仅是教育部门的事，它已成为社会的、公共的事业，广泛地依靠社会各方面的力量来进行，教育日益社会化；另一方面，社会也逐渐教育化，成为一所“大学校”。社会文化的每个细胞都包含着教育的因素，承担着教育的责任。社会通过各种形式的教育来影响社会成员，使之成为学校教育的补充。换句话说，除了学校的正规教育外，所有政府部门、机关团体、工厂、农村、军队、商店、街道等每一个社会基层单位，都在对人们进行各种各样的教育，社会上的每一个人随时随地都在接受各种各样的教育。而学校也将成为社会文化中心，学校的一切设备和图书资料都向社会开放，学校的成员也承担部分社会教育的任务。

社会化的教育，还突出体现在学校教育不再是唯一的教育，学校教育与社会教育、家庭教育逐步形成了三足鼎立的态势。教育的覆盖面正在逐步扩大。小教育，学生的信息来源几乎是唯一在学校，而且主要是获取知识信息。而大教育，学生还可以从电视、录像、广播、收音、录音、电影、戏剧、书籍、报刊等社会和家庭的多种渠道获取各种各样的信息。学生成才依附于学校、社会和家庭这三位一体的教育。

世界教育发展的上述情况，正是陶行知早在 80、90 年前所一贯提倡的。历史已经证明并且还将继续证明，陶行知的“社会即学校”思想，是符合未来教育发展的基本趋势的，是极有生命力的一种教育主张。陶行知的这一思想，不仅是对中国教育也是对世界教育的一大贡献。世界各国的教育工作者都将从中汲取有益的思想养分。

毋庸讳言，陶行知的“社会即学校”思想并不是完美尽善的。由于这一思想是针对旧的学校观提出的，这就难免对旧的否定较多而肯定较少，容易在否定旧学校观糟粕的同时连其某些精华也否定了。同时，陶行知当年在推行其“社会即学校”思想主张时，由于受到许多条件的限制，以致在某些具体的措施办法方面，出现了这样那样的偏颇。这些都值得后人引以为鉴。当然，瑕不掩瑜，就总体而论，“社会即学校”思想是正确的，值得我们很好地学习、研究与运用。

三、“教学做合一”

（一）“教学做合一”的产生和发展

陶行知认为，传统教育注重机械灌输，呆读死记，重教轻学，脱离实践，重知轻行，手脑两分，层层考虑，束缚学生。教学中采取填鸭式教学法（又叫注入式教学法），不顾学生实际情况，一味死灌，教师讲，学生听；教师写，学生抄；教师问，学生答；教师主宰整个教学过程，学生毫无任何主动性和积极性。而且，“先生教而不做，学生学而不做”①，教师为教而教，学生为学而学，教与学都与“做”脱离，轻视行动，手脑分家，“教用脑的人不用手，不教用手的人用脑”。读书的人除劳心以外，不去劳力；除读书以外，不去做工，以致不能生产，而“做工的人除劳力以外，不去劳心，除做工以外，不去读书，以致不能自保其利益，而受他人的横搜直刮”②。针对这一问题，陶行知在倡导“生活即教育，社会即学校”的同时，又提出了“教学做合一”的主张。

（二）“教学做合一”的含义与实质

什么是“教学做合一”？陶行知指出：

> 教学做合一是生活现象之说明，即是教育现象之说明。在生活里，对事说是做，对己之长进说是学，对人之影响说是教。教学做只是一种生活之三方面，而不是三个各不相谋的过程。同时，教学做合一生活法，

---

① 陶行知：《乡村工学团试验初步计划说明书》，《陶行知全集》第 2 卷，湖南教育出版社 1985 年版，第 594 页。

② 陶行知：《目前中国教育的两条路线——教劳心者劳力，教劳力者劳心》，《陶行知全集》第 2 卷，湖南教育出版社 1985 年版，第 598 页。

也就是教育法。它的涵义是：教的方法根据学的方法；学的方法根据做的方法。事怎样做便怎样学，怎样学便怎样教。教与学都以做为中心。在做上教的是先生，在做上学的是学生。在这个定义下，先生与学生失去了通常的严格的区别，在做上相教相学倒成了人生普遍的现象。[①]

既然教与学都以“做”为中心，那么，什么是“做”？陶行知说：

“做”字在晓庄有个特别定义。这定义便是：在劳力上劳心，单纯的劳力，只是蛮干，不能算做；单纯的劳心，只是空想，也不能算做，真正的做只是在劳力上劳心。我们做一件事便要想如何可以把这件事做好，如何运用书本，如何运用别人的经验，如何改造用得着的一切工具，使这件事做得最好。我们还要想到这事和别事的关系，想到这事和别事的相互影响。我们要从具体想到原理，从我相想到共相，从片断想到系统。[②]

由此可见，“教学做合一”并非只重视实践的技能而忽视理论知识，只强调个人的狭隘经验而轻视间接的经验和系统的知识。它强调的是教育是以社会生活实际的“做”为中心，行动（劳力）和思想（劳心）结合才能取得“真知”。这种主张有助于加强理论与实际的联系，加强教育与生产劳动、社会生活的联系，培养学生手脑并用，消除劳心与劳力的对立，促进人的智力、体力和谐发展。

（三）“教学做合一”的作用及评价

陶行知的“教学做合一”主张，不仅仅是指一种教育方法的原理和原则，也指根据此原理和原则派生出来的一系列具体教育方法，如小先生制、集体主义之自我教育法等。所谓“小先生制”，即是以小孩子做教师，利用

---

① 陶行知：《教学做合一下之教科书》，《陶行知全集》第 2 卷，湖南教育出版社 1985 年版，第 289 页。

② 陶行知：《谈教学做合一——致朱端琰》，《陶行知全集》第 5 卷，湖南教育出版社 1985 年版，第 204 页。

识字的小孩教授不识字的小孩或成人，以解决普及教育运动中师资奇缺的矛盾。这种方法不是“把一个班小学生交给一个小先生去领导”，不是用小孩去代替传统班级的教师，也不是关在学校内由“大同学教小同学”，“他的职务是教人去教人”。一个小先生教会两个人识字，这两个人又去教其他不识字的人。这样，像滚雪球一样，不断地“教人去教人”[①]，普及教育的力量就越来越多，越来越大。所谓“集体主义之自我教育法”，是指建筑在集体生活基础上的一种自我教育方法。这种方法“打破了教育与传统学校之必然联结”，凡是“集体生活所在的地方，就是教育所在的地方”，“凡是集体的组织都可以成为学校”[②]。义勇军救护队、救亡剧团、壮丁训练处、伤兵医院、难民收容所等都是学校。在这些学校中，通过集体生活，实行“自觉觉人”，在一切为了争取抗战胜利的总目标下，厉行批评与自我批评，开展集体主义和民主精神的训练，以充分培养和增强抗战建国的力量。“小先生制”、“集体主义之自我教育法”等具体方法丰富和充实了“教学做合一”的原理和原则，使之在五四以后中国教育的改革与发展中产生了积极影响。

还应该看到，陶行知的“教学做合一”与杜威的“做中学”是有本质不同的。陶行知的“教学做合一”是以“行是知之始，知是行之成”这种具有唯物主义因素的认识论为依据的；杜威的“做中学”则是以主观唯心主义的经验论为基础的。在教学的理论和实践上，前者所说的“做”，是同“教”与“学”紧密结合，三位一体的；后者的“做”，却同“教”与“学”无内在的联系。至于在教育目的方面，两者更是大相径庭。杜威的“做中学”无非是要培养能够适应资本主义社会发展需要的人才；而陶行知的“教学做合一”，则旨在反对“死的书本”的“伪知识”，求得“实际生活”的真知，反对老八股、洋八股教育把学生培养成“只会读书不会做事”的“书呆子”、“字纸篓”，而要培养“在劳力上劳心”，能运用“活的知识”，有“行动”能力、有“生活力”、有“创造力”的新人。

---

① 陶行知：《怎样指导小先生》，《陶行知全集》第2卷，湖南教育出版社1985年版，第657页。

② 王洞若：《集体主义的自我教育》，北京市陶行知研究会：《陶行知研究》，湖南教育出版社1987年版，第264页。

第二节 具体教育主张

一、民主教育

在中国历史上，有两位大教育家向为世人所推崇、所敬仰，一位是古代的孔夫子，另一位就是现代的陶行知。

孔子与陶行知的教育思想和实践都极大地影响了中国文化教育的发展，他们的伟大人格也都深深地感染、熏陶着一代代青少年及教育工作者。但陶行知与孔子有一点却很不相同，那就是陶行知办教育完全是为了人民大众，而孔子则主要是为了统治阶级。进而言之，这一点也是陶行知与中国历史上绝大多数教育家的不同所在。陶行知是教育家，但他不是一般所谓教育家，而是人民的教育家。

（一）教育要为人民大众服务

教育掌握在哪些人手中、为哪个阶级服务是一个根本的问题。长期以来，由于国家政权掌握在反动统治阶级手中，教育成了少数统治者及其子女的专用品，而与广大劳动人民无缘。教育严重地脱离人民大众，脱离社会生活实际。

近代以降，在西方“民主”、“科学”思想的影响下，一些有进步思想的中国人为改变这种状况曾进行了种种努力，探寻中国教育发展的方向。在五四新文化运动中走上历史舞台的陶行知继承了前辈们的未竟之业，继续寻觅中国教育的曙光。他高举反对传统教育、洋化教育的大旗，在教育领域发动了一场根本性的变革，为创建一种新型的人民教育，奋斗了一生，成为中国近现代知识分子在文化教育界的杰出代表。

陶行知出身于安徽歙县的一个贫寒家庭。自幼便饱经世故沧桑，深知农家疾苦。父母艰苦勤劳的优良品质给陶行知以深刻的影响，他从小就养成了勤劳的习惯和艰苦朴素的生活作风。他生活在半殖民地半封建的旧中国，亲眼目睹了中国人民尤其是农民深受帝国主义、封建主义和官僚资本主义的残酷剥削和压迫。他同情劳动人民，热爱劳动人民，恨其所恨，爱其所爱，从小就形成了亲民、爱民、为民、救民的思想，这影响并决定了他一生努力的方向。

为了给中国人民谋解放、谋幸福，陶行知走上了一条为人民办教育的道路。他看见清末以来尽管废科举、兴学堂，但是新学办了几十年依然换汤不换药，卖尽气力，不过把“老八股”变成“洋八股”罢了。“老八股”与人民大众的实际生活无关，“洋八股”依然与人民大众的实际生活无关[①]。他决心彻底改变这种状况，办一种为人民大众服务、与人民大众实际生活密切相关的新教育，“要使全中国人都受到教育”[②]。为了实现这个愿望，1917 年他从美国留学回来后，就大力推行教育改革，先后开展了平民教育运动、乡村教育运动、普及教育运动、国难教育运动、战时教育运动、全面教育运动和民主教育运动，创办了安徽公学、晓庄试验乡村师范学校（简称“晓庄师范”或“晓庄学校”）、山海工学团、育才学校和社会大学等新式学校，提出了“生活即教育”、“社会即学校”、“教学做合一”、“在劳力上劳心”、“以教人者教己”等生活教育理论，并发明了“即知即传”、“小先生制”等普及教育的方法，积极推广大众教育，让广大的劳动人民都有受教育的权利和机会。

陶行知在国民党统治之下的中国办教育，环境异常险恶，条件十分艰难，政治上屡遭打击，经济上缺乏来源，如果没有远大的理想、坚定的意志以及超乎常人的毅力是不行的。他不像当时的某些教育家为了推行自己的教育主张，蜷伏在国民党的羽翼之下，依靠国民党政府来办教育，甚至为虎作伥，蒙蔽人民。他既主张人民的解放，他又相信人民的力量、人民的智能，认为人民自己为自己办的教育，才是理想的教育。他尊重人民，相信人民，学习人民，依靠人民来办教育。

为了办人民的教育，他首先与人民打成一片，做到“人民化”。他曾任 20 世纪 20 年代初中国最有名的两所大学之一的南京高等师范（今南京大学前

① 陶行知：《生活工具主义之教育》，《陶行知全集》第 2 卷，湖南教育出版社 1985 年版，第 76 页。

② 陶晓光：《回忆父亲给我的教育》，《行知研究》1981 年第 3 期。

身）的教务主任、教育科主任兼教育系主任，当过名牌大学的教授，还一度干过全国性教育团体——中华教育改进社的总负责人（主任干事）和中华教育文化基金董事会执行秘书，有很高的社会地位，有优裕的生活环境，但他为了办人民的教育，毅然放弃了这一切。他脱下西装革履，穿上布衣草鞋，到贫穷落后的农村去办教育，与“牛大哥”同睡，自找苦吃。他当年在美国留学时的同窗孙科、胡适等人一个个在仕途上飞黄腾达，他却自觉地、心甘情愿地一步步“向下走”。尽管学校越办越偏僻，职衔越来越小，生活条件越来越差，但他始终不以为然，矢志不渝地走为人民办教育的道路。他没有自己，只有他人；没有家庭，只有社会；没有索取，只有奉献。他是人民的仁者、智者、勇者、圣者。正因如此，所以他“富贵不能淫，贫贱不能移，威武不能屈，美人不能动”。

陶行知为人民的教育事业服务，在政治上坚决站在人民的一边，与帝国主义、封建主义和官僚资本主义作坚决的斗争。辛亥时期，他就参加过故乡人民推翻当地封建政权的武装起义。五四时期，他积极支持学生反帝爱国运动。北伐期间，他发动晓庄师范学生积极支持北伐军。“四一二”反革命政变后，他支持学生声援下关和记工厂工人反对英商剥削和反对日本军舰停泊南京的反帝大游行。为此，他所办的晓庄师范被国民党当局查封，他本人也遭通缉，被迫逃亡日本。“九一八”后他的政治立场更为鲜明，抨击国民党反动派的卖国投降政策，与沈钧儒、章乃器、邹韬奋等人联名发表团结御侮宣言，响应中国共产党“团结抗日、一致对外”的主张，并受全国各界救国联合会的委托，出访 28 个国家和地区，为宣传抗日救国主张，开展人民外交。他到伦敦，先后三次拜谒马克思墓。抗战胜利后，他投身到民主革命运动的前列，成为中国共产党的亲密战友。他从自己多年的实际经验中，深切了解中国共产党是中国人民的代表，是为中国人民利益奋斗的中坚，是中华民族的未来希望之所在，所以他不怕诬蔑打击，与中国共产党携手奋斗。

陶行知对大众教育的提倡和实践，开辟了一条人民教育的新路线。他把教育的对象由过去的少数统治者及其子弟转为广大的劳动人民尤其是农民及其子弟，把教育的目的由过去的培养剥削者和统治者转为培养具有生活力和创造力，为民族、为人类谋利益的新人，把教育的重心由少数的大城市转为广大的乡村，把教育的内容、方法等改造得适合人民大众实际生活的需要，把办教育的依靠者由反动统治阶级转到人民大众自身，这就改变了旧教育的性质与格局，给中国数千年的教育带来了一场根本性的变革。这不仅在中国教育史上，就是在世界教育史上，也是有重要意义的。

陶行知为中国教育开辟的新路线，是人民的路线，是教人民做主人的路线，是教人民自己起来为自己创造幸福而自己办教育的路线。这条路线仍然是我们今天办教育的路线。近年来，党中央明确提出要“依靠人民办教育，办好教育为人民”，这一主张与陶行知的思想是完全一致的。陶行知早在六十多年前就指出，人民教育是“人民的教育，人民办的教育，为人民自己的幸福而办的教育”①。毫无疑问，我们今天办教育的路线正是陶行知路线的继承和发展。可以相信，沿着陶行知当年开辟的这条路线走下去，我国的社会主义教育事业一定会发展得更快更好。

（二）教育要从国情出发

陶行知早年曾留学美国，师从杜威，是杜威门下几位中国高足之一。1917 年回国后，他满怀改造中国旧教育的热望，积极地宣传和引进杜威的实用主义教育理论，试图用杜威的一套观点和方法来反对封建传统教育，解决中国教育的根本问题。经过 8 年的试验，他逐渐意识到杜威的那一套并不适合中国的国情，在中国行不通。于是，他幡然醒悟，从此走上了探索中国教育本土化的道路。

中国人口众多，当时农村人口占 85% 以上，文盲有 3.3 亿多人，且主要分散在广大的乡村。根据这种国情，陶行知确定以基础教育作为我国教育现代化的重点，并以农村教育作为重点中的重点。20 世纪 20 年代中期以后，陶行知主要从事基础教育工作，认为基础教育不发达，民族振兴就没有希望。在基础教育中，农村教育尤为重要，它是解决中国教育问题的关键。为此，陶行知联合一批有志于中国教育改造的进步教育工作者，大力推行乡村教育运动，为数亿农民“烧心香”，以提高广大农民的思想觉悟和文化水平。

陶行知又结合中国的具体实际，确定了办教育的原则和方法。他认为，中国是一个大国，又是一个穷国，人口众多，底子很薄，各地经济发展又极

① 陶行知：《民主教育》，《陶行知全集》第 3 卷，湖南教育出版社 1985 年版，第 569 页。

不平衡。这些与西方发达国家的情况都迥然有异。要发展教育事业，如果拿富国的办法，引到中国来，“无异是乡下人吃大菜”①。因此，“我们必须发现穷办法，着重穷办法”②。根据这种认识，他运用穷办法，积极开设各种比较简陋的教育机构，让尽可能多的人民大众得到受教育的机会。

陶行知这种从国情出发，确定教育改革与发展的重点、突破口，以及办教育的原则和方法的思想，值得我们认真地学习和研究。今天，我们要立足于当前我国仍处于社会主义初级阶段这一基本点，坚持一切从中国的国情出发，重点发展基础教育（尤其是农村教育），提倡勤俭办教育的精神，并努力扩大教育经费的来源，走政府、社会团体和个人多方集资办学的路子，并实行多种层次、多种规格、多种形式、多种途径办学，各地区应因地制宜地采取适合各自需要的方式方法，来发展各级各类教育事业，以提高中华民族的科学文化水平。

陶行知有着强烈的人民意识和民主精神。他坚决反对教育脱离人民大众，反对教育为少数统治者服务，主张“教育为公”、“文化为公”③，坚持教育为人民大众服务的方向。他沿着五四新文化运动的“民主与科学”这一方向继续迈进，回国后即从事平民教育、乡村教育和普及教育等运动，努力使广大人民群众（尤其是占中国人口85%的农民）获得受教育的机会。他反对封建“礼教”和“理学”教育，采取多种形式和途径（如推广国语和新文字等），对民众进行思想启蒙，还大力提倡女子教育，争取妇女受教育的权利。

抗日战争胜利后，他对教育民主化作了进一步探索。他积极提倡民主教育，以实现“人民大众作主，为人民大众服务”的宗旨，并将民主教育的要点和方法归纳为：教育为公以达到天下为公，教育机会必须均等；教人民肃清法西斯细菌；启发觉悟性；培养创造力，以实现创造的民主和民主的创造；各尽所能，各学所需，各教所知，各得其所；在民主的生活中学习民主；尽量采用简笔汉字拉丁字母；充分运用无线电及其他近代交通工具，使边远地

---

① 陶行知：《普及教育》，《陶行知全集》第2卷，湖南教育出版社1985年版，第757页。

② 陶行知：《民主教育》，《陶行知全集》第3卷，湖南教育出版社1985年版，第570页。

③ 陶行知：《实施民主教育的提纲》，《陶行知全集》第3卷，湖南教育出版社1985年版，第540页。

方的人民可以享受教育；民主教育应该是整个生活的教育；承认中国是从农业文明开始过渡到工业文明，经济极端贫穷，我们必须发现穷办法，着重穷办法，运用穷办法，以办成丰富的教育；等等。

在学校中，陶行知的办学充满了民主精神，他认为“师生共生活、共甘苦为最好的教育”①。“民主的教师必须要有：（一）虚心；（二）宽容；（三）与学生共甘苦；（四）跟民众学习；（五）跟小孩子学习……肃清形式、先生架子、师生的严格界限”②。主张师生平等，重视学生在教学过程中的主体地位，强调儿童个性的发展和创造力的培养，因材施教，教学相长。在学校管理上，注意发挥教师与学生的作用，提倡“集体自治”健全集体生活，培养学生参与未来民主政治的基础。在学制系统上，他主张从“单轨出发”，再到“多轨同归”，以后还要“换执便利”。

陶行知对民主教育的探索，给我们留下了许多宝贵的经验。他在教育的对象、师生关系、教学过程及学校管理上的不少见解和作用，都含有合理因素，应该很好地加以总结和借鉴。

二、科学教育

陶行知高度重视科学教育问题，认为科学教育是与民主教育相辅相成的，两者相互依存，缺一不可。科学教育包括教育的科学化和科学的教育化两个方面。陶行知很早就对这两个方面有明确的认识，并给予了极大重视。

（一）教育应科学化

在教育的科学化方面，他从美国回来后，即积极从事教育实验，提倡用科学的精神来办教育，反对“沿袭陈法”的传统教育和“仪型外国”的洋化教育。他一方面身体力行，把教育统计学、教育行政学的科学原理和方法运用于日常的教育工作之中，加强教育的科学化管理；另一方面又以中华教育

① 陶行知：《我们的信条》，《陶行知全集》第1卷，湖南教育出版社1984年版，第652页。

② 陶行知：《实施民主教育的提纲》，《陶行知全集》第3卷，湖南教育出版社1985年版，第543页。

改进社主任干事的身份，发起组织邀请外国专家来华讲学，推行科学教育与测验。在他和胡适、蒋梦麟等人的努力下，美国著名教育家孟禄（哥伦比亚大学教授）、推士（俄亥俄州立大学教授）、麦柯尔（哥伦比亚大学教授）、柏克赫斯特（马萨诸塞州道尔顿中学教师）、克伯屈（哥伦比亚大学教授）等人先后赴华讲学，宣传各自的教育理论与方法。陶行知还于1942年倡议并主编了中华教育改进社丛书，出版了推士的《中国之科学教育》（英文版）、《中国教育一瞥录》（随孟禄调查报告）、《中国全国小学概况》（英文版）、《中国教育统计概览》、《中国最近教育状况》（英文版）等书。从此，西方的教育测验与统计（特别是智力测验）被引进中国，教育的科学化逐步开展起来。

（二）科学应教育化

在科学的教育化方面，他更做出大量的具体工作。1925年，他提出“科学教育应从儿童时代入手”①。1932年又指出：“科学要从小教起。我们要造成一个科学的民族。”② 20世纪30年代初，他创办“自然学园”和儿童科学通讯学校，编写儿童科学丛书，把科学知识送给儿童和工农群众，以后又改为“空中学校”，每周播送科学知识，并与高士其、董纯才、吕镜楼等人一起推广科学普及事业，从事“科学下嫁运动”。他在当时就已明确认识到“从农业文明［过］渡到工业文明，最重要的知识技能，无过于自然科学”③。因此，不论形势多么严峻，条件多么困难，他都坚持科学教育。从晓庄学校到山海工学团再到育才学校，他始终把科学列为教育内容之一，置于重要的位置。1945年，他指出：“现在的世界是一个科学的世界，整个中国必须受科学的洗礼，方能适于生存……时机早已到来，刻不容缓，我们必须培养科学的幼苗，撒播科学的种子，使全中国遍开科学之花，丰收科学之果。”④ 1946年，他在为生活教育制订方针时，特地将“科学的”列为四大方针之一。

---

① 陶行知：《小学理科——致吕镜楼》，《陶行知全集》第5卷，湖南教育出版社1985年版，第114页。

② 陶行知：《关于科学教育——致庄泽宣》，《陶行知全集》第5卷，湖南教育出版社1985年版，第247页。

③ 陶行知：《教学做合一下之教科书》，《陶行知全集》第2卷，湖南教育出版社1985年版，第292页。

④ 陶行知：《从五周年到五十周年》，《陶行知全集》第3卷，湖南教育出版社1985年版，第513页。

陶行知早在九十多年前就清楚地看到科学教育在现代社会生活中的作用，指出“科学要从小教起，我们要造成一个科学的民族”、“科学教育应从儿童时代入手”，并积极开展教育试验和科学教育，推广科学普及事业，把科学知识传给广大人民群众尤其是青少年儿童，这些都是非常难得的。

三、乡村教育

陶行知是我国近现代最早重视农村问题和农村教育的先进中国人之一。20 世纪 20 年代中期，他就开始了对农村教育的调查和改革试验工作，成为中国改革农村教育的开拓者。

（一）改造中国应“教育下乡”

陶行知生活在半殖民地半封建的旧中国，亲眼目睹了中国人民尤其是农民深受帝国主义、封建主义和官僚主义残酷的经济剥削和政治压迫，而且在文化教育上毫无地位的状况。他深刻地认识到，中国是以农立国的国家，农民占全国人口总量的 85%，农民的地位与处境如何决定着民族的兴衰。他在中国教育界最先觉悟到，农民是中国的主体，中国教育的重点在农村。据此，他明确主张，要改造中国社会，必先改造乡村社会，要改造乡村社会，就必须使教育下乡，“用教育的力量，来唤醒老农民，培养新农民”。

（二）教育与有关各方“大联合”

怎样搞好乡村教育？陶行知提出了著名的“大联合”的思想。他说：“我们要有一个大规模的联合，才有希望成功！那应当联合中之最应当联合的，就是教育与农业携手。中国乡村教育之所以没有实效，是因为教育与农业都是各干各的，不相闻问。教育没有农业，便成为空洞的教育，分利的教育，消耗的教育。农业没有教育，就失了促进的媒介。”不仅如此，“教育更须与别的伟大势力携手，教育与银行充分联络，就可推翻重利；教育与科学机关充分联络，就可破除迷信；教育与卫生机关充分联络，就可以预防疾病；教育与道路工程机关充分联络，就可改良路政。其他不胜枚举。”他深信，只要实现了教育与有关各方的“大联合”，乡村教育就能沿着正确的方向得到迅速的发展。

陶行知的乡村教育思想对于我们目前深化农村教育改革颇有启示意义。我们要进一步提高对农村教育改革重要性和必要性的认识，努力解决农村教育同农村经济发展需要相脱节的问题，要把教育与农业、科学、卫生、交通、银行等部门密切联系起来，用科学技术等方面的伟大力量从根本上改变我国农村贫穷落后的面貌。

四、师范教育

在师范教育方面，陶行知也提出过许多正确的主张。他在中国教育界第一个把师范教育与民族的前途和国家的命运紧密联系起来，称“教育是立国的根本”，而师范教育乃“国家托命”之所在，“师范教育可以兴邦，也可以促国之亡”。

（一）师范教育应培养教育界所需人才

他比较全面地论述了师范教育的任务和作用，提出“教育界要什么人才就该培养什么人才”，师范教育要为教育界培养教育行政人员，各种指导员，各种学校校长、职员和各种教员。他还从师范教育自身的特点出发，对培养什么样的人和怎样培养都发表了自己的看法，强调师范生要热爱师范教育、懂得教育规律、具有丰富的专业知识以及为人师表的高尚品德。

（二）乡村师范应成为改造农村的基地

值得注意的是，陶行知还是我国乡村师范的最早提倡者和创建者。他曾明确主张应以乡村师范作为改造乡村生活的中心，以乡村教师作为乡村生活的灵魂，以乡村自治作为改造乡村的组织保证。他的乡村师范的理论和实践，对我国20世纪20年代以来的乡村教育和师范教育产生了广泛而深远的影响。

陶行知的师范教育思想有很多内容值得我们参考借鉴。我们要把师范教育的地位和作用提高到一个新的高度来认识，大力发展各级各类师范教育。根据社会主义现代化建设的需要，调整师范学校的教学内容和教学方法，更好地体现出师范学校的特点和优点，把中等师范教育的重点转向基层，面向广大农村，以培养更多适应农村教育需要的教师。采取有力的措施，加强对农村教师的培训，以提高农村教育事业质量。在各级各类师范学校，都要特别注意培养师范生忠诚人民教育事业、懂得教育规律、掌握丰富的专业知识和技能、具有为人师表的高尚品德。此外，我们还应千方百计地提高人民教师的社会地位和经济待遇，使全社会形成一种尊师重教的良好风气。

五、创造教育

陶行知在长期的教育实践里非常重视创造教育问题，曾对创造教育做过许多精辟的论述。解放儿童创造力的教育思想是陶行知教育理论中的一个重要组成部分。其基本内容，主要为这样三点：第一，应该承认儿童身上蕴藏着创造力；第二，应该从六个方面去解放儿童创造力；第三，应该从三个方面去培养儿童创造力。这些思想集中体现在《创造的儿童教育》、《实施民主教育的提纲》、《民主教育》、《小学教师与民主运动》等文章中。

（一）"小孩子有创造力"

陶行知认为，"小孩子有创造力"，是千千万万祖先，至少经过五十万年与环境适应斗争所获得而传下来之才能之精华[①]，又是需要经过后天的精心培养方能充分发展的。作为一个教育工作者，应该培养儿童的创造力，充分发挥儿童的创造力。他以自己亲身经历的两件事情为例，说明儿童身上蕴藏着创造力。一件事情是，陶行知创办的南京晓庄学校停办以后，晓庄的教师和师范生不能回晓庄小学任职，而私塾先生又被小孩们拒绝，在不得已的情况下，小孩们自己便组织起来，推举同学做校长、教员，自己教，自己学，自己办，还自称"自动学校"。当陶行知听见这个消息之后，就写一首诗去祝贺他们："有个学校真奇怪，大孩自动教小孩。七十二行皆先生，先生不在学如在。"[②] 他写好后交给几个大学生看，众人都说诗写得很好。于是，他就将诗给自动学校的

① 陶行知：《创造的儿童教育》，江苏省陶行知研究会、南京晓庄师范学校：《陶行知文集》，江苏教育出版社2008年版，第917页。

② 陶行知：《创造的儿童教育》，江苏省陶行知研究会、南京晓庄师范学校：《陶行知文集》，江苏教育出版社2008年版，第918页。

小孩寄去。第三天，陶行知收到了小孩们寄来的回信，他们认为这首诗有一个字要更改，还提出一连串的问题：大孩教小孩，难道小孩不能教大孩吗？大孩能够自动，难道小孩不能自动吗？而且大孩教小孩有什么奇怪呢？陶行知看到这封回信，非常高兴，觉得小孩们的意见是很正确的，便马上把诗句改为“小孩自动教小孩”。他由此而认识到：“黄泥腿的农村小孩改留学生的诗，又是破天荒的证明，证明小孩有创造力。”① 另一件事情是，有一次，陶行知在南通推行“小先生制”，写了一篇一分钟的演讲词，文中有一段：“读了书，不教人，甚么人？不是人。”当陶行知讲完后，有个小孩马上说道，陶先生，你的演讲最好把“不是人”改为“木头人”，“木头人”比“不是人”要更好一些。因为“不是人”三个字不具体，桌子不是人，椅子也不是人，而“木头人”是给人们一个具体的印象。从这件事情里，陶行知又一次认识到“小孩子有创造力”。他指出：“我们要真正承认小孩子有创造力，才可以不被成见所蒙蔽。小孩子多少都有其创造的能力。”

总之，早在20世纪初叶，陶行知就已认识到“小孩子有创造力”，需要教师去精心培养和开发它，这正是他用科学态度办教育、实践出真知的最好证明。

（二）儿童创造力的“六大解放”

陶行知认为，认识到有创造力，就应该进一步将其解放出来。否则，就会使儿童创造力这种巨大智力资源埋没在未经开垦的广袤的沃土里。这不仅是教育工作者的严重失职，也是对民族、对国家宝贵财富的重大浪费。那么，应该从哪些方面去解放儿童的创造力呢？陶行知提出了“六大解放”的建议：

1. 解放儿童的眼睛。陶行知认为，传统的封建教育给儿童带上了一副封建的有色眼镜，使他们脱离社会实际生活，“两耳不闻窗外事，一心只读圣贤书”，成为无益于社会的“小书呆子”。所以，他指出，不要让儿童“带上封建的有色眼镜，使眼睛能看事实”②。应该培养儿童对大自然进行观察，对大社会进行分析，在大自然、大社会的怀抱中，陶冶性情，锻炼意志，培养分

① 陶行知：《创造的儿童教育》，江苏省陶行知研究会、南京晓庄师范学校：《陶行知文集》，江苏教育出版社2008年版，第919页。

② 陶行知：《实施民主教育的提纲》，江苏省陶行知研究会、南京晓庄师范学校：《陶行知文集》，江苏教育出版社2008年版，第904页。

析问题、解决问题的能力。他译的一首题为《打开眼睛看看》的诗里就有这样的诗句："打开眼睛看，看人怎样干？苏联真伟大，个个是好汉。工人打胜仗，浑蛋都滚蛋。自由又平等，大家好吃饭。"[①] 他将这首译诗献给全国的儿童们，正反映出他对儿童解放眼睛，观察世界，成为改造社会新一代的殷切期望。

2. 解放儿童的头脑。陶行知认为，儿童的创造力被固有的迷信、成见、曲解、幻想层层裹头布包缠了起来。要发展儿童的创造力，先把儿童的头脑从迷信、成见、曲解、幻想中解放出来。迷信要不得，成见要不得，曲解要不得，幻想要不得，幻想是反对现实的。那么，对于"这种种要不得的包头布"应该如何处理呢？他向人们发出了战斗号召："要把它一块一块撕下来，如同中国女子勇敢的撕下了裹脚布一样。"[②] "这种种要不得的包头布"就像"女子的裹脚布"，多么生动的比喻！多么生动的思想！多么深刻的思想！继而，他进一步分析说："自从有了裹脚布，从前中国妇女是被人今天裹，明天裹，今年裹，明年裹，骨髓裹断，肉裹烂，裹成一双三寸金莲。自从有了裹头布，中国的儿童、青年、成人也是被人今天裹，明天裹，今年裹，明年裹，似乎非把个个人都裹成一个三寸金头不可。"[③] 人们的头脑被裹成了"三寸金头"，多么可悲的结局！为此，陶行知郑重其事地向人们指出："如果中华民族不想以三寸金头出现于国际舞台，唱三花脸，就要把裹头布一齐解开，使中华民族的创造力可以突围而出。"[④] 在这里，陶行知所谈的对象已不仅仅限于儿童，他已推而广之，包括青年、成人乃至整个中华民族了。他将解放头脑、发挥创造力与儿童的未来、与中华民族的未来紧密地联系在一起，这反映出他具有广阔的政治视野。尤其值得注意的是，他这种解放头脑的战斗呼唤发出之时，正是中华民族与日本帝国主义侵略者决一死战的最后关头。这便使之在当时具有更为重要的现实性。

---

① 陶行知：《行知诗歌集》，生活·读书·新知三联书店 1981 年版，第 407 页。

② 陶行知：《创造的儿童教育》，江苏省陶行知研究会、南京晓庄师范学校：《陶行知文集》，江苏教育出版社 2008 年版，第 919 页。

③ 陶行知：《创造的儿童教育》，江苏省陶行知研究会、南京晓庄师范学校：《陶行知文集》，江苏教育出版社 2008 年版，第 919—920 页。

④ 陶行知：《创造的儿童教育》，江苏省陶行知研究会、南京晓庄师范学校：《陶行知文集》，江苏教育出版社 2008 年版，第 920 页。

3. 解放儿童的双手。陶行知认为，人类自从腰骨竖起、前脚变成一双可以自由活动的手，进步便一天千里，超越一切动物。自从这个划时代的解放以后，人类乃能创造工具、武器、文字，并用以从事于更高之创造。假使人类把双手束缚起来，就不能执行头脑的命令。我们要在头脑指挥之下用手，使用机器制造，使用武器打仗，使用仪器从事发明。他还一针见血地指出中国传统的封建教育的弊病是："中国对于小孩子一直是不许动手，动手要打手心，往往因此摧残了儿童的创造力。"① 要根绝这个弊端，就必须解放儿童的双手。陶行知还以爱迪生的母亲关心爱迪生成长的故事为例，说服长辈们不要轻易否定儿童的创造力。他说："在爱迪生时代，美国学校的先生也是非常的顽固，因为爱迪生喜欢玩化学药品，不到三个月就把他开除了！幸而他有一位贤明的母亲，了解他，把家里的地下室让他作实验。爱迪生得到了母亲的了解，才一步步地把自己培养成发明之王。那时美国小学的先生不免也阻碍学生的创造力的发展。"他呼吁，"我们希望保育员或先生跟爱迪生的母亲学，让小孩子有动手的机会"②。应该培养儿童手脑并用，从事生产实践，从事科学研究实验，从事发明创造。他在《手脑相长歌》一诗中写道："人生两个宝，双手与大脑。用脑不用手，快要被打倒。用手不用脑，饭也吃不饱。手脑都会用，才算是开天辟地的大好佬。"③ 应该指出，陶行知"手脑相长"的观点与马克思主义教育学里"人的全面发展"的思想是基本相符的。马克思主义认为，自从人类社会出现两大分工后，尤其是脑力劳动和体力劳动的分离和树立，造成了人脑或手的才能的偏废，导致了人的智力和体力的片面发展。而在未来的社会里，教育对于所有已满一定年龄的儿童来说，就是生产劳动同智育和体育的结合，它不仅是提高社会生产的一种方法，而且是造就全面发展的人的唯一方法。尽管陶行知早期还不是一个马克思主义教育家，他的"手脑并用"的观点并不出自马克思主义关于两大分工的理论，但他的"手脑并用"的观点毕竟已含有马克思主义教育与生产劳动相结合以促进人的

① 陶行知：《创造的儿童教育》，江苏省陶行知研究会、南京晓庄师范学校：《陶行知文集》，江苏教育出版社 2008 年版，第 920 页。

② 陶行知：《创造的儿童教育》，江苏省陶行知研究会、南京晓庄师范学校：《陶行知文集》，江苏教育出版社 2008 年版，第 921 页。

③ 陶行知：《手脑相长歌》，华中师范学院教育科学研究所：《陶行知全集》第 4 卷，湖南教育出版社 1985 年版，第 173 页。

全面发展的思想因素。很清楚，陶行知的“手脑并用”的教育思想是革命的、进步的。

4. 解放儿童的嘴。陶行知认为，中国一般习惯是不多说话，儿童没有言论自由。大人说什么，小孩就听什么，就照着做。久而久之，使儿童养成一种盲从陋习。这种情况是不利于儿童成长的。“儿童应当有言论自由，有话直接和先生说，并且高兴心甘情愿和先生说。首先让先生知道儿童们一切的痛苦”①。小孩子有问题要准许他们问。从问题的解答里，可以增进他们的知识。他指出：“小孩子得到言论自由，特别是问的自由，才能充分发挥他的创造力。”② 他写了一首题为《每事问》的诗，阐发了这个道理：“发明千千万，起点是一问。禽兽不如人，过在不会问。智者问的巧，愚者问的笨。人力胜天工，只在每事问。”③ 在这首诗中，他将发明创造的起点，归结于“问”，强调了“问”在一切发明创造中的重要地位，生动而形象地说明了“问”的作用。

5. 解放儿童的空间。陶行知认为：“从前的学校完全是一只鸟笼，改良的学校是放大的鸟笼。要把小孩子从鸟笼中解放出来，放大的鸟笼比原有的鸟笼大些，有一棵树，有假山，有猴子陪着玩，但仍然是个放大的模范鸟笼，不是鸟的家乡，不是鸟的世界。鸟的世界是森林，是海阔天空。现在鸟笼式的学校，培养小孩用的是干腌菜的教科书。我们小孩子的精神营养非常贫乏。这还不如填鸭，填鸭用的还是滋养料，让鸭儿长得肥胖的。”④ 因此，“我们要解放小孩子的空间，让他们去接触大自然中的花草、树木、青山、绿水、日月、星辰以及社会中之士、农、工、商、三教九流，自由的对宇宙发问，与万物为友，并且向中外古今三百六十行学习”⑤。他还进一步指出：“创造需要广博的基础。解放了空间，才能搜集丰富的资料，扩大认识的眼界，以发挥

---

① 陶行知：《实施民主教育的提纲》，江苏省陶行知研究会、南京晓庄师范学校：《陶行知文集》，江苏教育出版社 2008 年版，第 904 页。

② 陶行知：《创造的儿童教育》，江苏省陶行知研究会、南京晓庄师范学校：《陶行知文集》，江苏教育出版社 2008 年版，第 921 页。

③ 陶行知：《行知诗歌集》，生活·读书·新知三联书店 1981 年版，第 12 页。

④ 陶行知：《创造的儿童教育》，江苏省陶行知研究会、南京晓庄师范学校：《陶行知文集》，江苏教育出版社 2008 年版，第 921—922 页。

⑤ 陶行知：《创造的儿童教育》，江苏省陶行知研究会、南京晓庄师范学校：《陶行知文集》，江苏教育出版社 2008 年版，第 922 页。

其内在之创造力。”[①] “扩大了空间，才能各学所需；扩大了空间，才能各教所知；扩大了空间，才能各尽所能。”[②]

6. 解放儿童的时间。陶行知说：“一般学校把儿童的时间排得太紧。一个茶杯要有空位方可盛水。现在中学月考，学期考，毕业考，会考，升学考，一连考几个学校。有的只好在鬼门关去看榜。连小学的儿童都要受着双重夹攻。日间由先生督课，晚上由家长督课，为的都是准备赶考，拼命赶考，还有多少时间去接受大自然和大社会的宝贵知识呢？赶考和赶路一样。赶路的人把路旁风景赶掉了，把一路应该做的有意义的事赶掉了。除非请医生，救人，路是不宜赶的。考试没有这样的重要，更不宜赶，赶考首先赶走了脸上的血色，赶走了健康，赶走了对父母之关怀，赶走了对民族人类的责任，甚至于连抗战之本身责任都赶走了。最要不得的，还是赶考把时间赶跑了”[③]。他明确表明了自己对过多考试的态度：“我个人反对过分的考试制度的存在。一般学校把儿童全部时间占据，使儿童失去学习人生的机会，养成无意创造的倾向，到成人时，即使有时间，也不知道怎样下手去发挥他的创造力了。”[④] 为此，他大声疾呼：“创造的儿童教育，首先要为儿童争取时间之解放。”[⑤]

上述从六个方面解放儿童创造力的思想，陶行知曾明确概括为“六大解放”。他对“六大解放”有一个总结性的表述：“解放眼睛，敲碎有色眼镜，教大家看事实。解放头脑，撕掉精神的裹头布，使大家想得通。解放双手，剪去指甲，摔掉无形的手套，使大家可以执行头脑的命令，动手向前开辟。解放嘴，使大家可以享受言论自由，摆龙门阵，谈天，谈心，谈出真理来。解放空间，把人民与小孩从文化鸟笼里解放出来，飞进大自然大社会去寻觅

---

① 陶行知：《创造的儿童教育》，江苏省陶行知研究会、南京晓庄师范学校：《陶行知文集》，江苏教育出版社 2008 年版，第 922 页。

② 陶行知：《实施民主教育的提纲》，江苏省陶行知研究会、南京晓庄师范学校：《陶行知文集》，江苏教育出版社 2008 年版，第 904 页。

③ 陶行知：《创造的儿童教育》，江苏省陶行知研究会、南京晓庄师范学校：《陶行知文集》，江苏教育出版社 2008 年版，第 922 页。

④ 陶行知：《创造的儿童教育》，江苏省陶行知研究会、南京晓庄师范学校：《陶行知文集》，江苏教育出版社 2008 年版，第 922 页。

⑤ 陶行知：《创造的儿童教育》，江苏省陶行知研究会、南京晓庄师范学校：《陶行知文集》，江苏教育出版社 2008 年版，第 922 页。

丰富的食粮。解放时间，把人民与小孩从劳碌中解放出来，使大家有点空闲，想想问题，谈谈国事，看看书，干点于老百姓有益的事，还要有空玩玩，才算是有点做人的味道。有了这六大解放，创造力可以尽量发挥出来。"① 陶行知的这段文字，以简洁而生动的语言，形象地表述了他的儿童创造力要实行"六大解放"的思想。同时，在某种意义上，抨击了传统教育的弊病，揭露了反动政府的专制，表明了他的反对独裁、主张民主的政治倾向。

（三）培养儿童创造力的"三个需要"

陶行知认为，在儿童的眼睛、头脑、双手、嘴、空间、时间都解放出来后，还必须对解放出来的儿童创造力予以适当的培养。怎样才能做到适当的培养呢？这就要注意做到"三个需要"：

1．"需要充分的营养"。他说："小孩的体力与心理都需要适当的营养。有了适当营养，才能产生高度的创造力，否则创造力就会被削弱，甚而至于夭折。"② 这一点说的是培养儿童创造力所需要的物质基础。"充分的营养"是培养和发挥高度创造力的基本条件。没有这个基本条件，儿童就不会有强壮的身体、健全的心理，就会使被解放出来的创造力在萌芽之际就被扼杀。

2．"需要建立下层的良好习惯，以解放上层的性能，俾能从事于高级的思虑追求。否则必定要困于日用破碎，而不能够向上飞跃。"③ 这一点说的是要注意使儿童养成良好的生活、学习习惯，注意训练儿童的思维能力。有了良好的生活、学习习惯，经常地思考问题，儿童的大脑就会越用越活，越用越灵。对于异常复杂的问题，也能进行深入的分析，得出正确的结论。

3．"需要因材施教"。他以种植松树和牡丹所施肥料不同为例，生动而形象地说明了对于不同教育对象，要有不同的教育方法。松树和牡丹花所需要的肥料不同，你用松树的肥料培养牡丹，牡丹会瘦死；反之，你用牡丹的肥料培养松树，松树也受不了，会被烧死。同样道理，培养儿童的创造力要同

---

① 陶行知：《民主教育》，江苏省陶行知研究会、南京晓庄师范学校：《陶行知文集》，江苏教育出版社 2008 年版，第 945—946 页。

② 陶行知：《创造的儿童教育》，江苏省陶行知研究会、南京晓庄师范学校：《陶行知文集》，江苏教育出版社 2008 年版，第 923 页。

③ 陶行知：《创造的儿童教育》，江苏省陶行知研究会、南京晓庄师范学校：《陶行知文集》，江苏教育出版社 2008 年版，第 923 页。

园丁一样，首先要认识他们，这样他们才能欣欣向荣；否则会死于枯萎[①]。这一点说的是培养儿童创造力的正确方法。“因材施教”是中国古代一条著名的教学原则，两千多年前，大教育家孔子在教育实践里，就注意对不同的受教育者提出不同的要求，采取不同的教育方法。宋代的两位著名教育家程颐、朱熹都说过：“孔子教人，各因其材。”“因材施教”一词正来源于此。在这里，陶行知将“因材施教”这条教学原则与培养儿童创造力紧密联系起来，认为“因材施教”的目的不仅仅要使学生学习更好，获得更多的知识，还要使学生产生一定的创造力。这样，陶行知就给“因材施教”这古老的教学原则注入了新鲜血液，赋予它以新的、更为深刻的思想内容，从而使之更富有生命的活力。应该指出，这是陶行知在中国教育思想史上的一个贡献。

此外，陶行知还向人们强调指出：“创造力最能发挥的条件是民主。”[②] 他在这里所说的“民主”包含两层意思：一是政治上的民主，二是教育上的民主。前者是后者的基本前提，后者是前者的最终贯彻。对于充分发挥人们的创造力来说，这两种民主都缺一不可，相辅相成。一方面，要实现政治上的民主，创造民主的环境，广大人民群众都有受教育的机会，都有从事科学研究实验的自由，都有从事发明创造的权利。另一方面，教育工作与受教育者之间一定要有民主的关系。教师在教学过程中要循循善诱、耐心启发、因材施教，切忌动辄对受教育者施以强制和暴力，那样只能培养出唯唯诺诺、墨守成规的庸人，培养不出富有丰富创造力的天才。总而言之，“只有民主才能解放最大多数人的创造力，而且使最大多数人之创造力发挥到最高峰”[③]。值得注意的是，陶行知疾呼“创造力最能发挥的条件是民主”的口号时，正是1944年底。其时，以蒋介石为首的国民党反动派一方面消极抗日，另一方面又在其统治区域内压制民主运动，厉行专制统治。陶行知向人们强调指出这一点，不仅在教育上要引起教师的注意，更重要的，它还具有明显的政治意义。与其说是关于教育问题的一种学术见解，毋宁说是对于国民党反动派专

① 陶行知：《创造的儿童教育》，江苏省陶行知研究会、南京晓庄师范学校：《陶行知文集》，江苏教育出版社2008年版，第923页。

② 陶行知：《创造的儿童教育》，江苏省陶行知研究会、南京晓庄师范学校：《陶行知文集》，江苏教育出版社2008年版，第923页。

③ 陶行知：《创造的儿童教育》，江苏省陶行知研究会、南京晓庄师范学校：《陶行知文集》，江苏教育出版社2008年版，第924页。

制独裁的强烈抗议。陶行知在其后十年的斗争生涯中，在政治上，“一直跟着毛泽东同志为代表的党的正确路线走”，将其所从事的教育事业与政治斗争密切结合起来，为反对专制独裁，争取民主、自由、普及大众教育，提高全民族的文化水平而英勇斗争，不屈不挠，终于由一个激进的民主主义者成为“无保留追随党的党外布尔什维克”、“伟大的人民教育家”。

（四）对陶行知解放儿童创造力教育思想的评价

我们认为，陶行知的创造教育理论，是有一定的科学根据的，是基本符合马克思主义教育学原理的。

马克思主义教育学认为，人的遗传素质有差异的，但遗传素质只提供人们日后发展的物质前提，决定人的发展的更重要的因素，还是后天环境的教育。陶行知的教育思想与马克思主义教育学原理在不同程度上的相吻合，这正说明陶行知的教育思想是进步的。正因如此，陶行知解放儿童创造力的教育思想有不少合理因素，值得我们学习和借鉴。尤其需要指出的是，早在20世纪初叶，陶行知能以现代科学的眼光，如此清楚地看到培养和开发儿童创造力的重要性，并提出一系列切实可行的具体办法，从事具体的教育实验，这不能不说是难能可贵的。从当前世界各国教育界都把培养和开发学生智力资源作为首要任务的趋势来看，更感到陶行知当年提出这些教育理论是富有远见卓识的。

陶行知当年提出的解放儿童创造力的教育思想，在今天有着强烈的现实意义。如何培养和开发学生的智力资源，以适应形势的飞跃发展，已成为我国教育界共同面临的一个重大问题。近年来，国内教育界也开始对这个问题重视起来。在这种情况下，研究陶行知先生解放儿童创造力的教育思想，就显得更有必要、有意义。应该指出，尽管时间已过去了七八十年，中国社会已发生了翻天覆地的根本变化，但由于传统教育思想的遗毒尚未完全肃清，它依然对我们的教育工作有一定的不良影响，加上“十年动乱”所造成的恶果，目前我们在青少年的教育工作中，还存在着不少问题。陶行知当年提到的儿童教育六个方面存在的问题，仍然没有彻底解决。许多学生视野不开阔，很少手脑并用的机会，遇事怕动脑筋，极少从事劳动教育、从事科学研究实验，即使不懂也不敢提问题，活动的范围比较狭窄，功课太多，以至没有什么时间去干一点自己高兴干的事情，尤其是一些学校片面追求“升学率”，各种考试名目繁多，在学校教师督得紧，在家里家长管得严，造成学生学习负担过重。从小学到中学，一关又一关，一切都围绕着“考试”的指挥棒转，把一个欢蹦乱跳的天真儿童，弄成了一个脸无血色、缺乏朝气的“小老头”。这不独严重摧残了儿童的身心健康，也毁灭了儿童的创造力。为了彻底改变这种状况，全面贯彻党的教育方针，把青少年一代培养成为有理想、有道德、有知识、有体力，立志为人民、为祖国、为人类做贡献的新人。今天，我们仍然本着马克思主义的立场、观点和方法，从陶行知教育理论中汲取合理因素，大力开展教育改革，努力培养和开发学生的智力资源。只有这样，我们的后代，才有前途；我们的社会主义现代化，才有希望；我们的民族，才能永远屹立于世界伟大民族之林。

六、终生教育

终生教育是陶行知教育学说的一个重要思想。它以“生活教育”主张为理论基石，是“生活教育”理论的派生物。按照“生活教育”理论，教育不仅涉及人类生活的全部领域，也贯穿人类生活的整个过程。教育应无限地向横向拓展，形成教育的“社会化”，也应无限地向纵向延伸，形成教育的“终生化”。“终生教育”思想的出现，是陶行知“生活教育”理论的重大发展和突破，亦是他教育学说日臻成熟和完善的明显标志。陶行知的终生教育思想，是中国和世界教育思想宝库中的一份珍贵遗产。

（一）终生教育思想的形成与发展

1. 产生背景

陶行知的终生教育思想，是他在反传统教育和洋化教育的斗争中，为适应近代中国社会政治、经济、文化发展的需要，通过充分借鉴中外古今教育思想的精华和总结自己教育实践的宝贵经验而提出来的。

1840 年以后，随着帝国主义列强侵略的日益加强，古老的中国由一个独立的封建社会逐渐沦为一个半殖民地半封建社会。民国以后，帝国主义列强尤其是日本帝国主义，步步紧逼，虎视眈眈，中华民族面临着亡国的空前危机。要救亡图存，就必须广泛地动员千百万民众，提高他们的思想政治觉悟，万众一心，同仇敌忾，共赴国难。而要做到这一点，就应该大力发展教育事业，扩大教育机会，使全中国的每一个老百姓，特别是幼儿和成人，都接受一定的教育，具备起码的文化水平，能够看书读报，了解国事，并且养成终生学习的习惯，与时俱进，这样他们才有可能在反帝反封建的斗争中发挥巨大的力量，去建立一个真正自由、民主、独立、富强的新中国。

然而，近代中国的教育（不论是传统的还是洋化的），都还不能满足这样的需要。旧教育是一种小众的贵族的教育，而不是人民大众的教育。有钱、有权者才能享受教育，无钱、无权者，则被拒之于门外。广大劳苦群众及其子女，只能在生活中受到教育。同时，它将人生划分为彼此分离毫不相关的三个阶段，即学龄前、学龄中及学龄后。这实际上将人生抛开了一大半，严重忽略了入学前的学习和离校后再学习的问题。换句话说，即只重学校教育，忽略学前教育和成人教育。这种教育的主要弊端是严重的形式化和划一化，脱离人民群众，脱离社会实际生活，难以适应近代中国社会政治、经济和文化发展的需要。陶行知的终生教育思想就是在这样一种历史背景下产生的。

陶行知的终生教育思想，是他批判地继承中外古今优秀教育遗产的产物。

一方面，它是对杜威“连续性”的教育观念的直接扬弃。杜威在达尔文“进化论”和“詹姆士”心理学原则的基础上，提出了教育是一个“连续性过程的观点”。他认为，“教育是经验的继续不断的改组或改造”①。经验的获得又总是和社会生活实践分不开的，因而“教育是生活的过程，而不是将来生活的预备”②。既然教育是一个过程，那就不会是学校教育之前和之后的中断。陶行知创造性地发展了这一“连续性”的教育观点，将之转化为“终生教育”的思想。这是陶行知对杜威教育学说的继承与超越。

另一方面，它是对中国古代“活到老，学到老”思想的丰富和发展。两千多年前，荀况在《荀子·法行》中指出：“少而不学，长无能也；老而不教，死无思也；有而不施，穷无与也。”欧阳修在《答李诩第二书》中也认

① 赵祥麟、王承绪编译：《杜威教育论著选》，华东师范大学出版社 1981 年版，第 159 页。

② 赵祥麟、王承绪编译：《杜威教育论著选》，华东师范大学出版社 1981 年版，第 4 页。

为："学之终身，有不能达者矣，于其所达，行之终身，有不能至者矣。"至于"活到老，学到老"一语，更是中国古代一句流传颇广、妇孺皆知的格言。陶行知立足于现代科学的高度，对之作了一番翻新，进一步形成了其终生教育思想。

更为关键的是，陶行知的终生教育思想是对自己长期教育实践宝贵经验的科学总结。如果把古今中外有关教育思想的精华视为"流"，陶行知自己长期的教育实践谋取就是其"终生教育"思想的"源"。不认识到这一点，就不可能真正认清他的终生教育思想的来源，也不可能真正弄清他的终生教育思想的涵义和实质。

终生教育思想是陶行知对自己长期教育实践宝贵经验的科学总结。1917 年，陶行知由美归国后，便致力于人民大众的教育普及事业。其间，他除了积极从事学校教育改革外，还对幼儿教育和成人教育作了许多科学实验和理论探索，得出了不少宝贵经验。在此基础上，他了解并认识到"终生教育"的重要性与必要性，从而在中国（也可以说是在世界）最早明确提出了终生教育的主张，这是他对中华民族乃至整个人类的一大贡献。

2. 形成和发展过程

陶行知的终生教育思想经历了一个萌芽、形成和发展的过程。

1917 年至 1926 年，是终生教育思想的萌芽阶段。1918 年，陶行知发表《生利主义之职业教育》，他认为："生活主义包含万状，凡人生一切所需皆属之。其范围之广，实与教育等。"① 这已看到了生活与教育相一致的方面，孕育着生活即教育思想的胚胎。这就为其"终生教育"思想的提出奠定了初步的理论基石。次年 7 月，他在一次题为《新教育》的演说中讲道："照杜威先生说，教育是继续经验的改造（Continuous reconstruction of experience）"。我们个人受了周围的影响，常常有变化，或是变好，或是变坏。教育的作用，是使人天天改造，天天进步，天天往好的路上走；就是要用新的学理，新的方法，来改造学生的经验②。并明确指出："既然晓得教育是继续经验的改造，

① 陶行知：《生利主义之职业教育》，《陶行知全集》第 1 卷，湖南教育出版社 1984 年版，第 78 页。

② 陶行知：《新教育》，《陶行知全集》第 1 卷，湖南教育出版社 1984 年版，第 123 页。

那么对于天然界和群界，自然受他的影响；天天变动，就是天天受教育，差不多从出世到老，与人生为始终的样子。”[①] 显然，此时他已经意识到教育是一个连续性的过程。“差不多从出世到老，与人生为始终。”尽管他此时还深受杜威实用主义教育的影响，但已开始萌发了自己“终生教育”的思想，值得注意的是，早在 20 世纪 20 年代前后，他就意识到“终生教育”的思想。这的确是一个了不起的发现，是对世界教育的卓越贡献。

1927 年至 1935 年，陶行知的终生教育思想逐渐得以形成。随着陶行知教育实践的进一步开展，他对传统教育和洋化教育的弊端认识得更加清楚了，开始感觉到杜威的实用主义学说虽然有反封建反传统的积极作用，但仍不能真正适合中国的具体国情和人民大众的现实需要，于是他在 1927 年创办晓庄师范学校，推行生活教育，并初步形成了其生活教育理论。生活教育是生活所原有、生活所营、生活所必需的教育。它突破了人只是在一定的学龄阶段接受正规学校教育的“一次性教育”的观念。这样，他就在总结自己教育实践宝贵经验和充分借鉴中外古今有关教育思想精华的基础上，初步形成了终生教育思想。1934 年 2 月，他在《生活教育》一文中指出：“生活教育与生俱来，与生同去。出世便是破蒙，进棺材才算毕业。”[②] 同年 3 月，他在《从穷人教育想到穷国教育》一文中又说：“他是活到老，做到老，学到老，教到老，一直到进了棺材才算结业。”[③] 同年 12 月，他在一次题为《普及教育》的演讲中，批评现有的小学 6 年、中学 6 年、大学 4 年的教育制度实质上是一种“短命教育”，他公开表明“我们所要干的是整个寿命的教育，不是短命的教育”，主张活到老，做到老，学到老[④]。次年 3 月，他在《中国普及教育方案商讨》一文中，进一步提出了“整个寿命现代化”的主张，他说：“整个寿命现代化，不仅是四个月、一年、二年、四年之义务教育。教育最重要的成就在使众人养成一种继续不断的共同的求进的决心。我们要对众人养成的态

① 陶行知：《新教育》，《陶行知全集》第 1 卷，湖南教育出版社 1984 年版，第 126 页。

② 陶行知：《生活教育》，《陶行知全集》第 2 卷，湖南教育出版社 1985 年版，第 634 页。

③ 陶行知：《从穷人教育想到穷国教育》，《陶行知全集》第 2 卷，湖南教育出版社 1985 年版，第 645 页。

④ 陶行知：《普及教育》，《陶行知全集》第 2 卷，湖南教育出版社 1985 年版，第 762 页。

度是：活到老；做到老；学到老。”[①] 上述言论，已初步揭示出“终生教育”的本质涵义，即教育必须贯彻人生的始终，从出世到进棺材，人人都必须接受教育。不仅如此，陶行知还对教育必须贯彻人生始终的原因作了深刻分析. 他指出，一方面由于“学问没有止境”，“社会的进步没有止境”[②]，一个人的进步也没有止境；另一方面，又由于人只有“活到老，做到老，学到老”，才能做一个“与时代俱进”的“长久的现代人”，才能“保证川流不息的现代化”[③]。由此可见。早在20世纪二三十年代，陶行知对终生教育思想已作了相当全面而深刻的论述，只不过尚未正式使用“终生教育”这一概念而已。

20世纪40年代，陶行知的“终生教育”思想得到了丰富发展，并正式使用了“终生教育”的概念。抗日战争爆发后，陶行知进一步认识到，要想使教育更加适合眼下救亡斗争的需要，就必须扩大教育的对象，使每个年龄层次的人都能受教育。他认为：“从教育的对象说：不只着重青年教育，而且要顾到老年人和小孩子的教育。”[④] 这与传统教育体制下只注重青年教育，忽略小孩子和老年人的教育，只注意学校教育，而忽略家庭教育和社会教育，是截然不同的。这既是教育观念的变革，又是政治观念的更新。抗日战争结束后，为争取真正的民主、平等和自由，陶行知积极提倡“民主教育，创办多种成人教育机构和中心，特别是社会大学和夜大学等”。这一过程中，他的终生教育思想得到了初步发展。1945年5月，他发表了著名的《实施民主教育的提纲》，指出：“无论老少，也应该受教育。生活教育很早就提出活到老学到老。”并举例说：“生活教育运动中最老的学生为八十三岁之王老太太，她说：‘我也快进棺材了，还读什么书？’但经她的孙儿曾孙的鼓舞，她的热情也烧炽起来了。因为她的缘故，她的媳妇也得读书了。”[⑤] 同年9月，他在

① 陶行知：《中国普及教育方案商讨》，《陶行知全集》第2卷，湖南教育出版社1985年版，第804页。

② 陶行知：《从穷人教育想到穷国教育》，《陶行知全集》第2卷，湖南教育出版社1985年版，第645页。

③ 陶行知：《攻破普及教育之难关》，《陶行知全集》第2卷，湖南教育出版社1985年版，第782页。

④ 陶行知：《全面抗战与全面教育》，《陶行知全集》第3卷，湖南教育出版社1985年版，第328页。

⑤ 陶行知：《全面实施民主教育的提纲》，《陶行知全集》第3卷，湖南教育出版社1985年版，第541页。

《全民教育》一文中首次明确使用了“终生教育”这个概念，亦将之界定为：“培养求知欲。学习为生活；生活为学习。只要活着就要学习。一旦养成学习习惯，个人就能终生进步不断。”[①] 这是对他过去“终生教育”思想的重新概括和明确表述，不仅表明了陶行知“终生教育”思想日趋成熟，也显示出其生活教育理论的日臻完善。同年 12 月，他还在《民主教育之普及》一文中进一步指出：“教人，好学，都是传染的，等大家都传染了教人、好学的习惯，便教人、好学成了瘾，整个中华民族便成了一个教人、好学的民族，万万年的进步是得到了保证。古人云：学然后知不足。一个感到不足，他便要向高处追。”因此，民主教育不但可能做到全面普及，并且可能做到立体的普及[②]。终生教育的实施，有助于教育从全面普及走向立体普及。这表明包括了终生教育思想在内的陶行知的生活教育理论，实质上是一种现代的“大教育观”。

（二）终生教育思想的内涵

作为生活教育理论的一个派生物，终生教育在总体上是受生活教育理论制约的。同时，终生教育思想本身又具有相对的独立性，有它独特的涵义和思想内容，值得我们深入地学习和探讨。陶行知的终生教育思想包含以下两层基本意思：

第一，教育“与人生为始终”。陶行知从“生活教育”的观点出发，认为“生活即教育”，生活与教育是同一过程，人生有多久，教育也应有多久，教育“差不多从出世到老，与人生为始终”。他反对传统观点将人生划分为彼此分离毫不相关的三个阶段，即学龄前、学龄中和学龄后，认为这必然会导致只重视学校教育，而忽略学前教育和成人教育。他抨击现存的小学 6 年、中学 6 年、大学 4 年的教育制度实质上是一种“短命的教育”，也批评义务教育，“不仅是四个月、一年、二年、四年”的事情。在他看来，教育不是在学校教育结束后就算完事的。它应贯穿人生的全过程，包括贯穿人的一生不同阶段的学前、小学、中学以及成人教育等，应是一种“整个寿命的教育”。他

① 陶行知：《全民教育》，《陶行知全集》第 3 卷，湖南教育出版社 1985 年版，第 554 页。

② 陶行知：《民主教育之普及》，《陶行知全集》第 3 卷，湖南教育出版社 1985 年版，第 573 页。

主张不同阶段的教育应从纵的方面相互连接，构成一个完整系列，使人们永远“与时代俱进”。

第二，“家庭、店铺、工厂、机关、寺庙、民团、军队及现有学校做下层之教育场所。”根据“生活教育”的观点，终生教育应是各种正规教育和非正规教育的总和。陶行知一贯重视家庭教育，认为家庭教育在人的发展中有重要地位。他指出：“婴孩期就必须奠定民主教育的基础。或许，目前处理这问题最好、最经济的办法是通过教父母兄弟姐妹，尤其是通过教母亲、姐妹及女仆来教婴儿。”① 他还要求家庭教育应注意养成新生儿童个性，注意培养儿童的创造力。陶行知也是很重视社会教育。从某种意义上说，他的“生活教育”理论就是一种广义的社会教育的理论。他是根据“社会即学校”的原则，倡导“动员社会上现有的一切可能动员的力量、学校及个人尽力为民众服务。庙宇、茶馆、监狱、兵营、商店、工厂、残废士兵医院、普通学校不上课时空出的教室，都应给识字小组及训练中心使用。八千万受过一段时间再教育的识字成人可以作为教师，帮助家人及邻居进步”②。在他看来，这些地方或机构实际上都是一种教育机构和渠道，都有教育意义，对人的发展都有重要影响。因此，他希望把各种正规和非正规的教育机构和渠道，通过横向的连接，构成一个有机的整体，以促进人的全面和谐的发展。

概括起来，陶行知的“终生教育”思想，核心是强调教育的终生化与一体化，即在纵向上，要实现从零岁开始直到老年，包括学前教育、学校教育、成人教育三个层次的一体化；在横向上，要实现家庭教育、学校教育、社会教育三个方面的一体化，以克服现存教育体制的弱点，培养和造就适应社会需要的各种人才。适应近代中国社会政治、经济、文化发展的需要，保证“川流不息的现代化”。

（三）终生教育的对象、内容与途径

终生教育是从“生活教育”理论派生出来的一种重要的教育思想，是对

---

① 陶行知：《全民教育》，《陶行知全集》第3卷，湖南教育出版社1985年版，第554—555页。

② 陶行知：《全民教育》，《陶行知全集》第3卷，湖南教育出版社1985年版，第555页。

“生活教育”理论的丰富和发展。它在对象、内容与途径等方面，既有与“生活教育”理论相一致的地方，又有其自身的特质。

在对象方面，它既主张“不论宗教信仰、种族、财富及所属阶级有何不同，男孩与女孩机会均等，男子与女子机会均等，成人与儿童机会均等”①，又特别强调成人与儿童的教育问题，主张“无论老少，也应该受教育。生活教育很早就提出活到老，学到老”②。为此，陶行知不仅积极提倡，而且身体力行。这可以从创立乡村幼稚园和社会大学等一系列教育实践中得到证明。

与之相适应，在内容方面，特别强调以儿童和成人的生活为教育的中心，主张围绕着儿童和成人的生活来开展教育。“过什么生活便是受什么教育。”“过康健的生活便是受康健的教育；过科学的生活便是受科学的教育；过劳动的生活便是受劳动的教育；过艺术的生活便是受艺术的教育；过社会革命的生活便是受社会革命的教育。”③ 并着重指出：“我们要用前进的生活来引导落后的生活，要大家一起来过前进的生活，受前进的教育。”④

在途径方面，“终生教育”和生活教育虽然是互相包容的，但“终生教育”更加强调家庭教育和社会教育，把家庭教育和社会教育看成与学校教育同等重要，它主张对传统教育制度加以彻底改造。他尖锐地批评国民党政府教育部颁布的《实施义务教育暂行办法大纲》，纯粹是指学龄儿童的教育，没有改变成人教育与儿童教育不能打成一片的弊端。他主张“根据民主思想从根本上重建学校及学制，使民有、民治、民享的教育在中国蓬勃发展”⑤。他一方面提倡家庭教育和社会教育，另一方面又积极改造学校教育，以求让灵活机动、富有弹性的教育体制代替千篇一律、僵化不变的教育体制。为使更多的幼儿和成人受教育，他还在教育实践中为“终生教育”提出和创造了一

---

① 陶行知：《全民教育》，《陶行知全集》第 3 卷，湖南教育出版社 1985 年版，第 554 页。

② 陶行知：《实施民主教育的提纲》，《陶行知全集》第 3 卷，湖南教育出版社 1985 年版，第 541 页。

③ 陶行知：《教学做合一下之教科书》，《陶行知全集》第 2 卷，湖南教育出版社 1985 年版，第 288 页。

④ 陶行知：《生活教育之特质》，《陶行知全集》第 3 卷，湖南教育出版社 1985 年版，第 27 页。

⑤ 陶行知：《全民教育》，《陶行知全集》第 3 卷，湖南教育出版社 1985 年版，第 554 页。

些崭新的教育组织形式与方式，其中主要有幼稚园、中心学校、工学团、旅行团、社会大学以及小先生制、传递先生制、自动进修制等。这些都丰富和发展了他的生活教育学说。

（四）终生教育思想的评价

陶行知的终生教育思想，萌芽于 20 世纪 20 年代，形成于 20 世纪 30 年代，发展于 20 世纪 40 年代。它的出现，丰富和发展了“生活教育”理论，对近代中国教育的改革和发展产生了积极作用，成为世界教育宝库里一颗璀璨夺目的明珠。

1. 陶行知的终生教育思想丰富和发展了“生活教育”理论

陶行知终生教育思想的提出，标志着他的“生活教育”理论日臻成熟。他早期的“生活教育”理论主要由“生活即教育”、“社会即学校”、“教学做合一”等基本命题和若干范畴组成。“终生教育”思想提出后，极大地丰富了“生活教育”理论的内容。它主张教育是一个终生的全过程，“差不多从出世到老，与人生为始终”[①]，“与生俱来，与生同去，出世便是破蒙，进棺材才算毕业”[②]。又主张教育应包括各种正规和非正规的教育的机构或形式。在重视学校教育的同时，不忽略学前教育和成人教育，在抓好学校教育的同时，又强调家庭教育和社会教育。这就使“生活教育”理论的“教育”概念，在时间和空间方面有了进一步延伸和扩大，使“生活即教育”“社会即学校”的思想更为具体和丰富。总之，它是对“生活教育”理论的重大发展和突破。

2. 陶行知的终生教育思想推动了近代中国的教育改革和发展

近代中国的教育，只重视学校教育，忽略学前教育和成人教育，忽略家庭教育和社会教育。终生教育思想的提出，对于改变这种局面产生了巨大作用。具体说来，这主要体现在以下几个方面：

第一，促进了成人教育的发展。成人教育是陶行知“终生教育”思想的主要组成部分。从 20 世纪 20 年代起，他就重视成人教育，把成人教育视为

---

① 陶行知：《新教育》，《陶行知全集》第 1 卷，湖南教育出版社 1984 年版，第 126 页。

② 陶行知：《生活教育》，《陶行知全集》第 2 卷，湖南教育出版社 1985 年版，第 634 页。

近代中国教育改革的突破口之一。他创办暑期学校，推行平民教育和乡村教育，是我国大规模的平民教育运动的首创者和主持人之一，为平民教育运动的开展呕心沥血，殚思竭虑，付出了极大的努力。20 世纪 40 年代，为使广大工农受教育，他积极推行普及教育、国难教育、战时教育和全面教育。特别是在抗日战争胜利以后，为解决广大青年失学问题他又倡办了社会大学，独创了成人教育的新的组织形式，还设想今后的社会大学要更为丰富多样，除了“无形的”社会大学之外，还应有夜大学、早晨大学、函授大学、新闻大学、旅行大学、电播大学等。这些主张和设想，不仅促进了近代中国成人教育的发展，就是在今天仍具有重要的理论价值和现实意义，值得人们的高度重视。

第二，促进了学前教育的发展。陶行知是我国早期重视幼儿教育的教育家之一。在他的终生教育思想中，幼儿教育占有非常重要的位置。在幼儿教育方面，从事过许多扎扎实实的实践和理论探讨。他把幼儿教育视为基础教育的基础，强调学生儿童的个性，重视培养儿童的创造力，主张对儿童实行“六大解放”(即解放儿童的眼睛、头脑、双手、嘴、空间和时间)。在儿童教育理论方面，有了重大建树，彻底改造了近代中国的学前教育，并为我国未来学前教育的发展指明了方向。

第三，促进了学校教育的变革。陶行知一贯注重学校教育的改革，长期以来，他集中探讨了学校教育如何与社会生活紧密联系等问题。他主张教育系人民大众生活所原有，所自营，所必需，不能成为少数“小众”的专利品。无论贫富贵贱、男女老幼都有受教育的权利和机会，要建立更为灵活机动的新型学校教育体制，使人民大众及其子女能入学受教，强调学校教育的内容要以生活为中心，而不是以文字为中心；主张学校教育的方法和手段要多样化，要使学生自觉自动，学会学习，发展学生的创造力，而不是强迫灌输；他改变了传统的学校观念，提出了一种崭新的现代学校观。所有这些对学校教育理论和实践的发展，为当代中国教育改革提供了重要的理论借鉴。

第四，促进了学校教育以外的教育的发展。陶行知把终生教育视为一个宏大战略，它的实现要通过家庭教育、学校教育、社会教育诸方面的协力合作。为此，他在发展学校教育的同时，注重利用一切可以利用的因素，开展各种形式的社会教育。他主张凡有人的地方，就是教育的场所。在他看来，家庭、当铺、茶馆、轮船码头、博物馆、电影院、图书馆，甚至防空洞等，都可作为教学的课堂。他还主张利用广播、电影、幻灯等现代技术作为教育的手段，使终生教育在中国的每一个角落、每一层面扎下根，并推广开来。他自己是这些主张的身体力行者，走到哪里，就在哪里开展教育，不拘形式灵活多变。他倡导在学校教育之外，实行各种形式的教育，对我国社会教育的发展产生了积极影响。

3. 陶行知的终生教育思想是世界教育宝库里的一颗明珠

陶行知是现代终生教育的先驱。他的终生教育思想，不仅在中国教育思想史上，就是在世界教育思想史上，也是有突出的地位。长期以来，人们一般认为法国教育理论家保尔·郎格朗（Paul Lengrand）是现代终生教育的最早倡导者，认为“终生教育”这一概念是在他任联合国教科文组织秘书处成员时，于 1965 年召开的国际成人教育促进会议上所作题为“论终身教育”的报告里出现的，并认为，“终生教育”的基本思想是在他于 1970 年出版的《终身教育引论》中首次阐发的。这种看法是不符合历史事实的。正如前所述，陶行知早在 20 世纪 20 年代前后就已萌生了“终生教育”的思想，20 世纪 30 年代已基本形成，20 世纪 40 年代已有初步发展并已明确使用了“终生教育”的概念。他 1945 年发表的《全民教育》，原是一篇英文论著。在这篇英文论著中，“终生教育”被译为“Education for the whole life”意即“整个人生过程的教育”。这与今天通行的英文词“life long education”（终生教育）实际上就是一回事。陶行知的这篇《全民教育》的英文论著由生活教育社刊行后，曾作为一份宣传材料，向西方有关民间援华组织和人士广为散发，其中一个目的就是希望能得到国际友人支持和赞助。由此可见，早在 20 世纪 20 年代中期，陶行知的“终生教育”思想就已开始传播到国外。郎格朗是否看过这篇英文论著，我们不得而知。但可以断定：陶行知对“终生教育”概念的使用和这一思想的阐述，均早于郎格朗 20 年左右的时间。如果说到其萌生，那就要早于郎格朗近半个世纪。当然，我们这样说，绝没有丝毫否认郎格朗的历史贡献的意思。事实上，郎格朗首次以专题论著的形式发表《终身教育引论》，系统论述“终生教育”理论，并利用他后来任联合国教科文组织终身教育科科长的身份，积极从事终生教育的理论指导和教育实践，使终生教育在 20 世纪 60 年代开始成为国际性的教育思潮，这都是值得后人称道的。我们的目的在于，澄清历史事实，把最早提出、阐述“终生教育”概念和思想的与最早系统论述“终生教育”概念和思想的人搞清楚。如果说陶行知就是第一个提出、阐述“终生教育”观念和思想的人，那么郎格朗就是第一个系统论述“终生教育”并使之开始成为国际性的教育思潮的人。他们都是世界终生教育思想发展史上具有里程碑意义的卓越人物。

当然，正如任何一种伟大的思想在提出之初都不可避免存在某些不足一样，陶行知的终生教育思想自然也不是完美无缺的。从总体上看，陶行知还只是初步提出、阐述了“终生教育”的概念和思想，许多有价值的观点并没有充分展开，这就使得他的终生教育思想还没有一套比较严密完整的理论。之所以如此，这主要是由于近代中国是一个半殖民地半封建社会，现代的政治、经济、文化还未充分发育生长，历史赋予他那一代教育工作者的使命是以教育作为拯救民族危亡的武器，客观现实不允许他有充分的时间去思考终生教育所有方面的问题。这是时代使然、环境使然，我们不能离开具体的历史条件和环境来对此加以苛求。列宁有句名言：“判断历史的功绩，不是根据历史活动家没有提供现代所要求的东西，而是根据他们比他们的前辈提供了新的东西。”[①] 我们对待陶行知的终生教育思想，也应采取这种科学态度。

① 列宁：《评经济浪漫主义》，《列宁全集》第2卷，人民出版社1972年版，第150页。

第五章

生活教育与传统教育、实用主义教育

第一节　生活教育与传统教育

陶行知在吸收与借鉴西方实用主义教育理论、继承中国传统教育思想的基础上，经过深入调查与了解中国学校教育的现状，创造性地提出了自己的生活教育理论，并在实施该教育理论的过程中对影响和阻碍中国当时教育发展的传统教育理论进行了深刻的批判与抨击，从而为他的新教育理论的推广与宣传创造了良好的条件。

一、陶行知对待传统教育的态度

在陶行知教育学说的范畴体系中，“传统教育”是一个有其特定内涵的概念，它与人们通常所说的“传统教育”并不完全相同。陶行知所说的“传统教育”，既指中国封建社会长期形成的以儒家教育为代表的教育思想、内容、方法和制度等，又指从外国传入的以赫尔巴特教育思想为代表的近代西方教育模式。陶行知称前者为“老八股”，称后者为“洋八股”。在他看来，“老八股”与“洋八股”虽有新旧之不同，但都脱离了人民大众，脱离生产劳动，脱离社会生活，“都是靠着片面的工具来表现的”，即都是靠着文字与书本来表现的①。当然，对于这两种“传统教育”，陶行知并非不分主次，而是有所侧重的。由于当时“老八股”对中国教育界的影响更大更深一些，所以，他通常所说的“传统教育”，更多的是指“老八股”，即中国的封建传统教育，这也是他批判的主要对象。

陶行知对传统教育的批判，经历了一个由现象到本质、由局部到整体、由方法到方向的不断深化的过程。这一过程与他政治上和思想上的不断进步是密切相关的。

起初，他对传统教育的批判还只限于教学方法。他 1917 年离开美国回国

① 陶行知：《生活工具主义之教育》，《陶行知全集》第 2 卷，湖南教育出版社 1985 年版，第 76 页。

时，正值国内新文化运动日趋高涨。尤其是“五四运动”之后，“民主”、“科学”的口号响彻云天，改革传统教育成为一股巨大的时代潮流。乘着这股潮流，他首先把斗争的锋芒对准了传统的教学方法。传统的教学方法采取填鸭式灌输，呆读死记书本，重教不重学。针对这一痼疾，他于1919年2月发表《教学合一》一文，抨击旧学校“好像是书架子字纸篓的制造厂”，“论起名字来，居然是学校，讲起实在来，却又像教校”，重教太过，遂将教学两者分离开来。为了改变这种状况，他在南京高等师范学校毅然把传统的“教授法”改名为“教学法”，一时间国内各学校纷纷仿照实行。他又大肆宣传杜威教育学说，提倡试验主义教育方法，主张共同生活、学生自治等。

20世纪20年代以后，他对传统教育的弊端有了进一步认识，开始意识到传统教育的弊端不仅仅是个方法上的问题，更是体制、内容乃至根本方向的问题。此时，他批判的面也逐步扩展开来。他猛烈抨击传统教育脱离人民大众，脱离生产劳动，脱离社会生产。为此，他把改造旧教育的重点由过去单纯地改造旧学校移向改造社会与创办新学校。他与朱其慧、晏阳初等人发起了全国范围的声势浩大的平民教育运动，谋图通过读书识字来提高民众的文化水平和思想觉悟。接着，他又与赵叔愚等人在南京市郊老山（后改名劳山）脚下的小庄（后改名晓庄），创办试验乡村师范学校对传统的学校教育进行全面改革，努力解决旧教育脱离人民大众实验生活的问题，为中国教育探获生路。

从20世纪30年代初起，伴随着政治上的不断进步，他对传统教育的批判日趋全面而深刻，明确指出传统教育是一种贵族式的“小众教育”，它将政治上无权的劳苦大众排斥在教育之外，只有那些有钱有势人家的少爷、小姐才能上学念书。不仅如此，它还是一种“吃人教育”，一方面“教学生自己吃自己”，让他们读死书，死读书，死记硬背，不许到大社会里、大自然里去活动，并用各种考试来督促，结果“肩不能挑，手不能提，面黄肌瘦，弱不禁风”，身体的健康也没有了，以致“读书死”；另一方面，“教学生吃别人”，“教人劳心而不劳力”，“教人升官发财”，“吃农人、工人血汗”①，这就彻底揭露传统教育的吃人本质。抗战胜利以后，他进一步把批判传统教育的矛头直

---

① 陶行知：《传统教育与生活教育有什么区别》，《陶行知全集》第2卷，湖南教育出版社1985年版，第733—734页。

指国民党反动派的封建买办法西斯教育，揭露和抨击其推行的“思想统制”政策，并高举民主革命的旗帜，创办育才学校和社会大学，使之成为国民党统治区的“民主堡垒”。由批判历史遗存下来的封建传统教育到直接把矛头对准国民党反动派的封建买办法西斯教育，这反映出他政治上、思想上的不断进步，也体现了他教育思想的日趋成熟。

应该指出，陶行知对传统教育的批判，不是毫无分析的。他在旗帜鲜明地反对“满朝朱紫贵，尽是读书人”的“升官教育”和“为教书而教书，为读书而读书”的“超然教育”的同时，还明确地指出：“反传统教育也不是反对固有的优点，我们对于中国固有之美德是竭诚的拥护。”① 他公开主张：对于人类从几千年生活斗争中所得到并体现在传统教育中的宝贵的历史经验，“必须用选择的态度来接受”，但“必须通过现生活，从现生活中滤下来，才有指导生活的作用”②。从他的教育实践和理论来看，他对传统教育的某些有益的教育内容与方法，都有所汲取和借鉴。比如，他为教育学生成为民主战士，曾引用《论语》和《孟子》中的话，赋予其新的思想内涵：“让我再详说英勇的民主战士是怎样培养出来。第一套功夫是‘仁者不忧，知者不惑，勇者不惧，达者不恋’。第二套功夫是‘富贵不能淫，贫贱不能移，威武不能屈，美人不能动’。有了这些德性，无论过着什么关口，也会胜利的通过。虽杀身亦成仁了。”③ 又如，他继承翻新了传统教育的语言表达方式，经常运用中国古代教育家的名言来表述其教育观点，曾将《大学》中的“大学之道，在明明德，在新民，在止于至善”一句话改成“我们的新的大学之道，在明‘民’德，在亲民，在止于人民之幸福”④，恰当地表达了新型大学的宗旨。他还将王阳明的名言“即知即行”翻新为“即知即传”，巧换一字，新意尽出。此外，他还改造继承了传统教育的某些行之有效的方法，如“注重自觉”、“集体教育”等，他曾指出：“中国古代教育是一贯的注重觉悟。‘大学之道在

---

① 陶行知：《告生活教育社同志书》，《陶行知全集》第 3 卷，湖南教育出版社 1985 年版，第 338 页。

② 陶行知：《生活教育之特质》，《陶行知全集》第 3 卷，湖南教育出版社 1985 年版，第 27 页。

③ 陶行知：《为民主斗争前仆后继——致育才同学会上海分会全体同学》，《陶行知全集》第 5 卷，湖南教育出版社 1985 年版，第 964 页。

④ 陶行知：《谈社会大学》，《陶行知全集》第 3 卷，湖南教育出版社 1985 年版，第 593 页。

明明德’。明德即真理。第一个明字便是明白和阐明。明白是自觉，阐明是觉他。这个道理和‘先知觉后知’，‘先觉觉后觉’是相通的。并且觉悟是智仁勇三达德之康庄大道。‘仁者不忧，智者不惑，勇者不惧’。因为不惑，才能不忧，不惧。不惑便是思想贯通而觉悟了。《中庸》说‘不诚无物’。无论是‘自诚明’，或是‘自明诚’都离不了诚。不诚便没有觉悟。诚心追求真理才能自觉觉他。”

由此可见，陶行知对传统教育从来不是一笔抹杀、全盘否定的，而是有批判、有继承、有发展。他的目的很明确，用他自己的话说：“我们之所以反对洋化教育和传统教育，是要开辟出一条大路，让这半殖民地争取自由平等的教育可以出来。”如果说，陶行知早年在新文化运动中为了配合冲击旧的意识形态，迎接“德先生”和“赛先生”的到来，曾对传统教育否定得比较多，那么，20世纪20年代中期以后，为了纠正教育界食洋不化、仪型他国的不良倾向，重建“中国化”、“民族化”的教育理论体系，陶行知便日益注重发掘传统教育的民主性精华，并将其与现代教育理论结合起来。正是在这个意义上，我们认为陶行知教育思想是以现代教育理论为主干，同时又汲取了大量传统教育的合理因素而形成的一种教育演说，既有强烈的时代气息，又有鲜明的民族特色。在近现代中国，陶行知是为数不多的将时代性与民族性有机地融合在一起并获得成功的教育家之一。

二、生活教育与传统教育的区别

生活教育固然汲取了传统教育的不少合理因素，但生活教育毕竟与传统教育有着根本的不同，生活教育是针对传统教育的弊端提出的，是对传统教育的全面反拨。“反传统”是生活教育的基本特征。

生活教育与传统教育究竟有哪些区别？关于这个问题，陶行知生前曾做过多次归纳总结，现根据他本人的有关论述，结合我们的若干分析，试作如下解说。

1. 在教育的性质上，传统教育是“小众教育”，是士大夫教育。几千年来，反动统治阶级的极少数人垄断了受教育权，只有奴隶主、地主及其子弟才能入学校学习，而广大劳动人民的子弟则被排斥在学校大门之外，只能在生活劳动和日常生活中，跟长辈学习一些为人之道和生产劳动的知识与技能。广大劳动人民的子弟与学校教育无缘。陶行知曾一针见血地指出："教育是成了少爷、小姐、政官、书呆子的专有品"，"是少爷的手杖，小姐的钻戒，政客升官的梯子，书呆的轮回麻醉的乌烟"①。传统教育是"拿穷人的血汗钱培养富人的少爷小姐"，只有那些"有钱、有闲、有面子"人的子弟才有书念，"中国的教育雨不落在劳苦人的田园里。中国的教育雨专落在大都会的游泳池里给少爷小姐游水玩"②。

生活教育则不同。生活教育是"大众教育"，"民主教育"，"是大众自己的教育，是大众自己办的教育，是为大众谋福利除痛苦的教育"③，"它与装饰品之传统教育根本不同。它不是摩登女郎之金刚钻戒指，而是冰天雪地下的穷人的窝窝头和破棉袄"④。它主张"教育为公"，机会均等。"无论什么阶级，都要有受教育的机会。受教育的机会被剥夺最多的是农工及子弟。农工阶级忙碌一天，还陷入吃不饱饿不死的状态，当然再谈不到受教育。民主教育是要力求农工劳苦阶级有机会受教育。"⑤ 一句话，传统教育是反动统治阶级的教育，生活教育是人民大众的教育。

2. 在教育目的上，传统教育是"治术教育"，是"人上人"教育，是"吃人的"教育。传统教育的目的是使剥削阶级的子弟成为新一代的剥削者和统治者，就是说它仅仅是为了剥削阶级的政治统治服务的教育，它不培养生产工作者，它不是为生产和为经济服务的教育。用陶行知的话说，"传统教育，他教人劳心而不劳力，他不教劳力者劳心。他更说'劳心者治人，劳力者治于人'，说得更明白一点，他就是教人升官发财。发谁的财呢？就是发农人、工人的财，因为只有农人、工人才是最大多数的生产

① 陶行知：《普及什么教育》，《陶行知全集》第2卷，湖南教育出版社1985年版，第636页。

② 陶行知：《攻破普及教育之难关》，《陶行知全集》第2卷，湖南教育出版社1985年版，第799页。

③ 陶行知：《大众教育与民族解放运动》，《陶行知全集》第3卷，湖南教育出版社1985年版，第61页。

④ 陶行知：《生活教育》，《陶行知全集》第2卷，湖南教育出版社1985年版，第635页。

⑤ 陶行知：《实施民主教育的提纲》，《陶行知全集》第3卷，湖南教育出版社1985年版，第541—542页。

者。他们吃农人、工人血汗，生产品使农人、工人自己不够吃，就叫做吃人的教育”①。

生活教育则不同。生活教育是“人中人”教育，是“主人”教育。它不是养成人上人的富人教育，也不是养成人下人的奴婢教育，它有别于传统教育“一边在极少数人做贵族、做官吏、做人上人、做统治他人的士大夫；另一边则教大众做奴婢，做顺民，做人下人，做被人统治的劳苦群众”②。“他不教人升官发财，他只教中国的民众起来做主人，做自己的主人，做政府的主人，做机器的主人。他教人要在劳力上劳心，即使有人出来做官，他也是要来服侍农人和工人，看看有吃农人或工人的人，他要帮助农人、工人把他干掉。……他更教人做到‘工以养生，学以明生，团以保生’。说得更清楚些是：教大众以大众的工作养活大众的生命；以大众的科学明了大众的生命；以大众的团体的力量保护大众的生命。”③

由此可见，生活教育的目的实际上是要培养人们做自己和国家的主人，培养具有自觉性和创造力的追求真理的真人，培养为民族、为人类求解放、谋幸福的人，“使他们为自己创造，为社会创造，为国家创造，为民族创造。更要把他们的一双手解放开来，使他们为自己生利，为社会生利，为国家生利，为民族生利”④。既为反帝反封建革命斗争服务，又为近代中国社会经济发展服务。简言之，生活教育是为生活向前向上的需要，为民族、为大众、为人类求解放、谋幸福的教育。

3．在教育内容上，传统教育是以文字为中心的教育，是脱离社会生活实际的书本教育，是教学与训导分家的教育。它以文字作为教育的全部内容，认为文字以外别无教育。于是，识字读书便等于整个教育而占领了学生的全部时间，学生耗费全部精力于此上。而这些文字又只是记载寓剥削阶级统治术于其中的社会历史知识、圣人之言和祖先遗教之类的剥削阶级意识形态及

---

① 陶行知：《传统教育与生活教育有什么区别》，《陶行知全集》第2卷，湖南教育出版社1985年版，第733—734页。

② 杨效春：《我们的教育》，《中华教育界》1933年第20卷第7期，第37页。

③ 陶行知：《传统教育与生活教育有什么区别》，《陶行知全集》第2卷，湖南教育出版社1985年版，第734页。

④ 陶行知：《目前中国教育的两条路线》，《陶行知全集》第2卷，湖南教育出版社1985年版，第559页。

相应的文化知识，绝少有科学的内容和与生产有联系的内容，脱离人民大众，脱离生产劳动，脱离社会生活。不仅如此，传统教育还把训育置于教学范围之外，教、训分家的现象极为普遍。“教育好像是教人读书，训育好像是训练人做人或是做事；教育好像是培养知识，训育好像是训练品行；教育又好像是指所谓之课内活动，训育则好像是指所谓课外活动。”① 教、训分家使得教育内容更为单薄而狭窄。

在陶行知看来，传统教育的内容“使人坐而言，不使人起而行。教育好比是菜蔬，文字好比是纤维，生活好比是各种维他命（vitamin）。以文字为中心而忽略生活的教科书，好比是有纤维而无维他命之菜蔬，吃了不能滋养体力。……它是中国小孩子的手铐，害得他们双手无能。它是死的、假的、静止的。它没有生命的力量。它是创造、建设、生产的最大障碍物。它叫中国站在那儿望着农业文明破产而跳不到工业文明的对岸去”②。

生活教育则不同。生活教育是以生活为中心的教育，生活的一切方面都成为教育的内容。换句话说，它是以人类生活的内容为内容的。生活教育的内容究竟有哪些？陶行知曾将人类生活划分为康健的生活、劳动的生活、科学的生活、艺术的生活和改造社会的生活，因而其教育内容包括有康健的教育、劳动的教育、科学的教育、艺术的教育和社会改造的教育等方面。陶行知还明确提出过“全面教育”的主张，要求“心、脑、手并用。学政治、学经济、学文化相结合。健康、科学、劳动、艺术及民主将构成和谐的生活”③。可见，生活教育的内容是极为全面而丰富的。

生活教育并不一概否定文字和书本的作用，但它认为文字和书本都只是工具，是人们社会生活实践的工具。工具是给人用的，文字和书本也是给人用的。所以，它主张“用书”而不主张“读书”，反对“读死书，死读书，读书死”。陶行知多次表示“我们要活的书，不要死的书；要真的书，不要假的书；要动的书，不要死的书；要用的书，不要读的书。总起来说，我们要以

① 陶行知：《晓庄三岁敬告同志书》，《陶行知全集》第 2 卷，湖南教育出版社 1985 年版，第 210 页。

② 陶行知：《教学做合一下之教科书》，《陶行知全集》第 2 卷，湖南教育出版社 1985 年版，第 294 页。

③ 陶行知：《全民教育》，《陶行知全集》第 3 卷，湖南教育出版社 1985 年版，第 554 页。

生活为中心的教育做指导，不要以文字为中心的教科书”①。

在教育与训育的关系上，陶行知也明确表示：“生活教育的要求是：整个的生活要有整个的教育。……智识与品行分不开，思想与行为分不开，课内与课外分不开，做人做事与读书分不开，即教育与训育分不开。生活教育之下只有纵的分任，决无横的割裂。”②

4. 在教育方法上，传统教育是机械灌输，呆读死记，重教轻学，脱离实践，重知轻行，手脑两分，层层考试，束缚学生。教学中采取填鸭式教学法（又叫注入式教学法），不顾学生实际情况，一味死灌，教师讲，学生听；教师写，学生抄；教师问，学生答。教师主宰整个教学过程，学生毫无任何主动性和积极性。而且，“先生教而不做，学生学而不做”③，教师为教而教，学生为学而学，教与学都与“做”脱离，轻视行动，手脑分家，“教用脑的人不用手，不教用手的人用脑”，“读书的人除劳心以外，不去劳力；除读书外，不去做工，以致不能生产”，而“做工的人除劳力以外，不去劳心，除做工以外，不去读书，以致不能自保其利益，而受他人的横搜直刮”④。

尤有甚者，还以层层考试，束缚学生的思想和行为，扼杀其创造力。在中国古代，自隋唐起，历代封建统治者便通过科举制度来迫使士子就范。明清之后，“八股取士”更使众多学人整日埋首章句辞赋之学，“两耳不闻窗外事，一心只读圣贤书”。及至近代，科举制度虽废，但阴魂不散，变着方式继续毒害青年。国民党统治时期，推行“会考”制度，学校教育以“会考”为中心任务，“学生是学会教，教员是教人会考。学校是变了会考筹备处。会考所要的必须教。会考所不要的不必教，甚而至于必不教。……所要教的只是书，只是考的书，只是《会教指南》！教育等于读书；读书等于赶考”。学生们“赶了一考又一考。毕业考过了接着就是会考。会考过了接着就是升学考。一连三个考赶下来，是会把肉儿赶跑了，把血色赶跑了，甚至有些是把性命

---

① 陶行知：《教学做合一下之教科书》，《陶行知全集》第2卷，湖南教育出版社1985年版，第295页。

② 陶行知：《晓庄三岁敬告同志书》，《陶行知全集》第2卷，湖南教育出版社1985年版，第210页。

③ 陶行知：《乡村工学团试验初步计划说明书》，《陶行知全集》第2卷，湖南教育出版社1985年版，第594页。

④ 陶行知：《目前中国教育的两条路线——教劳心者劳力，教劳力者劳心》，《陶行知全集》第2卷，湖南教育出版社1985年版，第598页。

赶跑了”。陶行如一针见血地指出，这种“会考”制度是“变相的科举”，“大规模的消灭民族生存力”①。

生活教育则不同。为了消除传统教育制度下劳心与劳力对立、教育与生活劳动分离的局面，使人手脑并用，全面发展，生活教育强调实践，重视行动，以“做”为中心，把教师的教和学生的学统一在“做”上面。既重视教，更重视学；既重视知，更重视行；既重视教师的主导作用，更重视学生的主体作用。生活教育主张：“教的方法根据学的方法；学的方法根据做的方法。事怎样做便怎样学，怎样学便怎样教。教与学都以做为中心。在做上教的是先生，在做上学的是学生。”② 陶行知称这种教育方法为“教学做合一”法。

依陶行知的解释，“教学做合一”的“做”，是“包涵广泛意味的生活实践的意思”③，是人类生活中一切有意义的活动。具体言之，“做的发明，是创造，是实验，是建设，是生产，是破坏，是奋斗，是探寻出路”，还包括文艺等精神活动④。它不是狭义的“做”，更不是盲行盲动，而是劳力上劳心。因此，它有以下三种特征：行动；思想；新价值的产生。举个例子说，“鲁滨孙在失望之岛上缺少一个放水的小缸。一天烧饭，他看见一块泥土被火烧得像石头样的硬。他想，一块碎土既有如此变化，那么用这土造成一个东西，或者也能如此变化。他要试试看。他动手用土造成三个小缸的样子，架起火来把它们烧得通红，渐渐的冷下去，便成了三只巩固而不漏水的小缸。这里有行动，有思想，有新价值之产生——泥土变成水缸。这是做。这是教学做合一之做”⑤。

这种“做”不排斥教师的讲授、谈话、演示和学生的讨论、练习、实验、

① 陶行知：《杀人的会考与创造的考成》，《陶行知全集》第 2 卷，湖南教育出版社 1985 年版，第 676 页。

② 陶行知：《教学做合一下之教科书》，《陶行知全集》第 2 卷，湖南教育出版社 1985 年版，第 289 页。

③ 陶行知：《教育生活漫忆》，《陶行知全集》第 3 卷，湖南教育出版社 1985 年版，第 623 页。

④ 陶行知：《教学做合一下之教科书》，《陶行知全集》第 2 卷，湖南教育出版社 1985 年版，第 290 页。

⑤ 陶行知：《教学做合一下之教科书》，《陶行知全集》第 2 卷，湖南教育出版社 1985 年版，第 289—290 页。

研究等具体方法，它只要求将这些具体方法统一在实践的基础上，要求教师的教和学生的学都与社会实际相结合，从实践中去追求真知识。这种“做”也不笼统地反对考试，它只要求“停止那毁灭生活力之文字的会考，发动那培养生活力之创造的考成”。所谓“创造的考成所要考核的是生活的实质，不是纸上的空谈”。举例而言。“创造的考成”所要考成的内容为：“（一）校内师生及周围人民的身体强健了多少？有何证据？（二）校内师生及周围人民对于手脑并用已经达到什么程度？有多少是获得了继续不断的求知欲？有何证据？（三）校内师生及周围人民对于改造物质及社会环境已经达到什么程度？有何证据？”① 可见，在陶行知的教育方法里，无论是教学还是考核，都是力图把主体和客体、理论与实践有机地统一起来，以达到追求真知识、培养生活力的目的。这样一种教育方法，也就是与那些专在文字与书本上下功夫，只会满堂灌输、呆读死记、重教轻学、重知轻行的传统教育方法截然有别。它有助于加强理论与实际的联系，加强教育与生产劳动、社会生活的联系，培养学生手脑并用，消除劳心与劳力的对立，促进人的智力、体力和谐发展。

5. 在教育的组织形式上，传统教育是封闭式的学校。这种学校“门前挂着闲人莫入的虎头牌以自绝于社会”，关起门来办教育，“学校自学校，社会自社会”。不仅把教育的范围局限在传统学校的鸟笼内，成了为少数人所有的“小众教育”，而且造成学校教育与社会实际严重脱节的现象。在具体教学组织形式上，传统教育多先采取个别教学，后来又引进近代西方以集体教学为基本特征的班级授课制，以课堂教学为中心开展教学活动，完全忽视课外活动。尤为严重的是，无论是古代的个别教学还是近代的课堂教学，都是在封闭式的学校中进行的，远离活生生的社会现实，因而无法适应社会变迁的需要。

生活教育则不同。生活教育提倡“社会即学校”，主张以人民大众的生活场所为教育的场所，让整个社会都成为人民大众的学校。主张以宇宙为教室，奉万物为宗师，“马路、弄堂、乡村、工厂、店铺、监牢、战场，凡是生活的场所，都是我们教育自己的场所”。生活便是教育，也便是课程，教育以人民

① 陶行知：《杀人的会考与创造的考成》，《陶行知全集》第 2 卷，湖南教育出版社 1985 年版，第 677 页。

大众的各种生活实践为中心来开展活动。在具体的组织形式上，陶行知独创了工学团这一集生产、教育、自卫三种职能兼而有之的新型团体。“工是工作，学是科学，团是团体。说得清楚些是：工以养生，学以明生，团以保生。说得更清楚些是：以大众的工作养活大众的生命，以大众的科学明了大众的生命，以大众的团体的力量保护大众的生命。”“工学团是一个小工场，一个小学校，一个小社会。在这里面是包含着生产的意义，长进的意义，平等互助、自卫卫人的意义。它是将工场、学校、社会打成一片，产生一个富有生活力的新细胞。”“工学团可大可小，从几个人的家庭、店铺，几十个人的学校、庙宇，几百个人的村庄、监狱，几千人的工厂，几万人几十万人的军队、建设工程队（例如导淮、筑路的大队民），都可造成一个富有意义的工学团。”[①] 工学团把学校、工厂（农村）、社会打成一片，是陶行知理想中的社会基层单位。按照陶行知的设想，每一个基层组织都可办成这样的工学团，也可叫“自学团、共学团、普及教育团、生活教育团”或“工学队”。每一个这样的工学团是一个“文化细胞”，把各个“文化细胞”联合起来就组成“文化网”，构成一个大社会、大学校[②]。

生活教育提倡“社会即学校”，但并不赞同取消学校。它主张对传统的学校予以彻底的改造，拆除学校与社会之间的围墙，把学校从“鸟笼里”解放出来，与整个乡村、整个城市、整个宇宙相联系，以社会的中心问题作为学校的中心问题，和人民大众的生活实际相联系，“教人做工求学管政治，把政治、经济、教育打成一片”[③]，打破少数统治者对学校垄断，使教育不再成为“少爷的手杖，小姐的钻戒，政官升官的梯子，书呆子轮回麻醉的乌烟”，培养站在人民之中，有志于献身改造社会、改造自然的新人，使学校教育更好地为民族解放和祖国富强服务。

6. 在教育的时限上，传统教育是一种片断的教育。它有初、中、高阶段的划分，每一阶段皆有毕业的时期，而且初等教育只为中等教育做准备，中

① 陶行知：《攻破普及教育之难关》，《陶行知全集》第 3 卷，湖南教育出版社 1985 年版，第 792—793 页。

② 陶行知：《文化细胞》，《陶行知文集》，江苏人民出版社 1981 年版，第 829—831 页。

③ 陶行知：《晓庄三岁敬告同志书》，《陶行知全集》第 2 卷，湖南教育出版社 1985 年版，第 211 页。

等教育只为高等教育做准备。逐级上升，缺一不可。幼儿教育、成人教育乃至老人教育等，在这种整齐划一的教育制度里没有其地位。人们从学校里毕业了，就意味着结束了受教育的阶段。这种教育必然带来如下问题：一是断绝穷人受教育的机会。穷人不光缺乏金钱，同时还缺乏系统的时间。不用说中等和高等教育，就连初等教育，穷人既因为无钱供子女入学，又因需子女在家庭中帮助生产劳动，无法找出 4 年或 6 年之久的系统的时间来，所以也无法入学。二是忽视了幼儿教育，尤其是 6 岁以前的儿童的教育。三是剥夺成人（特别是老人）受教育的机会。中国有许多跌落在教育圈外的成年男女，他们在幼年时因为穷，没能入学；在传统的教育制度下，还是不能入学。没有什么学校为成人实施中等教育和高等教育。四是不利于人们的自学。不进学校就意味着没有受教育。人们自学所取得的成就，很难受到社会的承认。而从学校毕业后，也无需再受教育了。诸如此类，不一而足。陶行知批评道："现在这种小学六年、中学六年、大学四年的教育制度，都可以'短命教育'四字代表之。"①

生活教育则不同。生活教育是一种"终生"教育（或曰"终身教育"）。它贯穿在人的一生的整个活动过程中，是全生命期的教育。一个人自幼至老，生活一天就应受一天的教育。"生活教育与生俱来，与生同去。出世便是破蒙，进棺材才算毕业。"② 学习为生活；生活为学习。只要活着就要学习。一旦养成学习习惯，个人就能终生进步不断③。所以，生活教育没有阶段，不能中止，也无毕业可言。活到老，做到老，学到老。整个人生的时期，都是受教育的时期。儿童青年固然应受生活教育，成人及老人也应受生活教育。这就为既无钱又无闲的穷人提供了受教育的机会，有助于人们的自学提高，"与时代俱进，才能做一个长久的现代人"④。

综上所述，生活教育是陶行知在反传统教育和反洋化教育的斗争中，针

---

① 陶行知：《普及教育》，《陶行知全集》第 2 卷，湖南教育出版社 1985 年版，第 762 页。

② 陶行知：《生活教育》，《陶行知全集》第 2 卷，湖南教育出版社 1985 年版，第 634 页。

③ 陶行知：《全民教育》，《陶行知全集》第 3 卷，湖南教育出版社 1985 年版，第 554 页。

④ 陶行知：《攻破普及教育之难关》，《陶行知全集》第 2 卷，湖南教育出版社 1985 年版，第 782 页。

对传统教育的弊端而提出来的，与传统教育在教育的性质、目的、内容、方法、组织形式乃至时限等方面，都存在着本质的区别。

生活教育不仅是反帝反封建、实现民族解放国家富强的战斗武器，更重要的是，它还是一种与现代社会生活相适应并为之服务的现代教育理论，具有旺盛的生命活力，应该而且可以为当代中国的教育改革与发展提供某些理论借鉴。

第二节　生活教育与实用主义教育

20 世纪初，美国著名教育家杜威针对当时美国学校教育严重脱离社会生活实际以及英国教育家斯宾塞提出“教育是将来生活的预备”的主张而提出了“教育即生活”的实用主义教育主张，杜威提出该理论的哲学基础是实用主义思想。他认为，“教育就是经验的改造或改组，这种改造或改组，既能增加经验的意义，又能提高后来经验进程的能力”①。“教育是生活的过程，而不是将来生活的预备。”② 为此，他进一步提出了“学校即社会”、“儿童是中心”、“从做中学”等主张。这些思想曾对改革美国的传统学校教育以适应社会发展的需要起到了积极作用。20 世纪 20 年代，这些主张陆续传入我国教育界。不可否认，这些教育主张对批判与改造我国传统教育具有一定的积极作用。但实用主义教育思想毕竟是针对美国的，中国的教育现状与欧美有很大差异，陶行知经过认真调查中国教育的实际之后，幡然醒悟，豁然开朗，他逐步由“教育即生活”的实用主义教育理论的信奉者变为一名坚定的批判者。他说，我从民国六年起便陪伴着这个思潮来中国，八年的经验告诉我：“此路不通”。他开始怀疑杜威的教育理论，找出了其中的不合理的地方，进而创造性提出了“教学做合一”的理论，他说：“‘教育即生活’这句话，是从杜威

① 赵祥麟、王承绪编译：《杜威教育论著选》，华东师范大学出版社 1981 年版，第 159 页。

② 赵祥麟、王承绪编译：《杜威教育论著选》，华东师范大学出版社 1981 年版，第 4 页。

先生那里来的，我们在过去是常常用他，但是，从来没有问过这里边有什么用意。现在，我把他翻了半个筋斗，改为‘生活即教育’。”①

一、杜威的影响与陶行知的超越

杜威是20世纪上半叶盛行一时的美国实用主义教育流派的主要代表人物，是现代世界教育史上最有影响的教育改革家和教育思想家。他针对当时美国教育的弊端，提倡“教育即生活”、“学校即社会”、“从做中学”，主张以儿童为中心、以个人直接经验为中心和以活动为中心，这种实用主义教育主张代表了当时资产阶级教育和教育思想发展史上的新潮流，不仅在资本主义世界中有着广泛的国际影响，而且对旧中国的教育界也有相当大的影响。

陶行知是杜威的学生，早年受业于杜威，曾经信奉和宣传过杜威的教育主张。1914年，他先在伊利诺伊大学学市政，后转入哥伦比亚大学师范学院攻读教育，接受了杜威的教育学说，成为杜威的得意门生。

1917年，他带着杜威的实用主义教育理论回国，希望用它来解决中国传统教育的弊端，实现其“使全国人民都有受教育机会”的宏愿。在就任南京高等师范专任教育科主任、代理教务主任期间，他积极发表文章，提倡试验主义教育思想。1919年，杜威来华讲学期间，他亲自担任翻译，并陪其到外地参观、讲学。五四运动以后，在实用主义教育思想指导下，大力开展教育改革和教育实验，抨击封建传统教育，积极提倡“新教育”，主张建立以人民为中心的、民主的、活的教育。这一时期陶行知受杜威教育思想的影响甚深。

但是，经过八年的教育实践，现实告诉他：杜威的实用主义教育思想，在中国行不通，因为它并不符合中国的国情。当时的中国是一个半殖民地半封建的国家，民族危机深重，经济相当落后，文化教育不发达，新式学校数量不多，而且掌握在统治阶级及其知识分子的手里，也不能真正克服中国传统教育脱离人民、脱离社会、脱离生活的痼疾。于是，他从失败中不断总结经验教训，开始改造杜威的教育理论，将其“教育即生活”、“学校即社会”

---

① 陶行知：《生活即教育》，《陶行知全集》第2卷，湖南教育出版社1985年版，第180页。

的主张“翻了半个筋斗”，改为“生活即教育”、“社会即学校”，提出了颇具中国特色的“生活教育理论”，并相继创办了晓庄师范学校、山海工学团、育才学校和社会大学等教育机构，开展了乡村教育、普及教育、国难教育、战时教育、全面教育和民主教育等运动，使教育成为民族解放、大众解放、人类解放的武器。正是长期的教育实践中，他逐渐摆脱了杜威教育理论的影响，实现了对杜威的超越①。

需要指出，陶行知完成对杜威的超越，原因是多方面的，除了教育改革实践促使他思想上的变化外，还由于伟大的革命斗争，促使他在政治思想上也发生了根本的变化。也正是由于这后一个变化，才使他的整个思想完成了质的变化②。

陶行知是“由卓越的民主主义战士转变到伟大的共产主义战士”③ 的。他早年是一个爱国主义者和民主主义者。他的爱国心和平民性使他具有救国救民的宏愿。为实现这一崇高的理想，他与同时代的许多爱国志士一样，努力向西方寻求救国救民之道，毅然赴美留学。当他留美归来以后，重新回到人民大众中间，推行平民教育。他满以为只要在劳苦大众中办学，普及教育，提高人民大众的文化水平，就可以改造中国的乡村乃至全社会。后来他才懂得，教育改革不触及政治体制是不可能的。国民党反动派不允许他传播进步的教育思想，办改造社会的学校。所以他创办的晓庄师范，后来被封闭，他本人也遭通缉。血的教训，使他懂得了什么是反动，什么是革命的道理，促使他在进步道路上迈出了可贵的第一步。“九一八”事变发生后，目睹日益深重的民族危机和国民党反动派的妥协退让，他的政治思想进一步向左转。特别是在“一二·九”学生爱国运动被镇压之后，他就完全走上了反蒋抗日的革命道路，成为一个伟大的共产主义者，由党的亲密朋友变为党的忠诚战士。政治立场的转变和政治思想的变化，是陶行知超越杜威的重要动因。

还应看到，陶行知哲学观点的发展变化也是促成其教育思想逐渐摆脱杜

---

① 注：这种“超越”只是就整个思想体系而言，并不意味着陶行知与杜威不存在任何思想上的联系。事实上，直到陶行知去世前，他的思想层面仍保留着一些杜威的东西。

② 董宝良：《再论陶行知与杜威在教育思想上的联系与区别》，《华中师范学院学报》1982 年第 6 期。

③ 胡乔木：《在中国陶行知研究会成立大会上的讲话》，《教工月刊》1985 年第 11 期。

威影响的一个因素。陶行知的哲学思想经历了一个由唯心主义到唯物主义、再由唯物主义到辩证唯物主义的发展过程。最初，陶行知是相信“知是行之始”观点的。早在金陵大学求学期间，他就对王阳明的“知行合一”学说产生了浓厚兴趣，笃信“知是行之始，行是知之成”，并将自己的原名“文濬”改成“知行”。留美回国以后，深受英国经验唯物主义、法国唯理论、德国实验主义以及美国实用主义的影响，萌发了唯物主义思想因素。在创办晓庄师范学校、开展生活教育实验过程中，通过对“墨辩”、“亲知、闻知、说知”的汲取和自身教育实践的体验，哲学思想逐渐由“知是行之始”转变到“行是知之始”。20 世纪 30 年代以后，在马克思主义哲学思潮的影响下，加上对本人教育实践的认真总结，进一步主张“行知行”，具有辩证唯物主义观点。哲学思想的变化也促使他的教育思想在根本立场和观点上与杜威分道扬镳。

二、生活教育与实用主义教育的区别

生活教育不仅与传统教育存在本质差异，也与实用主义教育有着根本不同。陶行知与杜威虽然都是从生活与教育的关系上去研究教育现象，但细加分辨，就会发现两者之间实有天壤之别。陶行知曾郑重声明：他的生活教育是真的，杜威的生活教育是假的。“又拿生活教育来说吧，您又可以发现两种不同的说法：一种主张‘教育即生活’；另一种是主张‘生活即教育’。我现在想把生活教育的特质指出来，目的不但要使大家知道生活教育与传统教育之不同，并且要使大家知道把假的生活教育和真的生活教育分别出来。”① 具体说来，两者的根本区别体现在教育的性质、目的、内容、方法和组织形式等方面。

教育究竟为谁服务，向哪个阶级开门，教育对象应该是什么人，这是陶行知与杜威教育理论的一个根本分歧。杜威在《民主主义与教育》一书中，一方面宣扬“教育民主”，“注意给大家以平等和宽厚的条件求得知识的机会”，另一方面又强调“一个划分阶级的社会，只需特别注意统治阶级子弟的教育”。至于广大的劳苦大众及其子女，只需在杜威设计的实验学校学习一点初步的知识和技术，能为资本家创造利润就足够了。这就清楚地表明，杜威的

① 陶行知：《生活教育之特质》，《陶行知全集》第 3 卷，湖南教育出版社 1985 年版，第 25 页。

教育对象主要是“少爷小姐”，他所办的教育是为资产阶级服务的“小众教育”。而陶行知的生活教育恰恰与此相反，提倡办为全国劳苦大众服务的“大众教育”。他反复声明他的生活教育是为人民大众服务的。“生活教育是大众的教育，大众自己办的教育，大众为生活解放而办的教育。”[①] 他强调指出其生活教育的阶级实质：“它不是摩登女郎之金刚钻戒指，而冰天雪地下的穷人的窝窝头和破棉袄。”[②] 陶行知整个教育思想都贯穿着一条红线，即教育为人民服务，为穷苦大众服务。

教育要培养什么人，为哪一个阶级培养人才，这是陶行知与杜威教育理论的又一个根本分歧。历史告诉我们，不同的阶级有不同的教育目的。尽管杜威标榜自己是“教育无目的论”者，认为在教育过程之外不要再添加其他目的，教育本身就是目的，但他并不是说教育本身不该有目的。事实上，杜威的教育目的是很明确的。他说：教育目的就是“要养成配做社会的良好分子的公民”。这种“良好”的“公民”在“政治方面的要求”是“不做欺诈卑劣的手段，还贵能互相监督，相互纠察”。在其他方面的要求是：第一，乃要做一个良好的邻居或朋友；第二，不但我受他人的益处，还要他人受我的益处；第三，应该做一个生利的生产的人，不要做分利的人；第四，应该做一个好的消费家；第五，应该做个良好的创造者和贡献者。从这里我们可以看出，杜威对其教育对象要求成为一个美国的干练公民，即有谋生的知识与技术，又有维护其“民主主义”社会的思想与性格，以履行民主社会的义务和责任。由此可知，即使教育机会均等，平民子女包括黑人孩子得到受教育的机会，极少数可能成为资产阶级的得力帮手，但一般只能被培养成为资产阶级生产利润的工具，并对自己被奴役、被歧视、被剥削的命运具有容忍性。

与此相反，陶行知公开主张教育是有目的的，这就是“促进自觉性之启发，创造力之培养，教育之普及，及生活之提高”[③]，其宗旨是通过培养人才

① 陶行知：《生活教育之特质》，《陶行知全集》第3卷，湖南教育出版社1985年版，第26—27页。

② 陶行知：《生活教育》，《陶行知全集》第2卷，湖南教育出版社1985年版，第635页。

③ 陶行知：《生活教育运动十三周年纪念告同志》，《陶行知全集》第3卷，湖南教育出版社1985年版，第417页。

来改造社会，提高人民大众的生活。从创办晓庄师范起，他在要培养什么样的人的问题上就与杜威不一样，主张培养“在劳力上劳心”的现代人，能够为劳苦大众服务，改造社会的人。“九一八”后，国难深重，他又提出了培养保卫国土主权、争取民族解放的战士的要求。在办育才学校时，他进一步提出要把学生培养成：追求真理的小学生、自觉觉人的小先生、手脑双挥的小工人、反抗侵略的小战士。抗战胜利以后，他更加明确希望把学生造就成民主革命的战士。从他一生办学的实践来看，不论在晓庄师范和山海工学团，也不论在育才学校和社会大学，他在党的帮助下，培养出一大批教育工作者、艺术人才和为革命献身的干部。仅以育才学校为例，当时全校共400多学生，为延安和各解放区输送的干部，约占全部学生的1/3。总之，杜威培养的是为资产阶级利益服务的人才，而陶行知培养的是为人民大众培养利益服务的人才。

由于陶行知与杜威在培养什么样的人的问题上根本不同，因此，他们采用的教育内容、方法和组织形式也不同。

杜威以个体适应性生活及在此基础上产生的经验为中心，主张将“教育生活化”，以“儿童自己本能的能力”为教育的素材。他所说的“生活”，并不是整个实在的社会生活，而是片断的、非实在的、个人的日常生活。这种生活又是指儿童个体的思想、冲动、兴趣、习惯等先天本能的生长、发展的生活，是儿童的游戏、讲故事、观察、手工活动的生活，是脱离社会的、日常的家庭生活。这种以儿童自我为中心的生活与经验的教育内容的观点，是杜威主观经验论哲学在教育上的表现，也是其改良主义政治思想在教育上的表现。杜威嫌“学校里的教育太枯燥了，必得把社会里的生活搬一些进来，才有意思”。这种“教育生活化”，实际上是把生活当作装饰品，去点缀教育的内容，而不是以整个社会生活当作教育的中心内容。它“将教育和生活关在学校大门里，如同一个鸟关在笼子里的”，只是在学校范围内扩大儿童的生活经验，是拿教育作生活，而不是“拿全部生活去做教育的对象”①，以这种“鸟笼式”的生活为中心的教育，只能是改良主义的，仍然没有根本改变教育与生活相脱离的状况。

陶行知虽与杜威在反对传统教育以文字、书本为中心这一点上有共同之

① 陶行知：《生活即教育——再答操震球之问》，《陶行知全集》第2卷，湖南教育出版社1985年版，第199页。

处，但是，他所提倡的“生活即教育”是以社会生活及在此基础上产生的经验为中心，主张“用生活来教育”，以社会生活为教育的素材。这与杜威针锋相对，大相径庭。他认为，“过什么生活，便是受什么教育”，“要想受什么教育，便须过什么生活”，有什么样的生活在就应有什么样的教育，教育的内容应根据生活的需要。从他的教育实践来看，的确是做到了这一点。晓庄时期，他规定教育内容为“中心小学工作教学做”、“分任校务教学做”、“征服自然环境教学做”、“改造社会环境教学做”、“学生生活处理”等；山海工学团时期，他明确提出了军事能力、生产能力、科学能力、识字能力、运用民权能力和节制生育能力等六大教育内容。育才时期，他总结了生活教育的实践经验，进一步提出要把开发现代文化宝库的“四把钥匙”——语文、数学、外语、科学方法教给学生。学生一方面根据各自的特殊才能分别编成专业小组，学习专业知识的特修课；另一方面又按文化程度分年级，学习文化知识的必修课。此外，还有生产劳动、军事训练、抗敌艺术演出、社会民主斗争等教育活动。这些教育内容都是紧密结合改造社会、改造自然的社会生活实际的，都是以半殖民地半封建社会中国人民大众的生活需要和政治需要为依据的，使生活与教育真正地联系在一起，克服了传统教育的痼疾。

在教育方法上，杜威和陶行知都强调“做”，一个是“做中学”，一个是“教学做合一”，但两者却有本质差异。首先，杜威的“做中学”，是他的“教育即生活”、“学校即社会”的教育论和教学中的应用，是杜威整个教育思想体系的一个组成部分，而陶行知的“教学做合一”，是受“生活即教育”、“社会即学校”的教育论指导的，同“做中学”在教育指导思想上就有明显区别。其次，杜威“做中学”的“做”，与陶行知“教学做合一”的“做”，虽然“做”字相同，但因两者的认识论基础不同，也有实质不同。杜威是经验论者，他所说的“做”，是指人与自然环境和社会环境所进行的交涉，从中得到的经验兼具主观与客观的性质，如果脱离人们的主观经验，这种经验就不能存在。这种“做”实际上是生物个体适应环境的活动。而陶行知早年虽然一度相信杜威的这种看法，但后来随着其哲学思想的发展变化，具有了辩证唯物主义观点，他所说的“做”，主要是指人类的社会生活实践，包括生产劳动、科学实验、阶级斗争、文化活动等。因此，陶行知的“做”与杜威的“做”，文字虽同，含义实异。在教育实践中，陶行知与杜威也不一样：陶行知强调的“做”，是让学生同工农交朋友，为工农子女办识字班，参加革命运动，演出革命戏剧，办音乐会，宣传抗日救国，而杜威却只让儿童在“雏形社会”的学校里，做些日常生活的事，如在学校工厂中学做木工、金工，在学校农场里练习种地，在学校厨房中学烹饪，或到图书馆、实验室中看他们想看的书、做有趣的实验等。可见，两人所说的“做”，不仅有真“做”与假“做”之分，也有革命与不革命的性质之分。最后，从教学过程来看，两人虽然都强调“以做为中心”，但陶行知所说的“做”，是同“教”与“学”紧密结合的，是把知与行、理论与实践、教育与生活紧密结合的，是反对传统教育“读死书、死读书、读书死”的，它不同于杜威的“做中学”，只强调“做”，与“教”和“学”无内在联系，以做代学，以做代教，从而在客观上降低教师在教学过程中的主导作用，忽视了向学生系统地传授文化科学知识。简言之，陶行知的“教学做合一”与杜威的“做中学”具有根本的不同。

在学习场域和组织形式上，陶行知与杜威也有着严重的分歧。杜威提出“学校即社会”，主张“学校社会化”，认为如果不把现实的社会生活简化起来，缩小到一种雏形的状态，儿童一旦同纷繁复杂的现实生活接触，便会陷入迷乱：“他不是被正在进行的那种活动的多样性所淹没，以致失去自己有条不紊的反应能力，便是被各种不同的活动所刺激，以致他的能力过早地被发动，致使他的教育不适当地偏于一面或者陷于解体”①。因此，他建议把学校办成一个小型的或雏形的社会。社会上的各种机构（如商店、工场、邮局等）都可以在学校里模拟，使学生在学校里就能接触到社会生活。陶行知认为杜威的“学校即社会”把社会上的东西搬一些进学校，把丰富多彩的社会生活压缩到渺小的学校中去，把真的社会变成假的社会，把生动活泼的教育内容变成死气沉沉、干巴巴的。因此，他批评杜威的“学校即社会”的教育好像把一只活泼的小鸟从天空中捉来，关进鸟笼里一样，顶多只是“顾念鸟儿寂寞，搬一两丫树枝进笼，以便鸟儿跳得好玩，或者再提几只生物来，给鸟儿做陪伴”，但“鸟笼毕竟还是鸟笼，绝不是鸟的世界”②。这种教育，使学校与

① 赵祥麟、王承绪编译：《杜威教育论著选》，华东师范大学出版社 1981 年版，第 4 页。

② 陶行知：《生活教育》，《陶行知全集》第 2 卷，湖南教育出版社 1985 年版，第 633 页。

社会之间隔着一道墙。学校自学校，社会自社会，学校与社会仍然分离。学生被锁在小小的学校里，“闭门造车”，这样培养的人才根本无法适应社会的需要。

为了克服杜威“学校即社会”的不足，真正解决学校与社会的关系，陶行知提出了“社会即学校”的主张，在积极呼吁改进学校与社会的联系，以社会生活作为学校教育的内容的同时，进一步主张以社会作为教育的范围，“整个的社会是生活的场所，亦即教育之场所”①，使教学的课堂扩延到社会和大自然中去。这样，“教育的材料，教育的方法，教育的工具，教育的环境，都可以大大增强，学生、先生也可以更多起来”②。在教育实践中，陶行知组织学生以社会为课堂，走出校门，到工厂农村演戏，宣传抗日救国，开展扫盲运动，投身民主教育运动，为革命事业做出了重要贡献。这与杜威“学校即社会”的“鸟笼教育”，把师生锁在学校的小天地里，脱离火热的社会斗争，只做些游戏、作业，恰好形成鲜明的对比。

指出陶行知与杜威在教育思想上的种种区别，并不否认陶行知吸取了杜威的一些教育观点。概括起来，陶行知从杜威那里主要吸取了以下几方面的内容：一是重视发挥教育改造社会的功能；二是反对传统教育只重视以文字、书本为中心，忽略教育与生活、与社会相联系；三是强调“做”，注重行动，加强知与行、理论同实际的联系，反对死读书本、手脑两分；四是注重科学实验，以科学方法办教育；五是提倡教育民主化，反对教育工作中的专制独裁作法，等等。

陶行知之所以能吸取杜威的某些教育观点，绝不是偶然的。这首先是由于杜威反对传统教育的不少主张有很多积极的因素，如强调教育应当与社会有广泛的联系，反映社会对教育的要求，要适应儿童身心发展的特点和规律，注重培养学生适应社会的能力，发展学生的个性，要加强知与行的结合，重视科学，重视实验，等等，尽管它们包容在实用主义思想体系之中，但它们还是在某种程度上反映了现代教育的若干客观规律。其次，也是由于陶行知

---

① 陶行知：《生活教育》，《陶行知全集》第 2 卷，湖南教育出版社 1985 年版，第 633—634 页。

② 陶行知：《社会即学校》，《陶行知全集》第 2 卷，湖南教育出版社 1985 年版，第 201 页。

善于从中国的国情出发，根据当时国内教育改革的需要，批判地吸取了杜威教育思想中的积极成分。此外，这种吸取也是符合事物发展的客观逻辑。因为，一种新的教育思想的出现，总是要批判继承一些原有的教育思想，它不可能凭空从天上掉下来。当然，也应看到新出现的教育思想与原有的教育思想虽然有联系，但又不等于在这两种新旧教育思想之间没有质的区别。众所周知，马克思、恩格斯创立唯物辩证法时，是批判吸取了黑格尔的辩证法的。关于这一点，斯大林曾明确指出："但这并不是说，马克思与恩格斯的辩证法和黑格尔的辩证法是一个东西。"又说："其实，马克思与恩格斯仅仅从黑格尔的辩证法中采取了它的'合理的内核'，而摒弃了黑格尔的唯心主义的外壳，并向前发展了辩证法。"[①] 因此，我们完全可以说，陶行知在创立生活教育理论时，吸取了杜威教育理论中的"合理的内核"，摒弃了那些实用主义的杂质，并把教育同生活联系的主张向前推进了一大步。正是基于这一点，我们说，陶行知不是杜威，陶行知就是陶行知。

① 联共（布）中央特设委员会编：《苏联共产党（布）历史简明教程》（中文版），人民出版社 1954 年第 8 版，第 136 页。

第六章

陶行知教育思想的当代价值

第一节　我国社会主义教育理论体系的重要营养来源

建立新时代中国特色社会主义教育理论体系，是目前我国教育事业改革与发展的迫切需要。要建立这样一个教育理论体系，除了要总结中华人民共和国成立以来发展教育事业的新鲜经验以外，还必须从中外古今教育家的思想中去吸取营养，而陶行知的生活教育学说，无疑地应作为重要营养来源。作为一种与现代社会生活相适应的教育学说，生活教育在许多方面都反映了教育发展的客观规律，蕴含着不少合理因素，它的现代大教育观、主体教育论、生活课程论、实践教学法和终生教育论等，为我国社会主义教育理论体系提供了丰富的思想养分。

一、“生活即教育”、“社会即学校”

生活教育的基本主张是“生活即教育，社会即学校”，认为生活含有教育的意义和作用，教育应以生活为中心，通过生活来进行，生活决定教育，教育改造生活，整个的生活要有整个的教育，而且“到处是生活，即到处是教育；整个的社会是生活的场所，亦即教育之场所”①。主张冲破学校与社会之间的“高墙”，把学校的一切延伸到大社会乃至大自然中去，促进“封闭式”的教育逐步向“开放式”的教育转变，使学校与社会、教育与生活密切结合，培养真正适合社会需要的各种人才，让教育真正成为推动社会进步的力量。这种把教育深深植根于整个人类社会生活的教育观，无疑是对传统的把教育与学校完全等同的“小教育观”的彻底否定。它是一种与现代社会生活相适应并为之服务的新型的现代大教育观。这种教育观，从横向上看，打通了学校教育与家庭教育、社会教育，使社会成为一所新型的“大学校”；从纵向上

① 陶行知：《生活教育》，《陶行知全集》第 2 卷，湖南教育出版社 1985 年版，第 634 页。

看，将个体受教育的时限从短暂的学校教育阶段延展到个体的终生，主张个体的生活教育就是个体的终生教育，其核心是社会化的教育和终生化的教育，而这两点正是现代大教育的基本特征。

二、培养“真善美的活人”

针对传统教育的弊端，陶行知从反帝反封、争取民族解放、国家富强的总任务出发，把社会发展的客观需要与受教育者的特点结合起来，把社会发展与人的发展统一起来，提出了培养“真善美的活人”这一主张。培养“真善美的活人”，包涵两层含义：一是受教育者在德、智、体、美、劳儿方面的和谐发展，用陶行知的话说，要做一个“真善美的活人”必须具有“健康的体魄、农夫的身手、科学的头脑、艺术的兴趣和改造社会的精神”；二是具有主体意识、独立个性、开拓精神和创造才能的“活人”。为了培养这种“真善美的活人”，他非常重视受教育者在教育中的主体地位和作用，重视学生的个性全面发展，潜能的充分发挥和主体性的提高，强调“心、脑、手并用。学政治、学经济、学文化相结合。健康、科学、劳动、艺术及民主将构成和谐的生活”[①]。由此可见，培养“真善美的活人”，既是陶行知生活教育学说的教育目的论，又是一种具有现代理论特质的“主体教育论”，是一种以人为中心的、民主的、全面的教育。它符合弘扬人的主体性、提高人的素质的现代教育的发展趋势，可以为新时代中国特色社会主义教育理论体系提供有益的思想营养。

三、“教育以生活为中心”

传统教育以文字和书本为中心内容，这些文字和书本主要记载寓剥削阶级统治术于其中的社会历史知识、圣人之言和祖先遗教之类的剥削阶级意识形态以及相应的文化知识，绝少有科学的内容和与生产有联系的内容，严重脱离人民大众的社会生活实际，旨在培养统治集团所需要的统治人才和驯服的民众。陶行知有鉴于此，针锋相对地提出了“教育以生活为中心”的主张，

---

① 陶行知：《全民教育》，《陶行知全集》第 3 卷，湖南教育出版社 1985 年版，第 554 页。

认为生活的一切方面都应成为教育的内容。说得更明确一些，人民大众改造社会、征服自然的一切方面都是教育的内容。“过什么生活，便是受什么教育”，“要想受什么教育，便须过什么生活”①。教育内容必须根据社会生活的需要来安排。他把社会生活划分为健康的、劳动的、科学的、艺术的和改造社会的五方面，并相应提出健康的、劳动的、科学的、艺术的和改造社会的五种教育内容。他并不一概否定文字和书本的作用。但他认为文字和书本只是工具，是人们社会生活实践的工具。工具是给人用的，文字和书本也是给人用的。所以，他主张“用书”而不主张“读书”，反对“读死书、死读书、读书死”。陶行知的这种独特的“生活课程论”，固然容易忽视知识的逻辑顺序，产生某些负面效应，但它对于纠正传统教育只重文字和书本不重社会生活实际的严重弊病，加强教育与生活的联系，使教育更好地满足社会需要，具有重要的积极作用的。因受传统教育思想的影响较深，我们的课程论还有浓厚的书本中心的倾向，忽视生活的教育作用，忽视在生活中进行教育，忽视教育与生活的内在联系，陶行知的“生活课程论”正可弥补其不足，使之逐步合理而科学。

四、“教学做合一”

“教学做合一”是陶行知生活教育的教学论和教学法。陶行知认为，传统教育方法将教、学、做分作三项不同的事情是不对的，教、学、做不是三件事，而是一件事。他以“做”为中心，把教与学统一起来，主张“教的方法根据学的方法；学的方法根据做的方法。事怎样做便怎样学，怎样学便怎样教。教与学都以做为中心。在做上教的是先生，要做上学的是学生”②。先生拿做来教，乃是真教；学生拿做来学，乃是真学。教与学不能分离开来。他还指出，这种“做”不同于狭义的“做”，而是“包涵广泛意味的生活实践的意思”③，是

① 陶行知：《生活教育》，《陶行知全集》第2卷，湖南教育出版社1985年版，第634页。

② 陶行知：《教学做合一下之教科书》，《陶行知全集》第2卷，湖南教育出版社1985年版，第289页。

③ 陶行知：《教育生活漫忆》，《陶行知全集》第3卷，湖南教育出版社1985年版，第623页。

人类生活中一切有意义的活动。具体说来，“做是发明，是创造，是实验，是建设，是生产，是破坏，是奋斗，是探寻出路”，还包括文艺等精神活动①。

这种“做”不是盲行盲动，而在劳力上劳心。它具有行动、思想、新价值的产生三个特征。在他看来，这种“做”不排斥传统的讲授、谈话、练习、考试等方法，它只要求将这些具体方法统一在实践上，要求教与学都要与实践相结合，从实践中去追求真知识。

“教学做合一”的目的在于培养在劳力上劳心、手脑双挥的人，它克服了传统教育重教而不重学、重知而不重行、重教师主导作用而忽视学生主体作用的不足，有助于加强教与学的结合、学与用的结合、教育与生产劳动的结合、劳力与劳心的结合、知识分子与工农群众的结合、理论与实际的结合，促进人的智力、体力和谐发展。可以断言，这种“实践教学法”将会极大地丰富我们现有的教学论思想，将教学论和教学法发展到一个崭新的阶段。

五、“教育与人生为始终”

传统教育将人生划分为彼此分离毫不相关的三个阶段，即学龄前、学龄中和学龄后，而且它在学龄中（即通常所谓的学校教育阶段），又有初、中、高阶段的划分，每一阶段皆有毕业的时期，逐级上升。这实际上将人生抛开了一大半，严重忽略了入学前和离校后的学习和再学习的问题。换句话说，即重视学校教育，忽视学前教育和成人教育。这种教育的主要弊端是严重的形式化和划一化，脱离人民大众的实际社会生活，难以适应现代社会发展的需要。

陶行知批评这种单一的教育制度是“短命的教育”。在他看来，教育不是在学校教育结束后就算完事的。它应贯穿人生的全过程，包括贯穿人的一生不同阶段的学前、小学、中学、大学以及继续教育等，应是一种“整个寿命的教育”②。他从“生活教育”的观点出发，认为“生活即教育”，生活与教育

---

① 陶行知：《教学做合一下之教科书》，《陶行知全集》第2卷，湖南教育出版社1985年版，第289—290页。

② 陶行知：《普及教育》，《陶行知全集》第2卷，湖南教育出版社1985年版，第762页。

是同一过程，人生有多久，教育也应有多久，教育“差不多从出世到老，与人生为始终”①。他说：“生活教育与生俱来，与生同去。出世便是破蒙，进棺材才算毕业。”② 又说：“教育最重要的成就在使众人养成一种继续不断的共同求进的决心。我们要对众人养成的态度是：活到老；做到老；学到老。”③ 只有推行“学习为生活；生活为学习。只要活着就要学习”④，“与时代俱进，才能做一个长久的现代人”⑤。

值得注意的是，陶行知“教育与人生为始终”的思想，早在20世纪20年代前后就提出来了，这比现在人们公认的世界上最早一位提出终生教育思想的人——法国教育理论家保尔·郎格朗（Paul Lengrand）要早！我们完全可以说，陶行知是现代终生教育理论的先驱。他的终生教育思想，不仅在中国教育思想史上，而且在世界教育思想史上，都占有突出的地位，是对世界教育理论发展的划时代的贡献，值得我们很好地学习和借鉴。

当然，以上所述只是陶行知教育学说的一部分精华，还不能完全反映其全貌。要建立新时代中国特色社会主义教育理论体系，尚需要对陶行知教育学说进行更为深入的发掘和探讨。

第二节 我国当前教育改革有益的理论借鉴

陶行知的生活教育学说不同于许多一般教育家的理论之处，在于它在本

① 陶行知：《新教育》，《陶行知全集》第1卷，湖南教育出版社1984年版，第126页。

② 陶行知：《生活教育》，《陶行知全集》第2卷，湖南教育出版社1985年版，第634页。

③ 陶行知：《中国普及教育方案商讨》，《陶行知全集》第2卷，湖南教育出版社1985年版，第804页。

④ 陶行知：《全民教育》，《陶行知全集》第3卷，湖南教育出版社1985年版，第554页。

⑤ 陶行知：《攻破普及教育之难关》，《陶行知全集》第2卷，湖南教育出版社1985年版，第782页。

质上是一种实践（行动）教育学说，具有很强的操作性。它不仅在理论方面具有现实意义，更重要的是，它在实践方面具有现实意义。它既是新时代中国特色社会主义教育理论体系的重要营养来源，又能为当前我国的教育改革与发展提供有益的理论借鉴。我们认为，为了搞好我国的教育改革与发展，我们在坚持以马克思主义教育思想为指导原则的同时，还应充分学习和借鉴陶行知的生活教育理论和实践。

一、借鉴陶行知"教育立国"的思想，充分认识教育在社会主义现代化建设中的地位和作用

陶行知一贯重视教育的地位和作用。早在金陵大学的时期，他就在其大学毕业论文《共和精义》中系统阐明了教育与建设共和国家的关系："人民贫，非教育莫与富之；人民愚，非教育莫与智之；党见，非教育不除；精忠，非教育不出。……教育实建设共和最要之手续，舍教育则共和之险不可避，共和之国不可建，即建亦必终归于劣败。"① 留学美国期间，他在 1916 年 2 月 16 日致哥伦比亚大学师范学院院长 J. E. 罗素的信中也表明："我坚信没有真正的公共教育就不可能有真正的共和国。"② 回国后不久，1918 年 10 月，他就在南京高师教育研究会上指出："夫国之盛衰，视乎教育。"③ 1921 年 10 月，他在《师范教育之新趋势》一文中，明确地提出"教育是立国的根本"④ 这一观点，把教育的地位和作用提到一个空前的高度来认识。1925 年 8 月，他在中华教育改进社第四届年会上讨论中国教育政策时指出："国家运用教育以达立国之目的。"⑤ 特别值得注意的是，他在 1926 年 11 月演讲《我们的信条》

---

① 陶行知：《共和精义》，《陶行知全集》第 1 卷，湖南教育出版社 1984 年版，第 51 页。

② 周洪宇译：《陶行知致 J. E. 罗素函》，《南京大学学报》（高等教育版）1991 年第 2 期，第 70 页。

③ 陶行知：《在南京高师教育研究会上的演讲》，《陶行知全集》第 1 卷，湖南教育出版社 1984 年版，第 74 页。

④ 陶行知：《师范教育之新趋势》，《陶行知全集》第 1 卷，湖南教育出版社 1984 年版，第 166 页。

⑤ 陶行知：《中国教育政策之商榷》，《陶行知全集》第 1 卷，湖南教育出版社 1984 年版，第 555 页。

时，公开宣布“我们深信教育是国家万年根本大计”①。这些都充分反映出他对教育在国家发展中的地位和作用极为重视。

我们今天正在进行着一场前无古人的伟大事业。要搞好社会主义现代化建设，就必须充分认识到教育的地位和作用。在这方面，陶行知不仅以他的远见卓识给我们以启迪，还以他的不懈努力给我们以表率。我们要学习和借鉴陶行知的“教育立国”的思想，牢牢树立“社会主义建设必须依靠教育”的观念，采取切实措施（如增加教育经费、提高教师政治经济地位等），保障教育在社会主义现代化建设中的战略地位。

二、借鉴陶行知“生活即教育”思想，使教育与社会生活更加紧密地结合起来

陶行知的“生活即教育”思想，强调生活与教育的一致性，认为生活含有教育的意义和作用，教育应以生活为中心，通过生活来进行，教育决定于生活又反过来促进生活的发展，主张教育要与社会生活相联系，教育要与生产劳动相结合，教育要为人民大众服务。这种思想在实质上与马克思主义教育思想是一致的。从某种意义上说，它属于马克思主义教育思想的范畴。它的思想内核已被党的教育理论所吸收，并融合和体现在党的一系列方针政策之中，成为党的教育理论的一个重要组成部分。

“生活即教育”思想启示我们，教育必须为社会主义建设服务，为人民大众过进步的物质文化和精神文化生活服务。因此，任何脱离社会主义建设实际，脱离人民大众物质文化、精神文化生活需要的教育，都在改革之列。

社会主义教育事业的改革与发展，必须为社会主义经济建设和社会需要相适应。根据其需要，改革旧的教育体制、教育结构、教育思想、教育内容、教育方法等，中心是围绕着一个怎样适应社会主义建设需要培养合格人才的问题。目前，教育工作中存在的突出问题：高等教育缺乏严密的计划，培养出来的人，在适应两个文明建设方面还存在着某些学用不能一致的问题；中等教育结构单一，中等技术学校和职业教育长期被忽视，普通中学的学生学与用脱节；初等

① 陶行知：《我们的信条》，《陶行知全集》第1卷，湖南教育出版社1984年版，第651页。

教育尚未普及，文盲还不少等。凡此种种，都是教育与生产严重脱节的现象。当然，这些问题的存在和产生的原因是多方面的，但其中很重要的一点，就是我们过去对教育与生活的关系认识不足，从而导致教育与生活、学与用脱节。因此，解决这些问题首先要做的一件重要事情，就是重新认识教育与生活的关系，牢牢树立“教育必须为社会主义建设服务”的观念。

三、借鉴陶行知“社会即学校”思想，构建一个多层次、多形式、开放的大教育体系

陶行知的“社会即学校”思想，主张社会含有学校的意味，学校含有社会的意味；到处是生活，即到处是教育；整个的社会是生活的场所，亦即教育之场所；整个的社会活动，就是教育的范围；运用社会的力量，使学校进步，动员学校的力量，帮助社会进步。这种思想的一个突出特征是始终从整个社会着眼来考虑教育问题，一切以社会实践为依归，强调学校与社会的密切联系，在积极改造现有学校教育的同时，努力把社会办成一所全民的大学校。

从“社会即学校”的观点出发，我们应根据社会发展的需要，开展大规模的教育活动，不仅要使现有各级各类学校与社会息息相通，而且要促进社会成员受教育。教育的形式不拘一格，应根据各自的具体情况，采取多种形式。各行各业不仅可以办从幼儿园到大学的全日制学校，也可办各种各样的半日制学校；可以办脱产学习的正规学校，也可以办不脱产的业余学校；可以办长期的培训学校，也可以办各种各样的短训班；还可以办广播电视大学、函授大学、刊授大学、自修大学等。通过这些教育活动和办学形式，形成一个既包括家庭教育、学前教育，也包括初、中、高等的普通学校教育和职业技术教育，还包括电大、函授、刊授、自修等多种形式的职后成人教育和老年教育的现代大教育体系。

四、借鉴陶行知“全面教育”思想，培养德、智、体、美、劳全面发展的人才

“全面教育”是生活教育的重要观点。陶行知明确指出：“全面教育。心、

脑、手并用。学政治、学经济、学文化相结合。健康、科学、劳动、艺术及民主将构成和谐的生活。”① 他把德、智、体、美、劳视为不可分离的整体，主张培养德才兼备、“手脑双挥”，有生活力、创造力，“善于征服自然，改造社会”的能人。这种全面发展的教育思想与马克思的全面发展教育思想可谓异曲同工。

陶行知这种全面发展的教育思想对于今天我们培养社会主义现代化建设人才是有借鉴价值的。在过去一段时期里，由于种种原因，我们的教育工作中存在着只重智育，忽视德育、体育、美育和生产劳动的现象。培养出来的人，难以胜任社会主义现代化建设的需要。当前这种状况有了很大改变，但还不能说问题已经全部解决，这就需要我们进一步贯彻落实全面发展的教育方针，像陶行知那样，重视人的德、智、体、美、劳的全面发展，强调情操与知识并重的教育。“智识与品行分不开，思想与行为分不开，课内与课外分不开，做人做事与读书分不开，即教育与训育分不开。”② 通过这种整体教育与全面要求，培养全面发展的具有独立个性的社会主义现代化事业的建设者与接班人。

五、借鉴陶行知“教学做合一”思想，加强理论联系实际

陶行知把教学做视为一件事，以“做”（实践）为中心，把教与学统一起来，主张“事怎样做便怎样学，怎样学就怎样教。教与学都以做为中心。在做上教的是先生，在做上学的是学生”③。陶行知提倡教学做合一的基本精神是强调教与学、学与用、知与行的结合，这与我们党提倡的理论联系实际的原则可以说是一回事。尽管陶行知当年提倡的教学做合一的内容和具体做法于今天不尽适用，但其原则精神仍可借鉴。

为了纠正目前学校教育工作中理论脱离实际的倾向，培养解决实际问题

---

① 陶行知：《全民教育》，《陶行知全集》第 3 卷，湖南教育出版社 1985 年版，第 554 页。

② 陶行知：《晓庄三岁敬告同志书》，《陶行知全集》第 2 卷，湖南教育出版社 1985 年版，第 210 页。

③ 陶行知：《教学做合一下之教科书》，《陶行知全集》第 2 卷，湖南教育出版社 1985 年版，第 289 页。

的能力，各级各类学校都应根据自己的情况去贯彻教学做合一的原则。“在一般的干部或科技人员、教学人员，就应该干什么，学什么；做什么，学什么；边工作边学习，在工作学习中提高自己的工作能力。职业学校及中等专业学校特别要重视教学做合一。在初等教育和普通中学中，系统地学习各种科学文化知识时也要注意理论与实际结合，否则不仅不能提高教学质量，也影响今后学习专业的成绩，因为他们学习普通科学文化知识的目的，还是为了将来的‘做’。在各类专门的高等院校里，实行理论与实践的教学做，有利于培养各种专门人才独立工作的能力。在各种业余学校补习班或专门技术训练中，则按照不同情况有所侧重，有的侧重文化知识的学习或复习提高（这里当然有做，比如独立地完成作业提高解题能力等），有的即以做为中心。只有如此，才能真正学到科学技能，才能学到熟练的技术。”① 总而言之，按照各自不同的情况，有所侧重地开展教学做，有助于加强理论联系实际，培养学生解决实际问题的能力。

六、借鉴陶行知“乡村教育”思想，深化农村教育改革

陶行知非常重视农村教育问题。他认为中国是农业大国，农民占全国人口总数的85%。“中国的乡村教育关系全世界五分之一的人民”。但是，中国现在的乡村教育走错了路，“他教人离开乡下向城里跑”，“他教农夫子弟变成书呆子”，完全不能适应乡村生活的需要。为了“使乡村教育适应中国乡村生活的需要”，他建议让教育与农业、与科学、与银行、与卫生、与交通等“伟大势力”携手，共谋改造之策②。他还提出以乡村学校作为改造乡村生活的中心，以乡村教师作为改造乡村生活的灵魂，以乡村自治作为改造乡村的组织保证，不仅要“农业、教育、科学”等携手并进，而且要“把政治、经济、教育打成一片”，通过这些来造就中国乡村“新生命”，进而“造成中华民国的伟大的新生命”。

---

① 何祚：《认真研究与借鉴陶行知教育思想，建立具有中国特色的社会主义教育科学体系》，《行知研究》1984年第5期。

② 陶行知：《中国乡村教育之根本改造》，《陶行知全集》第1卷，湖南教育出版社1984年版，第653—654页。

陶行知的上述乡村教育思想对于我们目前深化农村教育改革极有启示作用。我们要进一步提高对农村教育改革重要性和必要性的认识，把它放在中国和世界未来发展的位置上来思考。同时，要努力解决农村教育与农村经济发展需要相适应的问题，使之与农村的生活、劳动相结合，这就是说，除了文化教育之外，还要大力发展职业技术教育。而且，要把农村教育与农业、科学、卫生、交通、银行等部门紧密结合，进一步总结和推广近年来在教育改革中产生的各种新鲜经验（如安徽的“农科教多位一体”、山东平度县的“三教统筹”、四川合川县的“政富教合一”和广汉市的“创业教育”、山西柳林县前元庄的“村校一体”等），用科学技术等伟大力量来从根本上改变我国农村贫穷落后的面貌。

七、借鉴陶行知“师范教育”思想，大力发展师范教育

陶行知第一个把师范教育与民族的前途和国家的命运紧密联系起来，称“教育是立国的根本”，而师范教育乃“国家托命”之所在，“师范教育可以兴邦，也可以促国之亡”[①]。他比较全面地论述了师范教育的任务和作用，提出“教育界要什么人才就该培养什么人才”，师范教育要为教育界培养教育行政人员、各种指导员、各种学校校长、职员和各种教员，并由此而提出学校“要什么教员就该培养什么教员”、“教育界的人才要什么就该教他什么”、“谁在那里教就教谁”三条原则，并且从师范教育自身特点出发，对培养什么样的人和怎样培养都提出新的见解。他还主张以乡村师范作为改造乡村生活的中心，以乡村教师作为改造乡村生活的灵魂，以乡村自治作为改造乡村的组织保证等。

陶行知“师范教育”方面的理论，有很多内容值得我们参考。我们要把师范教育的地位和作用提高到振兴中华的高度来认识，大力发展各级各类师范教育，根据社会主义现代化建设的需要，调整师范教育的教学内容和教学方法，更好地体现出师范学校的特点和优点，把中等师范教育的重点转向基层，面向广大农村，以培养更多适应农村教育需要的教师，采取有力措施，

① 陶行知：《师范教育之彻底改革——致石民佣、费锡胤等》，《陶行知全集》第 5 卷，湖南教育出版社 1985 年版，第 161—162 页。

加强对农村民办教师的培训，以提高农村教育的质量。各级各类师范学校都要特别注重培养师范生忠诚党的教育事业、懂得教育规律、掌握丰富的专业知识和技能、具有为人师表的高尚品德。此外，我们还要千方百计地提高人民教师的社会地位和经济待遇，使全社会形成一种尊师重教的良好风气。

八、借鉴陶行知“政富教合一”思想，注重社会整体改造

陶行知的生活教育学说，既是一种现代教育理论，又是一种社会整体改造理论。1929 年，他就明确提出了“教育就是社会改造”的观点，认为“办学和改造社会是一件事，不是两件事。改造社会而不从办学入手，便不能改造人的内心；不能改造人的内心，便不是彻骨的改造社会。反过来说，办学而不包含社会改造的使命，便是没有目的，没有意义，没有生气。所以教育就是社会改造”①。1930 年，他又进一步提出：“我们既承认‘社会即学校’，那么，社会的中心问题便成了学校的中心问题。这中心问题就是政治经济问题。……晓庄所办之自卫团、妇女工学处，现在向省政府建议设置之试验乡以及十九年度计划中之生产事业，都是想把政治、经济、教育打成一片，做个政富教合一的小试验。”他还明确指出：“政富教合一的根本观念是要将政富教三件事合而为一。”如何使它们合起来呢？“要叫他们在‘遂民之欲达民之情’上合起来”，“在教育的立场上说，我们所负的使命：（一）是教民造富；（二）是教民均富；（三）是教民用富；（四）是教民知富；（五）是教民拿民权以遂民生而保民族”②。

从“政富教合一”的观点出发，我们必须把教育、政治、经济三个方面作为一个整体来考虑，不能孤立地进行某一方面的改革。在制定教育改革方案或推行教育改革过程中，都不能忽视政治、经济方面的因素，应该把教育改革与政治改革、经济改革有机地联系在一起，成章配套地进行，使三者相互推动、共同发展。一句话，要树立社会整体改革的观念，使我国社会主义

---

① 陶行知：《地方教育与乡村改造》，《陶行知全集》第 2 卷，湖南教育出版社 1985 年版，第 128 页。

② 陶行知：《晓庄三岁敬告同志书》，《陶行知全集》第 2 卷，湖南教育出版社 1985 年版，第 211—212 页。

事业的各项改革得以稳步、协调、顺利地进行。

九、借鉴陶行知坚持从国情和实际出发思想，完善新时代中国特色社会主义教育体系

我们开展教育改革的基本出发点和终极目的，是为了建立新时代中国特色社会主义教育体系。在这方面，陶行知以其亲身实践，给我们做出了光辉榜样，值得我们很好地学习和借鉴。

陶行知在其长期的教育实践中，始终坚持从中国的国情和实际出发思想，正确对待中外古今教育经验。他批判地继承了中外古今许多有益的教育经验，既反对“沿袭陈法”的不适应时代的封建传统教育，但又不是虚无主义地反对其固有的优点；既反对“仪型他国”的不切合国情的“拉洋车”洋化教育，但又不是笼统地排斥外来有用的东西。他主张对于“外国的经验，如有适用的，采取他；如有不适用的，就回避他。本国以前的经验，如有适用的，就保存他；如不适用，就除掉他。去与取，只问适不适，不问新和旧”①。一切以是否切合中国的具体实际为依归。他还认为“我们深信一个国家的教育，无论在制度上、内容上、方法上不应常靠着稗贩和因袭，而应该按照那国家的需要和精神，去谋适合，谋创造。同时我们又认定这个国家，如果是现代的国家，如果是现代世界的一个国家，那么他的教育，便不能不顺应着时代和世界的教育趋势，而随伴着竞进”②。这就是说，教育既要考虑本国的具体情况和实际需要（“国情”），又要顺应时代和世界的发展趋势（“世情”），坚持民族性和时代性的统一，“国情”和“世情”的统一。陶行知本人创立的生活教育学说，就是以海纳巨川、吞吐百家的博大胸襟和恢弘气度，博采古今中外诸家之长而熔铸成的。它既符合世界进步潮流又适合中国国情，具有鲜明的中国特色、中国作风和中国气派。

我们今天从事教育改革，需要很好地学习和发扬这种“古为今用”、“洋

---

① 陶行知：《我们对于新学制草案应持之态度》，《陶行知全集》第1卷，湖南教育出版社1984年版，第191页。

② 陶行知：《〈新教育评论〉创刊缘起》，《陶行知全集》第1卷，湖南教育出版社1984年版，第568页。

为中用”的科学精神，借鉴陶行知从中国实际出发，正确对待中外古今教育经验的基本改革原则，反对传统陈腐的观念和全盘西化的主张，正确处理传统教育与现代教育、中国教育与外国教育之间的关系，并在实践中借鉴生活教育学说，总结建国以来发展教育事业的新鲜经验，建立新时代中国特色社会主义教育体系。

最后，需要说明一点，任何一个教育家的思想和实践都有他的历史局限性，陶行知当然也不能例外。因此，我们对待陶行知的教育学说，要从实际出发，创造性地加以运用，而不能停留在简单模仿陶行知的想法和做法的水准上。陶行知的教育学说，在许多方面都反映了教育发展的客观规律，并且与马克思主义教育思想基本上是一致的，因此，它的许多基本原理和方法，具有普遍借鉴的意义。但由于所处的时代和环境不同，其若干具体做法业已过时。我们今天应根据新的情况来加以取舍，并力求有所发展和创造。只有这样，才符合陶行知教育学说本身的精神，使生活教育适应时代，推动时代，更好地为建立新时代中国特色社会主义教育体系服务。

第七章

学习陶行知，造就一流教育家，培养中国『四有』好老师

第一节　陶行知的伟大人格

人格精神是一种内在的主体素质，不同的人身上有不同的人格精神。陶行知的人格精神是他在艰难曲折的人生道路上，在几十年革命实践中锻造出来的，又反过来支撑和推动着他从事改造中国社会和文化教育的伟大实践。陶行知的人格精神，概括起来，主要有以下六种。

一、爱满天下的博大胸襟

陶行知热爱祖国。“我是一个中国人，要为中国作出一些贡献来。”① 这是他少年时期立下的爱国志向：“国家是大家的。爱国是每个人的本分，顾亭林先生说得好，‘天下兴亡，匹夫有责。’我觉得凡是脚站在中国土地，嘴吃中国五谷，身穿中国衣服的，无论是男女老少，都应当爱中华国。”② 这是他对爱国主义最通俗的解释，也是最朴素的感情。“我是中国人，我爱中国。中国现在不得了，将来一定了不得。”③ 这是他对祖国所寄予的希望和坚定信念。爱国必然爱民，由此，他以“爱满天下”的精神，爱平民、爱农民、爱工人、爱广大劳苦大众。“他爱人类，所以他爱中华民族，所以他爱中华民族中最多数最不幸之农人。”④ 他愿为苦难的农民“烧心香”，因而他大力倡导乡村教育；他爱工人，他唱出了“光棍的锄头不中用呀！联合机器来革命呀！”⑤ 他

① 转引自华中师范学院教育科学研究所：《陶行知年表（1891—1926）》，《陶行知全集》第 1 卷，湖南教育出版社 1984 年版，第 672 页。

② 陶行知：《预备钢头碰铁钉——致吴立邦》，《陶行知全集》第 5 卷，湖南教育出版社 1985 年版，第 67 页。

③ 陶行知：《中国人》，《陶行知全集》第 4 卷，湖南教育出版社 1985 年版，第 411 页。

④ 张劲夫：《中国近代教育史上的一座宝库——祝〈陶行知全集〉出版》，北京市陶行知研究会：《陶行知研究》，湖南教育出版社 1987 年版，第 30 页。

⑤ 陶行知：《新锄头舞歌》，《陶行知全集》第 4 卷，湖南教育出版社 1985 年版，第 198 页。

倡导“科学下嫁”，创办各种工学团，开展工农教育；他爱天下一切劳苦大众，愿意终身为劳苦大众服务，做人民的“老妈子”。从爱国爱民出发，他爱教育，决心一辈子献身教育，立志要用教育来爱国爱民，救国救民。为此，他反对封建主义的传统教育，反对帝国主义的洋化教育和奴化教育，他决心闯出一条适合中国国情的新教育之路来。因此，他矢志不渝地奋斗了一生。从爱国、爱民、爱教育出发，他“无保留地追随党”，全身心地投入党所领导的抗日救亡运动，把自己的一切纳入革命的轨道，直到生命的最后一息。

二、乐于奉献的伟大情操

“捧着一颗心来，不带半根草去”，是他献身精神的生动体现。陶行知的献身精神具体体现在：第一，全心全意为人民的教育事业献身。为了中国的教育事业，他是“为了苦孩，甘为骆驼；于人有益，牛马也做”。“愿把整个的心捧出来献给小孩”，愿为农民“烧心香”。他从中国的国情出发办教育，苦心探索，矢志追求，他艰苦奋斗办教育，动员群众，发动社会，一生劳碌奔波；他边试验，边探索，边实践，边总结，为中国创造新的教育理论付出了毕生精力；他身教重于言教，求真务实，身体力行，时时处处以身作则，为人师表。第二，他甘愿为抗日救国事业献身。民族危亡，国难当头，他挺身而出，不顾劳累，出访 28 个国家和地区，宣传抗日救国，揭露日本军国主义罪恶，争取国际援助，力争侨胞支持。回国后倡导国难教育、战时教育，创办育才学校，收留难童，培养人才幼苗，使教育为抗日救国服务。第三，他献身于新民主主义革命事业，一贯同情、支持、保护和营救共产党人。从同情革命事业，到自觉追随中国共产党，服从中国共产党的领导，不但把自己的教育事业纳入革命的轨道，而且全力以赴投入了反独裁、争民主、反内战、争和平的斗争。

三、炽烈真诚的教育激情

徐特立说过：“杜威虽是一个伟大的教育家，但不是一个革命家。行知却是一个革命家，同时在教育方面起了伟大的革命作用……”① 那么，作为一个革命家，陶行知的炽烈真诚的教育激情体现在何处呢？首先，在祖国处于半封建半殖民地社会，阶级斗争与民族斗争都激烈的条件下，他虽然不是一个共产党员，但他的阶级斗争觉悟却很高。他反帝、反封建、反殖民主义，“为人民奋斗者，血写人民史诗”，为了国家，为了人民，他全心全意跟着中国共产党走，奋斗到最后一刻，真正做到了“鞠躬尽瘁，死而后已”！其次，反映在世界观的自我改造、自我革命上，陶行知也很突出。他自觉从“知行”观变为“行知”观，从唯心主义变为唯物主义。他自觉下农村，办乡师，实行知识分子与工农相结合；他又自觉办工学团，与工农交朋友，拜工农为师……吴玉章说：“回忆陶先生，我想起了他的革命精神，凡一切过去的思想、学说、理论、制度等，都要经过理性的裁判，如有不合理，即使人人认为神圣不可侵犯的东西，他也大胆地要反对要革命……”② 最后，教育理论与教育实践上的大胆改革与创新，也是陶行知教育激情的重要体现。

四、不屈不挠的刚毅品质

陶行知说：“失败是成功之母，奋斗是成功之父。”他一生奋斗，埋头于为事业的精神是后人一致公认的。他的艰苦奋斗精神，主要表现在：第一，事业上的专一性。他赤诚爱国，忠心革命，为了救国救民，矢志不渝地探索开拓，立志创新。第二，意志上的坚韧性。他做任何事情都目标明确，意志坚决，一经决定，就会苦战到底，不达目的，誓不罢休。第三，思想作风上的踏实苦干精神。他在思想理论上的探索，细致周密，虚心求真，一步一个脚印，如办学实践上的探索，他从计划、募捐、教育、教材、教法等，处处都能周密部署，从校长、教师到工友，几乎事事都要亲自动手。第四，生活上的艰苦朴素。他公私分明，不抽烟，不喝酒，处处以身作则，为人师表，他原是留过学的大学教授，在当时社会，地位不算低，收入不算少，只要愿意，满可以像他的同学孙科、胡适那样飞黄腾达，但

① 徐特立：《陶行知学说》，《解放日报》1946 年 8 月 12 日第 4 版。
② 吴玉章：《回忆陶行知先生》，《新华日报》1946 年 9 月 22 日第 2 版。

是他为了自己所认定的事业，甘愿脱掉西装革履，下乡办乡村师范，甘愿赤脚穿草鞋与师生同吃同住同劳动，做当地农民戏称的“挑粪校长”。为了事业，无论办学，还是出国访问，他总是日以继夜，连续苦战，战斗不息。“陶行知先生不仅是鲁迅先生所说的‘中国的脊梁’那一类优秀人物，是杰出的为中华民族做了很多有益的事情的那一类埋头苦干的‘脊梁人物’，而且是属于鲁迅先生形容的柔石一类‘损己利人’的高尚人物。”

五、求真务实的思想作风

“千教万教教人求真，千学万学学做真人”，这是陶行知为人与教人的宗旨之一。为此，他政治上求真，追求进步，追求光明，追求革命，从旧民主主义革命走向新民主主义革命，从“天生孙公做救星呀，唤醒锄头来革命”，“革命成功靠锄头”转变为“光棍的锄头不中用呀！联合机器来革命呀！”① 这是他在政治认识上求真的结果，是一个质的飞跃。在世界观的改造上，从接受王阳明“知是行之始，行是知之成”的“知行”观转变为“行是知之始，知是行之成”的“行知”观，是他在哲学思想上求真的结果。在教育思想上，将杜威的“教育即生活”、“学校即社会”、“做中学”翻半个筋斗为“生活即教育”、“社会即学校”、“教学做合一”，是他“吾爱吾师，吾更爱真理”的求真过程的结晶。晓庄师范、山海工学团、育才学校、社会大学等校的创办，是他教育实践上求真的实际行动。作风上他也求真，他民主，待人宽容，不苛求人，爱满天下。“民之所好好之，民之所恶恶之，教人民进步者，拜人民为老师”②。他一生求真，谦逊待人，求真善美，反假恶丑。他为人处事最重视一个“真”字，他一生说实话，办实事，重视名实相符，言行一致，重视真才实学，不求虚名，从不弄虚作假。他勇于自我批评，听得进不同意见，能团结大多数，因而平民百姓，工农群众，中小学生，甚至小贩、报童都喜欢他。

---

① 陶行知：《新锄头歌舞》，《陶行知全集》第4卷，湖南教育出版社1985年版，第198页。

② 陶行知：《民方所好三首》，《陶行知全集》第4卷，湖南教育出版社1985年版，第660页。

六、开拓求新的创造精神

“敢探未发明的新理，敢入未开化的边疆。”① 一生探求、开拓、创造，是陶行知的最大特点。陶行知从中国的国情出发，从实践实验着手，创造了一整套以生活教育学说为核心的教育学说；他开拓性地创办了一批内容与形式全新、多层次、多轨制、多形式的幼儿园、中小学、乡村师范、工学团、育才学校、社会大学等，他从办学的指导思想、教育、教学、教材、教法等方面进行了一系列探索，为中国教育创造了一批新的办学典型；他倡导了平民教育、乡村教育、普及教育、国难教育、战时教育、民主教育等一系列教育运动，从中国的国情和革命斗争的实际出发，为中国的教育改造探获新路，也为中国的教育文化事业，为中国的革命事业培养了一大批具有开拓和创造精神的人才。陶行知重视创造，倡导创造，自己也事事处处开拓创造，连他别具一格的大众诗，也是具有独特陶行知味道的创造。他的创造，不仅为中国的教育开辟了道路，更重要的是为提高中国劳苦大众的科学文化水平，为提高中华民族的觉悟和素质，为中国的革命做出了贡献。

陶行知的上述六种精神是一个有机的整体。其中，爱国精神和献身精神，是陶行知精神的两大基石。教育激情是陶行知精神的原动力，求真精神是陶行知精神的核心，艰苦奋斗精神、创造精神是革命精神的重要体现。正是这六种精神，构筑了陶行知丰富而深邃的精神世界，为他在中国现代文化诸多领域进行开拓和创新，提供了巨大的精神动力。

第二节　造就一流教育家，培养中国“四有”好老师

在 2014 年第 30 个教师节前夕，习近平总书记考察北京师范大学时发表

① 陶行知：《第一流的教育家》，《陶行知全集》第 1 卷，湖南教育出版社 1984 年版，第 113 页。

重要讲话，勉励广大教师做有理想信念、有道德情操、有扎实学识、有仁爱之心的“四有”好老师。习总书记“四有”好老师指示的提出，为建设新时代中国特色社会主义教师队伍的建设指明了方向。习总书记“四有”好老师的指示与陶行知的教育主张与教育思想一脉相承，更是对其教育思想的升华与发展。

因此，争做新时代“四有”好老师，先从陶行知教育思想中汲取智慧和力量。

一、造就一流教育家

陶行知先生在《第一流的教育家》一文中说：“我们常见的教育家有三种：一种是政客的教育家，他只会运动，把持，说官话；一种是书生的教育家，他只会读书，教书，做文章；一种是经验的教育家，他只会盲行，盲动，闷起头来，办……办……办。”那么，怎样做一流的教育家呢？

首先是立志。

要做一流的教育家，首先要立志，立宏伟大志。古人说：有其志必成其事。陶行知之所以能成为中国一流的教育家，首先就在于他少小立志，拯救中华，“为中国做出一番大事业来”。陶行知的人生志向并非生而有之，而是因时而生，依势而更。管窥其求学历程，便可从中得到印证。

陶行知的人生志向，大体经历了如下四次阶段性的变更。

一是医药救国。与孙中山、鲁迅等名人一样，少年陶行知开始确立的人生志向便是行医，救死扶伤。他 17 岁毕业于徽州崇一学堂之后，便赴杭州投考广济医学院。促使他发愿学医的直接动因是其姐的幼殇以及家乡缺医少药的现状。此时的他将满腔报国之志化作做拯救世人肉体苦痛的良医的人生志向。

二是文学救国。陶行知在广济医学堂就读的时间不长，即因受到歧视而愤然退学回乡。在家苦学英语半年后，又于 1909 年考入南京汇文书院就读。此时他的兴趣开始朝文学定向。尤其是通过学报《金陵光》的编辑及作品的陆续见诸报端，更日益坚定了他以文学刷新国民精神风貌的人生志向。

三是政治救国。辛亥革命的爆发催生了陶行知政治救国的梦想。他不仅回乡参加了屯溪阳湖余家庄起义，而且还担任徽州议会秘书达半年之长。其后，政治救国的理想不断加强。他的毕业论文《共和精义》就蕴含着“非共和之不足救国”的思想强光，并把赴美伊利诺伊大学攻读政治学硕士学位寻求政治救国之道作为自己的人生志向。

四是教育救国。陶行知留学美国后，深感美国社会的繁荣与富强，深受进步教育运动的熏陶和影响，深切认识到教育改造社会的作用及力量，便开始萌发“教育救国”的思想。他在1915年获得伊利诺伊大学政治学硕士学位之后，毅然选择美国的教育重镇——哥伦比亚大学师范学院作为他获取“更高级学位（博士）”的理想之所。入读该校后，他曾明确地表露了这种教育救国的志向：“我的毕业志愿是，通过教育而非武力来创建一个民主国家……我坚信，没有真正的公共教育就不可能有真正的共和国。”因此，“我回国后将与其他教育工作者合作，为我国人民建立一套有效的公共教育体制”，“我要使全中国人都受到教育”。这便奠定了他留美归国时的人生志向。陶行知一旦立下平生志，就“壮志未酬誓不休”。综观他的人生之旅，依其学术水平、自身条件、管理才能、个人际遇来看，无论走上“红道”、“黄道”，都有可能取得辉煌成就，“高官厚禄”、“衣食无忧”。但他不为名利所引诱，不为权势所左右，对于种种“红道”、“黄道”均不屑一顾，而是埋头走自己的“正道”——“为中国教育寻觅曙光，探获生路”，“不做政客教育家”，“终生甘为孺子牛”。

陶行知在人生道路上已经历了四次推却。

一是坚辞大学教授之教职。陶行知是民国初期的留学生，毕业于美国著名大学，完全有条件在大学终生从教。然而这位留洋多年的大学教授，身居教育高层的知名人物，毅然决然放弃每月500大洋的优裕生活，脱下西装革履，穿上草鞋布衣，离开都市，走进乡村，投身平民教育和乡村教育，“把整个的心献给我们三万万四千万的农民”。“这是何等的魄力，教育界有这种魄力的人，不愧受我们崇拜！”

二是婉拒大学校长之高职。陶行知在大学当过教授、教务主任、教育科（相当于今日的院）主任和教育系主任等职。凭自身条件，当个大学校长理所当然。事实上，1924年底，北京政府教育部就聘请他担任武昌高等师范学校（武汉大学前身）校长这一高职，他婉言谢辞。1928年，他的母校金陵大学又有聘他为校长之美意，他又婉转推辞，依然坚守着自己的教育阵地，甘于清贫，乐为人梯。

三是推脱教育厅厅长之官职。陶行知学教育出身，且富管理才能，担任教育厅厅长之官职，定能胜任。事实上，他的行政才能早已为当政者所闻。1927 年，冯玉祥将军就诚聘他任河南省教育厅厅长之官职，他推却不就。时任安徽省主席的李宗仁邀请他回安徽做教育厅厅长，被他推脱。试想一般读书之人逢此机运，莫不趋之若鹜，而陶行知则嗤之以鼻，一笑了之，“这又是何等的魄力”！

四是谢辞总干事之要职。以陶行知的条件和才干，向右转而亲近现实政权，官居要职，不仅可能而且可以实现。1938 年 10 月间，他赴亚、非、欧、美宣传抗日归来，即受到蒋介石的召见并出席蒋夫人宋美龄为其主持的接风宴，还与蒋夫人进行了长达两个多小时的“深谈”。宋美龄再三要求他留下担任三青团总干事之要职。这对“政客教育家”来说无疑是绝大喜事，然而陶行知却不趋炎附势，他用极其真诚坦率而又巧妙的方式予以谢辞，依然以“回国三愿”作为自己归国后事业的寄托和最大的志愿！

透过陶行知人生志向的四次抉择和人生际遇的四次推却，我们可以看出陶行知“为中国做出一番大事业来”的人生志向是何等高远，矢志献身教育的意志是何等坚强！这正是陶行知作为“一流的教育家”不同于其他教育家的感人之处，这也正是陶行知作为“人民教育家”的本色所在。

其次是立功。

做“一流的教育家”，既要立宏伟之志，又要立显赫之功。古人曰：志不立则无以立功。陶行知之所以能成为中国一流的教育家，就在于他不仅有献身教育之志，而且有投身教育之行。“敢入未开化的边疆”，“为中国教育探获生路，寻觅曙光”，“不做书生的教育家”。

陶行知一生曾经发起七大教育运动。

一是发动平民教育运动。对于平民教育，陶行知界定为“平常人民的教育”，要用最少时间，最少经费，教导年长失学之人读书学文化、爱国做主人。1920 年，他在南京高等师范组织学生到附近平民社会中推行平民识字活动，这是他在实践上迈向平民教育的第一步。1923 年 6 月，在参观浙江嘉兴等地的平民教育之后，陶行知开始全力投入平民教育事业，并在平民教育运动中作出了许多创造性贡献：创造推行“平民读书处”，作为平民教育的教学组织形式；编辑出版《平民千字课》，作为平民教育的课程教材；发明推广“连环教学法”，扩大充实平民教育师资。

二是推行乡村教育运动。陶行知力倡对乡村教育进行彻底改造，走向一条生路，培养农夫的身手、科学的头脑和社会改造的精神。为此，他先后组织了乡村教育同志会、乡村教育研究会、民众教育研究会，创设了《乡教丛讯》、《乡村教师》周刊，并创办了晓庄学校。

三是开展普及教育运动。争取在中国实现普及教育是陶行知一生最大的心愿，也是他毕生从事教育实践及其教育思想体系的中心。在开展普及教育运动中，他把重点放在农村，进行“全国财力总动员”，创造了适合中国国情的普及教育的方式和方法。

四是发起国难教育运动。1931 年至 1935 年，是陶行知推行国难教育运动时期，他以教育为武器展开抗日救亡运动。国难教育的提出，正是他多年来倡导救亡的大众教育的合理发展，旨在推进大众文化，争取中华民族之自由平等，保卫国家领土与主权之完整。

五是投身战时教育运动。随着抗日战争的全面爆发，陶行知把“国难教育”改为“战时教育”，把学堂变成战场和把战场变成学堂，创办了《战时教育》旬刊，发展壮大了“全国战时教育协会”，在香港设立了中华业余补习学校，使战时教育成为随战事进展而产生的特殊生活。

六是从事全面教育运动。陶行知认为，全面教育即全面发展的教育，通过心、脑、手并用，实现智力和体力的全面发展；通过学政治、学经济、学文化相结合，实现教育内容的全面展开；通过把健康、科学、劳动、艺术及民主构成和谐的生活，实现人的全面和谐发展。

七是倡导民主教育运动。倡导民主教育运动，实现教育民主化，是陶行知几十年来立足于教育事业孜孜追寻民主政治的必然结果，也是他自身民主资质长期汇集凝淀的客观反映。他认为民主教育之目的就是“教育为公”，进而实现“天下为公”的民主政治。

陶行知在四大领域产生了深远的影响。

一是社会教育。社会教育是陶行知提出的“社会即学校”这一基本原理之具体运用，使受教育的覆盖面迅速扩大。他在社会上创办了昆明学校、笑山平民读书处、儿童科学通讯学校等各种方便人民大众及其子弟的学习场所，运用社会力量，推动教育事业之发展，给旧的学校观和教育观带来了根本性变革，有力配合了中国人民反帝反封建的伟大斗争。

二是师范教育。陶行知认为："师范教育可以兴邦，也可以促国之亡。"正因为如此，他终生致力于师范教育，并亲自创办和主持了晓庄师范，堪称中国提倡乡村师范教育第一人。他在师范教育中坚持理论联系实际，一切从实际出发，运用"教学做合一"的方法，并大力推行"艺友制"。

三是特殊教育。陶行知认为对于有特殊才能的儿童应该进行特殊教育，为此，他创办了育才学校，专门收容有才能的难童入学。他力倡对特殊才能应注意从小发现，及时培养，在集体生活中和普通教育的基础上实施全面发展的特殊教育。在教育过程中，注意因材施教，采用启发式教学方法，培养创造能力和自学能力，充分发展其主观能动性，在学校、家庭和社会的密切配合下，共同推动特殊教育之发展。

四是成人教育。陶行知通过提出"活到老，做到老，学到老"的主张，把成人教育的地位提高到了"终生教育"的高度，目的在于培养德、智、体、美、劳全面发展的国民和劳动者。他切合成人自身的物质利益，采用适合成人教育特点的教育方法，充分调动其学习积极性。他主持创办的山海工学团、中华业余补习学校、重庆社会大学等直接推动了成人教育的发展。

再次是立言。

做"一流的教育家"，仅立显赫之功还不够，还要立传世之言。陶行知会通古今，学贯中西，述而且作。他之所以能成为中国一流的教育家，就在于他"敢探未发明的新理"，为中国教育实践进行理性思考，"不做经验的教育家"。

陶行知自幼受中华传统文化的熏陶，儒学造诣颇深。读中学时开始接触西学，后负笈游美。在哥伦比亚大学师从杜威、孟禄、克伯屈等教育大师，接受了西方先进的教育思想。这种博采古今、融会中西的知识结构，使他能高瞻远瞩，对当时中国教育的弊端有着深刻独到的见解。回国后他站在教育改革前沿，以扎实渊博的理论素养和无所畏惧的开拓精神，为建立中国的新教育，另辟蹊径，创立了独树一帜的生活教育理论体系。从其留下来的洋洋500万言的皇皇巨著中，我们能够清晰地感受到他为中国教育实践所进行的理性思考。

陶行知立足国情，既反对“沿袭陈法”，又反对“仪型他国”，他在批判地继承古今中外各种教育思想和总结自己教育实践经验的基础上，先后提出了六大理论。

一是生活教育。“生活即教育”、“社会即学校”、“教学做合一”为三大基本原理。陶行知在更广阔的层面上构建新的教育体系，将学校教育的范畴横向延伸，扩展到社会生活的最外延，主张把整个社会作为学校，整个生活作为教育，强调学校教育要与社会生活相联系，反对脱离生活实际，击中了传统教育和洋化教育的要害。他还对旧教育的性质、目的、内容、方法、组织形式以及时限等方面进行了全面革新，彻底改造了旧的学校观和教育观，引起了教学方法的根本变革。生活教育在其理论体系中居于中心地位，是其他理论和主张的基础。

二是民主教育。反对教育脱离大众、仅为少数统治者服务，坚持教育必须属于人民、依靠人民和为了人民的幸福；倡导教育为公、机会均等；提出了实施民主教育的方法、原则以及新型的课程观、师生观、管理观。民主教育作为一种根本的指导思想，贯穿于生活教育理论体系的全部理论之中。

三是全民教育。针对国弱民贫的现实，陶行知提出了扫除文盲、普及教育、治愚与治穷相结合的全民教育理论。其内容涉及平民教育、乡村教育、女子教育、幼儿教育、民族教育、职业教育、师范教育以及高等教育，涵盖了不同层面、不同区域和不同性质的教育。他曾说“要用四通八达的教育来创造一个四通八达的社会”。全民教育正是一种消除不平等的立体途径，民主教育也只有通过全民教育才能最终得以实现。

四是全面教育。关于教育的培养目标，陶行知指出：“千教万教教人求真，千学万学学做真人。”即教育要培养的是在德、智、体、美、劳等方面全面发展且具有创造精神的人，要求“心、手、脑”并用，真、善、美合一。全面教育是针对教育对象个体而言，属微观层面。

五是全程教育（终生教育）。生活教育强调人的全程教育，不断学习，认为教育必须贯穿人生的始终，主张不同阶段的教育应从纵的方面相互连接，构成一个完整系列。陶行知在世界上最早明确提出了终生教育的概念。它的实施，使民主教育从全面普及走向立体普及成为可能，是一种“大教育观”。

六是创造教育。陶行知早在 1919 年 4 月的《第一流的教育家》一文中，就把“敢探未发明的新理，即是创造精神；敢入未开化的边疆，即是开辟精神”作为不同于政客的教育家、书生的教育家和经验的教育家的第一流教育家的特征，提倡做“创造的教育家”。20 世纪 30 年代和 40 年代又先后发表《创造的教育》、《创造的儿童教育》、《创造宣言》和《创造年献诗》等，指出教育者“所要创造的是真善美的活人”，“处处是创造之地，天天是创造之时，人人是创造之人”。他的创造教育思想至今仍值得我们很好地总结、发掘和运用。六大理论的提出，表明了陶行知开辟新理的探索独具特色，是前无古人，后无来者的。

陶行知教育思想还具有下述四种特征。

一是实践性。陶行知教育理论是适应时代和民众实际需要，以社会实践为依归的理论。其著名的“教学做合一”就是一种实践教学法，反对传统教育的“三脱离”，主张学与用结合，教育与生产劳动结合，理论联系实际，具有极强的实践性。

二是民主性。陶行知指出“生活教育是大众的教育，大众为生活解放而办教育”。其理论是面向大众、面向社会，为广大民众服务的理论，同时，该理论尊重儿童，重视受教育者在教育中的主体地位和作用，主张学生自己管理自己，强调教师与学生共甘苦，做民众之公仆，具有鲜明的民主性。

三是科学性。其全面教育理论和全程教育（终身教育）理论顺应了时代发展潮流，合乎教育发展规律，充满了科学性。时至今日，仍然值得我们借鉴。

四是民族性。陶行知曾说：“去与取，只问适不适，不问新与旧。”其理论是植根于中国土壤，根据中国国情对中外教育学说进行改造创新的理论，是从人民利益出发，为民族解放、祖国富强服务的理论，具有突出的民族性。

最后是立德。

立志是立功的动力，立功是立言的前提，立德是立言的基石。陶行知之所以能成为中国第一流的教育家，原因很多，但最主要的还在于他具有优秀的道德品质和良好的精神风貌，这是他不断进取、开拓创造的内在动力。

陶行知具有难得的四大品质。

一是诚实。诚实是一种优秀的道德品质，是个人对待学习、生活、工作、他人及自己态度的道德基础。陶行知不仅待人真诚，而且做事笃实，也就是实事求是，言行一致，表里如一。陶行知曾以荷花自喻“但开君子花，留芳千万年”，为了教育学生诚实无欺，冰心玉质，他将育才学校的水池命名为“周子池”。

二是无私。陶行知不仅公德高尚，而且私德廉洁。他信奉孙中山的“大公无私”，不计个人之得失，不营个人之私利。凭他的学历、才气和名望，他完全可以衣食无忧，然而他却放弃五百元大洋一月的优厚待遇。他多次出国募捐，却从不中饱私囊，而是无私地捐献给中国的教育事业。

三是自信。自信是相信自己的思想、道德、能力的心理状态，是取得最终成功的有利心理条件。没有自信，就会“怕难、怕苦、怕孤、怕死”，就会“埋没了一生”；有了自信，就会“放大胆量，单身匹马，大刀阔斧，做个边疆教育的先锋”。正是这种强烈的自信，使得陶行知在为中国教育寻觅曙光，探获生路的坎坷曲折的人生之途上，“不怕辛苦，不怕疲倦，不怕障碍，不怕失败，一心要把那教育的奥妙新理，一个个的发现出来”。

四是刚毅。刚毅也是一种优秀的道德品质和心理品质，陶行知的刚毅品质主要表现在他的“大丈夫精神”上，“平时要以‘仁者不忧，智者不惑，勇者不惧，达者不恋’的精神培养学生和我们自己，有事则以‘富贵不能淫，贫贱不能移，威武不能屈，美人不能动’相勉励”。正是这种刚毅使他四拒名利的诱惑，不为权势所左右，“不为五斗米折腰”，“为人民奋斗者，血写人民史诗”。

二、培养中国“四有”好老师

为“培养德智体美劳全面发展的社会主义建设者和接班人”，习总书记向全体教育工作者提出了“四有”好老师的新时代要求和建设标准。纵观“四有”好老师核心内涵要求，与陶行知的六种精神一脉相承，高度契合。为争做新时代“四有”好老师，我们可以继续传承陶行知的六种精神，并不断发扬光大。

（一）学习陶行知六种精神

一是爱满天下的博大胸襟。陶行知的博爱精神，首先体现在他的爱国精神上，“爱国是每个人的本分”，他认为“凡是脚站中国土地，嘴吃中国五谷，身穿中国衣服的，无论是男女老少，都应当爱中国”。爱国必须爱民，由此他以“爱满天下”的精神，爱学生、爱平民、爱工人，“爱中华民族中最多数最不幸之农人”，从爱国爱民出发，他爱教育，决心一辈子献身教育，立志要用教育来救国救民，他更爱“救国救民”于水火的中国共产党，由此他成为一个“无保留地追随党的党外布尔什维克”。

二是乐于奉献的伟大情操。“捧着一颗心来，不带半根草去”，是陶行知献身精神的生动体现。他全心全意为人民的教育事业献身，愿为农民“烧心香”，愿为工农子弟，“甘做骆驼”。民族危亡，国难当头，他挺身而出，不顾劳累，奔波海外，宣传抗日，争取国际支援。回国后又不顾危险，抨击国民党政权专制独裁，呼吁和平，为中国的民族命运、民主进步和教育改革付出了毕生精力。

三是炽热真诚的教育激情。徐特立说过：“杜威虽是一个伟大的教育家，但不是一个革命家。行知却是一个革命家，同时在教育方面起了伟大的革命作用……”作为一个教育家，陶行知的革命精神体现在以下几个方面。何处呢？首先，在祖国处于半封建半殖民地社会，阶级斗争与民族斗争都激烈的条件下，他虽然不是一个共产党员，但他的阶级斗争觉悟却很高。他反帝、反封建、反殖民主义。“为人民奋斗者，血写人民史诗”，为了国家，为了人民，他全心全意跟着党走，奋斗到最后一刻，真正做到了“鞠躬尽瘁，死而后已”！其次，他很注意世界观的自我改造和自我革命。他自觉从“知行”观变为“行知”观，从唯心主义变为唯物主义。他自觉下农村，办乡师，实行知识分子与工农相结合；他又自觉办工学团，与工农交朋友，拜工农为师。再次，教育理论与教育实践上的大胆改革与创新，也是陶行知革命精神的重要体现。

四是不屈不挠的刚毅品质。陶行知奉行“失败是成功之母，奋斗是成功之父”的人生准则，他一生奋斗不息，为了事业所表现出来的坚忍苦战的精神，得到了人们的一致公认。他的坚忍不拔的精神，主要表现在：事业专一。他赤诚爱国，忠心革命，为了救国救民，矢志不渝地探索开拓，立志创新；意志坚韧。他做任何事情都目标明确，意志坚决，一经决定，苦战到底，不达目的，誓不罢休；生活艰苦朴素。他公私分明，不抽烟，不喝酒，处处以身作则，为人师表，为了自己所认定的事业，甘愿脱掉西装革履，下乡办乡村师范，赤脚穿草鞋与师生同吃同住同劳动，做当地农民戏称的“挑粪校长”。为了事业，他无论办学，还是出国访问，他总是日以继夜，连续苦战，忍饥挨饿，战斗不息。

五是求真务实的思想作风。“千教万教教人求真，千学万学学做真人”，这是陶行知为人与教人的终极旨趣。他一生求真，求真善美，反假恶丑，说真话，办真事，做真人，重真才实能。他不仅政治上求真，追求进步，追求光明，而且思想认识上也求真，“行是知之始，知是行之成”。在教育上，他通过调查、研究、实验等真功夫来验证教育理论和实践，从而提出符合教育规律的教育理论。陶行知的务实精神主要体现在他务实的作风和实干的行动。他从不讲空话，办虚事，搭花架子，搞形式主义，而是实事求是，因时制宜，因地制宜。他根据中国教育的实际，适时地提出并实施的七大教育运动，即是他务实精神的具体体现。

六是开拓求新的创造精神。“敢探未发明的新理”、“敢入未开化的边疆”，即是陶行知的创造精神。他从中国的国情出发，从实践试验着手，创造了一整套以生活教育理论为核心的教育理论；他开拓性地创办了一批内容与形式全新、多层次、多轨制、多形式的幼儿园、中小学、师范、工学团、育才学校、社会大学等；他从办学的指导思想、教育目的、教学内容、教材和教法等方面进行了一系列探索，为中国教育创造了一批新的典型；他不仅为中国的教育改革探获了一条新路，而且还为中国的革命事业培养了一大批具有开拓和创造精神的人才。就连他那别具一格的大众诗，也是具有独特陶行知味道的创造。

（二）争做新时代“四有”好老师

做好老师，要有理想信念。广大教师要学习陶行知始终同党和人民站在一起。要用好课堂讲坛，用好校园阵地，用自己的行动倡导社会主义核心价值观，用自己的学识、阅历、经验点燃学生对真善美的向往。

做好老师，要有道德情操。广大老师要学习陶行知取法乎上、见贤思齐，不断提高道德修养，提升人格品质，并把正确的道德观传授给学生。

做好老师，要有扎实学识。广大老师要学习陶行知，终身学习，使自己拥有扎实的知识功底、过硬的教学能力、勤勉的教学态度。

做好老师，要有仁爱之心。爱是教育的灵魂。广大老师要学习陶行知用爱培育爱、激发爱、传播爱，通过真情、真心、真诚拉近同学生的距离，滋润学生心田。好老师应该把自己的温暖和情感倾注到每一个学生身上，用欣赏增强学生的信心，用信任树立学生的自尊，让每一个学生都健康成长，都享受成功的喜悦。

作为新时代的教育工作者，我们既要志存高远，又要求真务实；既要总揽全局，又要细处入手；既要德正学高，又要自强弘毅；既要富有创见，又要勤于实践；既要善于借鉴，又要勇于创造；既要立足本土，又要放眼全球。简言之，既立志立德，又立功立言，方才可能成为一流的教育家，方能成为新时代的“四有”好老师。这是陶行知教育思想与实践给我们的一个重要启示，也是每位教育工作者或准教师应该牢牢铭记在心的。

参考资料

一、史料部分

（一）陶行知本人编辑出版的重要著作

《平民千字课》（1—4册），上海商务印书馆1923年8月初版。

《中国教育改造》，上海亚东图书馆1928年4月初版；安徽人民出版社1981年重版。

《知行书信》，上海亚东图书馆1929年1月初版。

《儿童度量衡》上下册，上海儿童书局1931年10月初版。

《肥皂的把戏》，上海儿童书局1931年10月初版。

《教学做合一讨论集》，上海商务印书馆1931年7月初版。

《空气的科学把戏》（1、2册），上海儿童书局1931年10月初版。

《儿童科学指导》（1—3册），上海儿童书局1932年3月初版。

《斋夫自由谈》，上海申报馆1932年4月初版。

《算学的把戏》，上海儿童科学通讯学校1933年初版。

《知行诗歌集》，上海儿童书局1933年7月初版。

《儿童天文学活页指导》，上海儿童科学通讯学校1933年初版。

《古庙敲钟录》，上海儿童书局1933年3月初版。

《普及教育》，上海儿童书局1934年10月初版。

《儿童节歌曲集》（赵元任制谱），上海商务印书馆1934年初版。

《老少通千字课》（1—4册），上海商务印书馆1935年2月初版。

《普及教育续编》，上海儿童书局1935年6月初版。

《知行诗歌续集》，上海儿童书局1935年10月初版。

《怎样做小先生》，上海生活书店1935年11月初版。

《知行诗歌别集》，上海儿童书局 1935 年 12 月初版。

《知行诗歌集》，上海生活书店 1936 年 11 月初版。

《知行诗歌三集》，上海儿童书局 1936 年 11 月初版。

《普及教育三编》，上海儿童书局 1936 年 6 月初版。

《中国大众教育问题》，上海大众文化社 1936 年 8 月初版。

《育才学校手册》，时代印刷出版社 1944 年 1 月初版。

《普及现代生活教育之路及其方案》，生活教育社 1945 年 10 月自刊版。

（二）他人编辑出版的有关资料

杨效春著：《晓庄一岁》，上海儿童书店 1928 年 7 月初版。

程本海著：《在晓庄》，上海儿童书店 1930 年 1 月初版。

李楚才著：《破晓》，上海儿童书店 1931 年 2 月初版。

唐文粹编：《乡村小学教师须知》，上海儿童书店 1933 年 7 月初版。

陆静山编：《晓庄歌曲集》，上海儿童书店 1933 年 6 月初版。

方与严编：《晓庄一年计划》，上海儿童书店 1933 年 11 月初版。

潘一尘著：《儿童故事集》，上海儿童书店 1933 年初版。

孙铭勋、戴自俺编：《晓庄批判》，上海儿童书店 1933 年初版。

孙铭勋、戴自俺编：《晓庄幼稚教育》，上海儿童书店 1933 年初版。

孙铭勋、戴自俺编：《幼稚园的生活进程》，上海儿童书店 1934 年初版。

陶行知、陈鹤琴等著：《幼稚教育论文集》，上海儿童书店 1934 年初版。

赵叔愚著、方与严编：《乡村教育丛辑》，上海儿童书店 1934 年初版。

马侣贤、戴自俺著：《山海工学团》，上海儿童书店 1935 年初版。

延安解放社编：《行知教育文选》，延安新华书店 1946 年初版。

延安新教育学会编辑部编：《行知教育文选集》，胶东新华书店 1946 年 8 月初版。

郭沫若校：《行知诗歌集》，上海大孚出版公司 1947 年 4 月初版。

方与严编：《陶行知教育论文选辑》，上海生活书店 1948 年版。

方与严编：《陶行知 · 行知文献》，香港龙文书店 1966 年版。

中央教育科学研究所编：《陶行知教育文选》，教育科学出版社 1981 年 3 月版。

江苏省陶行知教育思想研究会、南京晓庄师范陶行知研究室合编：《陶行知文集》，江苏人民出版社 1981 年 8 月初版。

朱泽甫等编：《行知书信集》，安徽人民出版社 1983 年版。

陈贻鑫、陶晓光编：《行知歌曲集》，人民音乐出版社 1983 年 10 月初版。

华中师范大学教育科学研究所编：《陶行知全集》（1—6 卷），湖南教育出版社 1984 年、1985 年初版。

吴一葆编：《陶行知诗歌选》，上海教育出版社 1985 年 6 月初版。

张达扬、李红梅编：《陶行知论普及教育》，安徽教育出版社 1985 年版。

中国陶行知研究会编：《陶行知教育思想、理论和实践》，安徽教育出版社 1986 年 8 月初版。

戴自俺、龚思雪主编：《陶行知幼儿教育的理论和实践》，四川教育出版社 1987 年 8 月初版。

聂大朋编：《陶行知儿歌》，中国和平出版社 1987 年 12 月版。

胡晓风等编：《生活教育文选》，四川教育出版社 1988 年 3 月初版。

陕西省陶研会编：《陶行知论乡村教育改造》，陕西师范大学出版社 1989 年版。

上海陶研会等编：《陶行知佚文集》，四川教育出版社 1989 年 6 月初版。

江苏陶研会等编：《陶行知论师范教育》，江苏教育出版社 1990 年初版。

江苏陶研会等编：《陶行知日志》，江苏教育出版社 1991 年初版。

荆世华等编：《陶行知教育论著选编》，山西高校联合出版社 1991 年 7 月初版。

董宝良主编，喻本伐、周洪宇编：《陶行知教育论著选》，人民教育出版社 1991 年版。

中国陶行知研究会组编：《陶行知全集》（1—10 卷），四川教育出版社 1991 年 8 月初版。

华中师范大学教科所主编：《陶行知全集》第 7、8 卷，湖南教育出版社 1992 年版。

方与严著：《陶行知及其生活教育》，四川教育出版社 1995 年版。

方明编：《陶行知教育名篇》，教育科学出版社 2005 年版。

金林祥、张雪蓉编注：《陶行知教育名著教师读本》，上海教育出版社

2006 年版。

方明编：《陶行知名篇精选》，教育科学出版社 2006 年版。

二、研究专著部分

（一）国内研究专著

徐德寿编：《做学教 ABC》，上海世界书局 1930 年初版。

白桃（戴伯韬）著：《教学做合一概论》，上海中华书局 1932 年初版。

方与严著：《教学做合一概论》，上海中华书局 1932 年初版。

王洞若编：《生活教育论集》，上海生活书店 1936 年初版。

陶行知先生纪念委员会编：《陶行知先生纪念集》，上海陶行知先生纪念委员会 1945 年编印。

方与严著：《生活教育简论》，生活教育社 1947 年初版，1950 年修订。

方与严著：《创造风》，上海文建书店 1947 年初版，1950 年修订，改名为《教育创造风》。

方与严编：《人民教育家与大众诗人》，上海教育书店 1949 年初版，1950 年修订。

唐振宗著：《生活教育》，上海三联书店 1949 年 6 月初版。

哈华著：《新安旅行团》，海燕书局 1950 年初版。

孙铭勋著：《从行知诗歌看教育》，生活教育社 1950 年初版。

孙铭勋著：《人民经与陶派诗》，生活教育社 1950 年初版。

生活教育社编：《陶行知先生四周年祭》，新北京出版社 1950 年版。

潘开沛著：《陶行知教育思想的批判》，大众书店 1952 年 3 月初版。

四川省纪念陶行知先生诞辰九十周年大会筹备组编：《陶行知纪念文集》，四川人民出版社 1982 年 5 月初版。

本书编写组编：《育彼英才——陶行知和育才学校在重庆》，重庆出版社 1984 年版。

安徽省陶行知教育思想研究会编：《陶行知一生》，湖南教育出版社 1984 年 10 月初版。

江苏省陶行知教育思想研究会编：《纪念陶行知》，湖南教育出版社 1984 年 10 月初版。

重庆社大育才校史研究会编：《重庆社会大学》，重庆出版社 1984 年版。

广东省陶行知教育思想研究会编：《学习陶行知　促进教育改革》，广东教育出版社 1985 年版。

中国陶行知研究会编：《陶行知教育思想研究文集》，人民教育出版社 1985 年 12 月版。

丁丁等编著：《陶行知教育思想十二讲》，安徽教育出版社 1986 年 6 月初版。

李楚才编：《陶行知和儿童文学》，少年儿童出版社 1986 年版。

辛元、谢放编：《陶行知与晓庄师范》，江苏教育出版社 1986 年 12 月初版。

北京市陶行知研究会编：《陶行知研究》，湖南教育出版社 1987 年 2 月初版。

山东省陶行知研究会编：《学习陶行知》，山东教育出版社 1988 年版。

中国陶行知研究会、基金会编：《为中国教育改革探路》，江苏教育出版社 1988 年 4 月初版。

中国革命博物馆编：《民族小号手——新安旅行团史料选》，春秋出版社 1989 年版。

广东省陶行知研究会编：《陶行知思想新探》，广东教育出版社 1989 年 4 月初版。

胡晓风著：《创业教育——教育整体改革的新构想》，四川教育出版社 1989 年 8 月初版。

胡晓风著：《教育研究文集》，四川教育出版社、西南财经大学出版社 1989 年 6 月初版。

李定开主编：《为中国教育寻觅曙光》（上下册），四川教育出版社 1989 年 12 月、1991 年 4 月初版。

叶上雄主编：《生活教育十讲》，四川教育出版社 1989 年版。

浙江陶行知研究会编：《陶行知教育思想讲话》，浙江教育出版社 1989 年版。

胡同炳编著：《南京儿童自动学校十年努力记》，四川教育出版社 1990 年版。

中国陶行知研究会编：《改革师范教育的新路》，安徽教育出版社 1990 年 3 月初版。

中国陶行知研究会编：《农村教育的出路》，人民教育出版社 1991 年 9 月初版。

合川县生活教育整体改革领导小组编：《陶行知教育思想与合川教育整体改革》，四川教育出版社 1991 年 8 月版。

陆维特著：《陶行知研究论文集》，福建教育出版社 1991 年 3 月初版。

周洪宇著：《陶行知研究在海外》，人民教育出版社 1991 年 8 月初版。

郭笙著：《为中国教育寻觅曙光——陶行知教育思想研究》，辽宁教育出版社 1991 年 7 月版。

《文汇报》、徐汇区教育局编：《陶行知教育思想实践》，生活·读书·新知三联书店上海分店 1991 年 9 月版。

何国华编著：《陶行知教育学》，广东高等教育出版社 1991 年 6 月版。

胡国枢著：《生活教育理论——陶行知教育思想研究》，浙江教育出版社 1991 年 8 月版。

金林祥等编著：《陶行知师德讲座》，华东师范大学出版社 1991 年 5 月版。

荆世华等编著：《陶行知教育思想与实践》，山西高校联合出版社 1991 年 6 月初版。

孔棣华编著：《陶行知教育名著选讲》，广东高等教育出版社 1991 年 4 月初版。

潘冷云等著：《现代生活与现代教育——陶行知生活教育理论与教育实践的启示》，复旦大学出版社 1991 年 9 月版。

陶行知系列研究江苏课题组编：《论陶行知师范教育思想》，江苏教育出版社 1991 年版。

王世英主编：《陶行知创造教育思想》，安徽教育出版社 1991 年 11 月版。

胡晓风主编：《工学团史料》，四川教育出版社 1992 年 10 月初版。

萧陵主编：《陶行知与湘湖师范》，四川大学出版社 1992 年 5 月版。

中国陶行知研究会编：《陶行知诞辰百周年学术论文选》，四川教育出版社1992年10月初版。

董宝良主编、周洪宇副主编：《陶行知教育学说》，湖北教育出版社1993年10月版。

张劲夫：《思陶集》，华夏出版社1994年8月版。

吴奕宽、方善森主编：《陶行知研究集粹》，广西师范大学出版社1994年2月版。

周洪宇、余子侠、熊贤君：《陶行知与中外文化教育》，人民教育出版社1999年版。

周毅、金成林编著：《创造奇葩　陶行知的弟子们》，四川教育出版社2000年版。

徐明聪著：《陶行知与现代名人》，合肥工业大学出版社2006年版。

周洪宇著：《陶行知与中国现代文化》，山东教育出版社2010年版。

（二）国外研究著作

[日] 斋藤秋男著：《新中国教师之父——陶行知》，刀江书院1951年10月初版。

[日] 斋藤秋男编译：《民族解放的教育家——陶行知》，明治图书出版公司1961年2月初版，1983年12月第10版。

[美] 朱宕潜著：《新兴国家的教育型：陶行知在中国的工作1917—1946》，台南高昌印刷公司1966年版。

[日] 斋藤秋男著：《陶行知评传——政治抒情诗人的一生》，劲草书房1968年版，中文版，四川教育出版社1987年6月版。

[日] 户冢廉著：《小先生的发展》，粟田出版会1973年3月版。

[日] 川合章著：《生活教育的理论》，民众社1981年版。

[日] 斋藤秋男著：《陶行知生活教育理论的形成》，明治图书出版公司1983年4月初版，1987年4月第2版。

[日] 坂本清泉著：《生活教育运动论》，民众社1984年版。

[日] 中野光著：《生活教育的探究》，民众社1984年版。

（三）其他有关著作

中共中央马克思恩格斯列宁斯大林著作编译局：《列宁选集》，人民出版社 1960 年版。

［法］丹纳著，傅雷译：《艺术哲学》，人民文学出版社 1983 年版。

王鹤鸣著：《安徽近代经济探讨》，中国展望出版社 1987 年版。

章开沅、林蔚主编：《中西文化与教会大学》，湖北教育出版社 1991 年版。

沈卫威编：《胡适日记》，山西教育出版社 1997 年版。

胡适口述，唐德刚整理、翻译，《胡适口述自传》，安徽教育出版社 2005 年版。

单纯编：《冯友兰自述》，河南人民出版社 2005 年版。

三、人物研究传记、年谱

白桃（戴伯韬）著：《陶行知的生平及其学说》，上海三联书店 1948 年初版，人民教育出版社 1982 年 11 月新版。

麦青著：《陶行知》，上海三联书店 1949 年初版，香港新中国书局 1949 年版。

孙明经主编：《人民的教育家陶行知》，上海电化教育出版社 1950 年初版。

中央教科所本书编写组编：《陶行知年谱稿》，教育科学出版社 1982 年 9 月初版。

安徽省陶行知教育思想研究会编：《人民教育家陶行知》（画册），上海教育出版社 1984 年 6 月初版。

徐大文、刘大康著：《陶行知》，江苏古籍出版社 1985 年版。

朱泽甫编著：《陶行知年谱》，安徽教育出版社 1985 年 2 月初版。

周毅著：《陶行知环行世界录》，江苏教育出版社 1988 年 7 月初版。

许宗元著：《陶行知》，人民出版社 1988 年 10 月初版。

安徽省陶行知研究会编：《陶行知青少年时代的故事》，安徽少年儿童出版社 1989 年 5 月初版。

贾培基著：《陶行知》，重庆出版社 1991 年 8 月初版。

上海市陶行知研究会编：《陶行知故事集》，上海书店 1991 年 4 月初版。

汤翠英、吴梦进编著：《陶行知与当代中国名人》，南京大学出版社 1991 年 9 月初版。

童富勇、胡国枢著：《陶行知传》，教育科学出版社 1991 年 5 月初版。

叶良骏著：《陶行知的故事》，人民教育出版社 1991 年 4 月初版。

袁振国、张癸编著：《伟大的人民教育家——陶行知》，江苏教育出版社 1991 年 7 月初版。

周毅、向明著：《爱满天下——陶行知文学传记》，江苏教育出版社 1991 年 8 月初版。

张癸著：《陶行知传》（《中国各民主党派史人物传》第 3 卷），华夏出版社 1991 年 7 月初版。

章开沅、唐文权著：《平凡的神圣——陶行知》，湖北教育出版社 1992 年 3 月初版。

余子侠著：《山乡社会走出的人民教育家：陶行知》，湖北教育出版社 1999 年 8 月版。